KB273907

습관은 나의 힘

습관은 나의 힘

ハーバード、スタンフォード、オックスフォード…
科学的に証明された すごい習慣大百科
堀田 秀吾 著
SBクリエイティブ株式会社 刊
2025

Harvard, Stanford, Oxford... Kagakuteki ni Shoumei Sareta Sugoi Shukan Daihyakka
by Shugo Hotta
Originally published in Japan in 2025 by SB Creative Corp., Tokyo.

습관은 나의 힘

홋타 슈고 지음 | 정지영 옮김

유리멘탈도,
의지박약도
움직이게 하는
행동과학의
결정판

비즈니스북스

옮긴이 | 정지영

대진대학교 일본학과를 졸업한 뒤 출판사에서 수년간 일본 도서 기획 및 번역, 편집 업무를 담당하다 보니 어느새 번역의 매력에 푹 빠져 버렸다. 현재는 엔터스코리아 출판기획 및 일본어 전문 번역가로 활동 중이다. 주요 역서로는 《저소비 생활》, 《일을 잘 맡기는 기술》, 《집중력 상실의 시대》, 《나는 습관을 조금 바꾸기로 했다》 등이 있다.

습관은 나의 힘

1판 1쇄 인쇄   2026년 2월 6일
1판 1쇄 발행   2026년 2월 23일

지은이 | 홋타 슈고
옮긴이 | 정지영
발행인 | 홍영태
편집인 | 김미란
발행처 | (주)비즈니스북스
등 록 | 제2000-000225호(2000년 2월 28일)
주 소 | 03991 서울시 마포구 월드컵북로6길 3 이노베이스빌딩 7층
전 화 | (02)338-9449
팩 스 | (02)338-6543
대표메일 | bb@businessbooks.co.kr
홈페이지 | http://www.businessbooks.co.kr
블로그 | http://blog.naver.com/biz_books
페이스북 | thebizbooks
인스타그램 | bizbooks_kr
ISBN 979-11-6254-463-1   03190

* 잘못된 책은 구입하신 서점에서 바꾸어 드립니다.
* 책값은 뒤표지에 있습니다.
* 비즈니스북스에 대한 더 많은 정보가 필요하신 분은 홈페이지를 방문해 주시기 바랍니다.

“오늘부터 진짜로 하자!”

“왜 나는 안 되는 걸까?”

지금까지 계획을 세우고 '좋아, 열심히 하자!'라고 결심하고는 몇 번이나 작심삼일로 끝나고 말았는가? 하지만 반드시 알아두어야 할 사실이 있다. 바로 '당신이 문제가 아니'라는 것이다. 변화가 어려운 것은 오히려 인간으로서 자연스러운 일이다. 그리고 기세만으로는 어떤 일도 오래 할 수 없다. 인간은 의지만으로 움직이지 않는다.

우리의 뇌와 마음은 원래 변화를 싫어하는 구조로 되어 있다. 새로운 뭔가를 시작할 때 몸이 쉽게 움직이지 않고 꾸준히 지속하지 못하며 중간중간에 싫증도 난다. 이런 모습은 심리학, 행동과학, 뇌과학의 세계에서는 흔한 이야기다. 오히려 처음부터 순조롭게 해내는 경우가 특이하고 드물 정도다. 우리의 뇌는 현상 유지를 선호하는 성질이 있다. 새로운 행동을 시작하는 것이 귀찮거나 꾸준히 하지 못하는 것은 의지가 약해서가 아니라 뇌의 초기 설정이 그렇기 때문이다. 즉 어떤 의미에서는 '사양'이다.

그런데 우리가 살아가는 세상은 이런 뇌의 메커니즘을 거스르는 목소리, 즉 "힘내!", "의지를 갖고 계속해!" 같은 메시지가 넘쳐난다. 이를 따르느라 노력하다 보면 지나치게 피로해질 뿐이다. 그래서 이 책에서는 의지나 정신력과 관련된 이야기 대신 심리학, 행동경제학, 뇌과학 등의 연구 결과를 바탕으로 더 편하게, 더 자연스럽게 습관을 만드는 방법을 소개하고자 한다.

이 책은 업무, 공부, 커뮤니케이션, 마음, 건강, 생활 등 다양한 분야에서 도움이 되는 112가지 습관화 기술을 한데 모았다. 나는 대학에서 연구를 계속하면서 지금껏 국내외에서 60권 이상의 책을 집필했는데, 그 모두가 과학적인 지식을 알기 쉽게, 바로 사용할 수 있게 만들어 세상에 전달하기 위함이었다. 과학이 들려주는 지혜를 아군으로 삼고 인간의 행동 원리를 이해하면 무리하지 않고 자연스럽게 습관을 만들고 유지할 수 있다. 이를 꾸준히 하면 정말이지 놀라울 정도로 인생이 바뀐다.

큰 목표도 그렇지만 모든 것은 작은 습관의 축적이다. 이 책을 펼친 여러분도 분명 뭔가를 바꾸고 싶다, 앞으로 더 나아가고 싶다는 마음을 품고 있을 것이다. 그런 여러분에게 작은 힌트와 용기를 전하고자 이 책을 쓰게 되었다.

완벽하지 않아도 된다. 할 수 있는 날만 하고, 할 수 있는 양만큼만 시작하자. 그 한 걸음이 여러분을 생각보다 멀리까지 데리고 갈 것이다. 페이지를 넘길 때마다 '이 정도는 해볼 수 있겠다', '좀 더 해볼까'라는 마음이 든다면 좋겠다.

이제 함께 습관 만들기의 여정을 떠나 보자. 여러분의 새로운 매일이 오늘 여기서 시작될 것이다.

대단한 의지는 필요 없다
습관화의 세 가지 원리 이해하기

아침에 일찍 일어나고 싶은데 눈을 떴다가 어느새 다시 잠이 든다. 운동을 시작하기로 마음먹었는데 작심삼일이다. 매일 꾸준히 하려고 했던 공부도 흐지부지, 정신을 차리고 보면 노트 위에 먼지만 쌓여 있다. 그럴 때마다 자기 자신에게 실망하는가? '나는 의지가 약해서 안 돼'라고 자책하는가? '꾸준히 하는 사람은 뭔가 특별한 게 아닐까?'라며 시작하기도 전에 포기하는가?

사실 이런 마음은 모두 어떤 믿음에서 비롯된다. 바로 원하는 행동을 습관으로 만드는 일에는 대단한 노력이 필요하다는 생각이다. 그런데 정말로 그럴까? 매일 아침 하는 세수나 식후 양치질, 이유 없이 스마트폰 만지작거리기 등도 모두 습관이다. 하지만 누군가 강제하지 않았고 매일 엄청난 노력을 들이지도 않는다.

어떤 일을 습관으로 만드는 일, 즉 습관화는 강한 의지나 특별한 재능이 있는 사람만이 가질 수 있는 특권이 아니다. 정신력이나 자기 관리 능력의 문제도 아니다. 오히려 원리와 요령만 알면 놀라울 정도로 수월하게 습득할 수 있다. 이 책에서는 누구나 자연스럽게 습관을 만들 수 있는 세 가지 원리를 소개한다. 이 원리만 파악하면 두뇌도 몸도 원활하게 움직이기 시작할 것이며, 생활 속에 새로운 습관을 도입할 수 있다.

1. 일단 움직여라 | 몸이 먼저, 뇌는 나중

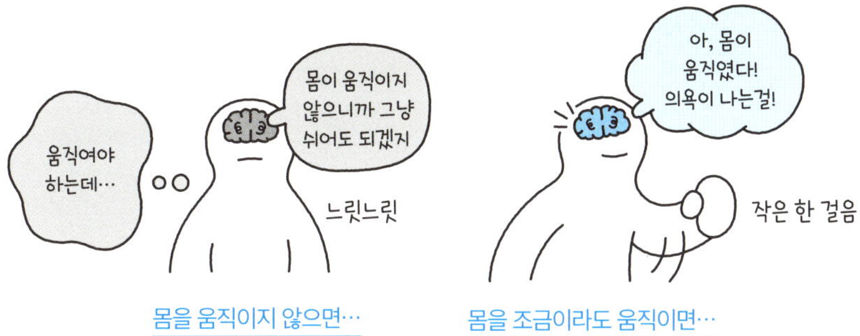

몸을 움직이지 않으면…   몸을 조금이라도 움직이면…

2. 기존의 습관에 덧붙여라 | 해빗 스태킹

커피를 마신다   커피를 마시면서 영어 단어를 다섯 개 외운다

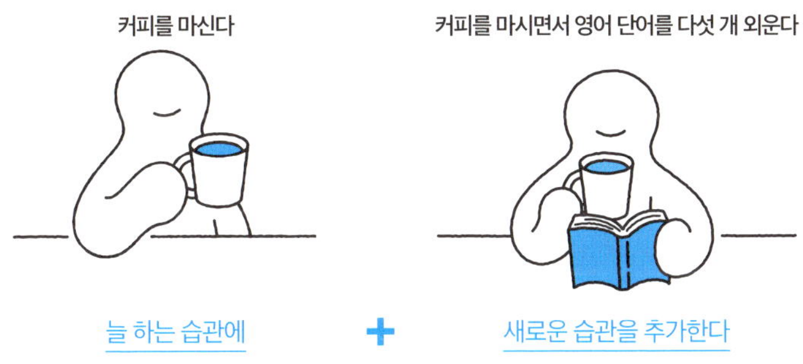

늘 하는 습관에   **+**   새로운 습관을 추가한다

3. 환경을 이용하라 | 넛지

자연스럽게 하게 되는 구조를 만든다

습관화의 원리 1

일단 움직여라: 몸이 먼저, 뇌는 나중

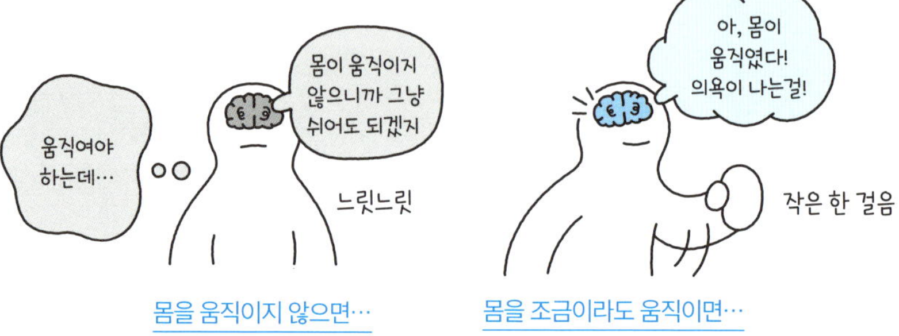

습관을 만드는 첫 번째 원리인 '일단 움직여라'부터 살펴보자. 우리가 아무리 마음을 먹어도 쉽게 움직이지 못하고 의욕이 나지 않는 이유는 매우 간단하다. 움직이지 않기 때문에 움직이지 못하는 것이다. 당연한 이야기라고 생각할 수도 있지만, 뇌과학 연구에 따르면 움직이지 않는 한 뇌의 의욕을 만들어 내는 부위(측좌핵)도 작용하지 않는 것으로 밝혀졌다.

전기 자전거의 전원 버튼을 눌러도 타지 않으면 앞으로 나아가지 않는다. 마찬가지로 인간의 뇌에 버튼 하나로 의욕을 불러일으키는 기능 같은 건 없다. 즉 뇌의 의욕을 켜 주는 스위치는 없다. 의욕은 스위치가 아니라 엔진이라고 할 수 있다.

옛날 비행기는 인력으로 프로펠러를 빙빙 돌려서 시동을 걸었는데, 인간도 마찬가지다. 스위치를 켜면 시동이 확 걸리는 게 아니라 억지로라도 몸을 일으켜 움직여야 서서히 의욕이 발동한다. 그렇기 때문에 우선 움직이는 것이 중요하다. 하기 싫다는 기분이 들 것 같으면 일단 조금이라도 움직여 보자.

뇌는 한번 그 행동을 시작하면 열중하는 성질이 있다. 바로 측좌핵이라고 불리는 뇌 부위 때문인데, 이 측좌핵을 자극하려면 몸을 움직여서 행동하는 것이 중요하다.

예를 들어 미뤘던 방 정리나 욕실 청소를 상상해 보자. 일단 시작해 보면 '이렇게까지 청소할 생각은 아니었는데!'라고 느낄 정도로 일이 착착 진척되지 않는가? 이는 측좌핵이 작용한다는 증거로서 엔진이 한번 걸리면 뇌의 프로펠러가 저절로 척척 돌아간다는 것을 보여 주는 좋은 예시다.

뭔가 새로운 습관을 들이려고 할 때는 대체로 첫걸음을 떼기가 어렵다. 하지만 뇌는 일단 움직이기 시작하면 '움직였으니까 더 도와줄까?'라고 우리를 북돋운다. 그러니 뭔가 하고 싶다면 일단 먼저 움직여라. 달리기를 별로 좋아하지 않던 사람도 몇 번 달리다 보면 어느새 푹 빠져서 이제는 뛰지 않으면 어딘가 아픈 것 같고 기분이 안 좋다고 생각하게 된다. 마찬가지로 뇌도 일단 움직여 첫걸음을 떼면 계속하게 되는 동력이 생긴다.

조금만 참고 계속하면 의욕의 엔진은 점점 컨디션을 높여 간다. 그리고 이 과정을 반복하는 동안 뇌에는 그 행동을 촉진하는 신경 회로가 완성된다. 그러면 처음에는 귀찮았던 행동도 어느새 필수 불가결한 습관이 될 것이다.

습관화의 원리 2

기존의 습관에 덧붙여라: 해빗 스태킹

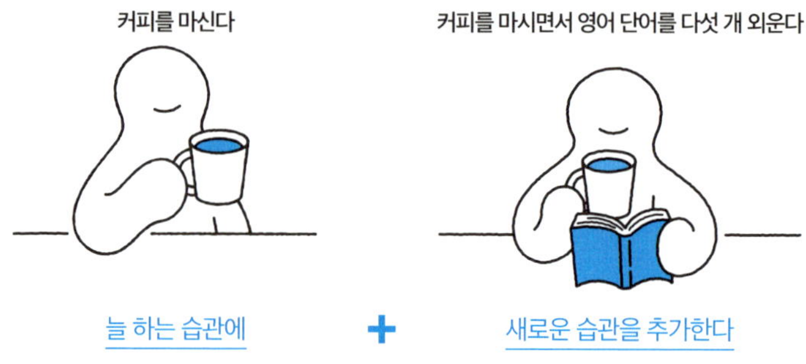

습관화의 두 번째 원리는 이미 배어 있는 습관에 행동을 추가해서 새로운 습관을 만드는 것이다. 이는 습관 전문가 스티브 스콧Steve Scott이 제안한 방법으로, 해빗 스태킹이라고 한다. 즉 이미 갖춰져 있는 해빗(습관)에 새로운 행동을 스태킹(붙임)하면 정신적인 부담을 줄이면서 새로운 습관을 곧바로 만들 수 있다는 것이다.

예시 1

- 기존 습관: 아침에 커피 마시기
- 새로운 습관: 커피를 마시면서 '오늘의 할일 리스트' 중 하나를 처리한다

예시 2

- 기존 습관: 잠들기 전 양치질하기
- 새로운 습관: 양치질하면서 영어 단어 다섯 개를 외운다

행동과학자이자 《습관의 디테일》의 저자이기도 한 스탠퍼드대학교의

브라이언 포그Brian Fogg는 해빗 스태킹을 시도할 때 일상의 루틴을 위해 구체적으로 어떤 행동을 하고 싶은지 스스로 명확히 하는 것이 중요하다고 말했다. 목표를 명확히 하면 효과적인 해빗 스태킹의 기반이 마련되고 목표 달성을 위한 구체적인 단계에 집중하게 된다는 것이다.

예를 들어 시간을 효과적으로 사용하고 싶다거나 건강한 생활을 하고 싶다는 목표를 세우고, 이를 실현하기 위한 새로운 행동을 기존 습관에 조합해 보는 것이다. 이 책에서 제안하는 100개 이상의 습관 중 자신의 목표에 가까운 것을 골라 기존의 습관에 덧붙이면 효과를 볼 수 있을 것이다.

또한 기존의 루틴에는 다음 두 가지 유형이 있다.

· 매일 하는 일: 커피 마시기, 샤워하기, 전철 타기 등
· 매일 일어나는 사건: 아침 해가 뜬다, 전화벨이 울린다, 배가 고프다 등

위와 같이 매일 하는 일과 매일 일어나는 사건을 각각 리스트로 만든 뒤 새로운 습관과 짝을 지어도 상당한 효과를 볼 수 있다.

연구에 따르면 인생을 바꾸기 위해서는 연습 시간을 늘리기보다 꾸준히 하는 것이 효과적이라고 한다. 1주일에 한 번 30분 연습하는 것보다 매일 5분 연습하는 편이 변화를 일으킬 가능성이 크다는 말이다. 매일 하는 일, 가령 자기 전 양치질할 때 영어 단어를 암기한다는 습관을 붙이기만 해도 1년 후, 3년 후의 자신은 완전히 달라져 있을 것이다.

어떤 습관을 들이고 싶은지 모르겠다는 사람은 자신의 일상을 돌아보며 다양한 모습을 적어 보자. 신체적인 건강, 정신적인 건강, 경력 형성, 인간관계 강화, 스킬 향상 등으로 나눠 보면 도움이 될 것이다. 구체적인 일상을 떠올릴수록 자신에게 필요한 습관을 잘 끌어낼 수 있다.

습관화의 원리 3

환경을 이용하라: 넛지

자연스럽게 하게 되는 구조를 만든다

습관화의 마지막 원리는 '환경을 이용하라'다. 인간의 의사결정은 생각보다 환경에 크게 좌우된다. 어떤 패스트푸드 매장의 의자는 의도적으로 딱딱하고 앉기 힘든 디자인으로 되어 있다고 한다. 편안하면 사람들이 나갈 생각을 않고 오래 앉아 있기 때문이다. 또한 매장 쓰레기통 옆에 '가정 쓰레기 반입 금지, 감시 카메라 작동 중'이라는 벽보만 붙여 놨는데 가정 쓰레기를 가져와 버리는 사람이 훨씬 줄어들었다는 사례도 있다.

차를 운전하다가 편의점에 들르려고 할 때 왠지 모르게 주차하기 편한 편의점에 들어가려고 하지 않는가? 영어 회화 학원이나 헬스장에 비싼 수업료를 낸 다음에는 왠지 더 자주 가고 싶지 않은가? 이렇게 인간의 의사결정은 우리가 생각하는 것 이상으로 환경에 의존하고, 최선의 타협을 하는 형태로 이뤄진다. 뒤집어 말하면 환경이 인간의 의사결정을 좌우하는 것은 의지의 강약과는 무관하며, 인간의 행동을 환경에 따라 바꿀 수 있다는 이야기다.

'오늘은 금주'라는 결심도 냉장고 안에 맥주가 있으면 흔들릴 가능성이 크다. 환경을 통제하는 것은 그대로 자신의 의사결정을 통제하는 일로 이어진다.

미국의 행동경제학자 리처드 탈러Richard Thaler가 2017년 노벨경제학상을 수상하면서 널리 알려진 넛지nudge라는 용어가 있다. 간단하게 설명하면 이는 행동과학 원리를 이용해 사람들이 스스로 선택할 자유를 해치지 않는 선에서 약간의 개입을 통해 본인이나 사회에 바람직한 행동을 실현하는 방법을 의미한다. 실제로 우리 생활에는 넛지가 많이 도입되어 있다.

예를 들어 음식점 화장실에는 '언제나 깨끗하게 사용해 주셔서 감사합니다'라고 쓰인 종이가 붙어 있다. 이런 종이를 봤을 때 신기하게도 '깨끗하게 사용해야 한다'고 느껴지는 건 바로 넛지 덕분이다. 또한 코로나 사태 당시 사회적 거리 두기를 유지하기 위해 바닥에 발자국 마크를 그려 놓은 곳이 많았는데, 아마 무의식적으로 이 마크에 발을 둔 사람이 많았을 것이다. 이처럼 넛지는 의도적으로 환경을 정비해서 인간의 의사결정이나 행동을 더 좋은 방향으로 유도한다.

습관을 만들고자 할 때 그저 의지만으로 밀어붙이려고 하면 반드시 우리의 몸과 마음 어딘가에서 스트레스를 느끼고 피로해진다. '지금 나는 ○○을 시작할 거야!'라며 아무리 의지를 다져도 우리의 뇌와 몸은 생각대로 움직여 주지 않는다. 그러니 어떤 습관이든 무리 없이 지속하고 싶다면 앞에서 설명한 세 가지 원리를 기억하라. 몸을 일단 움직이고, 기존의 습관에 덧붙이고, 환경을 이용하라. 이 원리들만 이해하면 몸과 마음에 부담을 주지 않고 새로운 습관을 쉽게 들일 수 있다.

제1장 과학적으로 증명된 업무 습관
: 효율화의 핵심은 루틴화에 있다

제2장 과학적으로 증명된 공부 습관

: 공부하기에 늦은 때란 없다

제3장 과학적으로 증명된 건강 습관

: 뇌와 몸 건강의 토대가 되는 운동과 수면

제5장 과학적으로 증명된 멘탈 습관
: 사람은 몸이 먼저, 멘탈이 나중

제6장 과학적으로 증명된 생활 습관
: 나에게 꼭 맞는 생활 습관이 성과를 높인다

과학적으로 증명된 업무 습관

제1장에서는 업무를 효율적으로 수행하기 위해 익혀야 할 습관 21가지를 소개한다. 여기서의 핵심은 루틴화에 있다. 이 기술들을 평소 업무의 루틴에 추가하는 것만으로 효율이 놀랍게 높아질 것이다. 물론 모든 것을 습관으로 만들 필요는 없다. 궁금한 기술부터 하나씩 시작해 보자.

효율화의 핵심은 루틴화에 있다

☑ 인간 행동의 45퍼센트는 습관화된 것이다

듀크대학교의 심리학자 데이비드 닐David Neal에 따르면 "인간 행동의 약 45퍼센트가 습관화된 행동"이라고 한다. 즉 우리가 하는 행동의 약 절반은 습관처럼 굳어져 무의식중에 그 행동을 선택하고 있다는 말이다. 따라서 원하는 행동을 습관화하면 그 행동이 아무리 귀찮고 복잡하다 해도 자동화되어 편하게 실행할 수 있다. 그렇다면 자동화란 어떤 것일까? 글쓰기를 예로 들어 살펴보자.

☑ 복잡한 작업도 가능하게 만드는 자동화

글쓰기는 대부분 유치원에 다닐 때부터 시작하고, 자신의 글씨체가 완성되는 것은 중학생에서 고등학생 정도라고 알려져 있다. 다시 말해 우리는 10년 가까이 글자를 배우고, 자기만의 고유한 필적을 완성한다. 문자를 쓰는 작업은 다양한 신체 부위를 연동시키는 작업이다. 그와 동시에 쓴 것을 감촉과 시각으로 체크해서 세부 조정을 한다. 이처럼 글자를 쓰는 것은 당연하게 보이지만 사실 매우 복잡할뿐더러 고도의 집중을 요하는 작업이다. 그렇기 때문에 자신만의 필적을 정착하기까지 매우 오랜 세월이 걸린다.

그런데 이토록 복잡한 근육과 골격의 연동도 연습을 거듭하다 보면 힘들이지 않고 쉽게 문자를 쓰게 된다니 신기하지 않은가? 이것이야말로 자동화의 힘이다. 자동화되면 도리어 바꾸기 어려워지고 한눈에 '이건 내 글씨다'라고 인식할 수 있을 정도로 정착된다. 마찬가지로 어떤 복잡한 일도 계속 반복하면 자동화되어 당연한 일이 된다. 그렇게 완전히 내 것이 되어, 처음에는 그토록 귀찮았던 일도 결국 습관으로 자리 잡는 것이다.

☑ 업무 습관화는 일종의 루틴화다

전 프로야구 선수 스즈키 이치로鈴木一朗가 벤치에서 나와 타석에 서서 자세를 취하기까지 보여 주는 일련의 움직임처럼 '일정한 순서나 리듬으로 같은 일을 하는 행위'를 루틴이라고 한다. 루틴을 반복하면 뇌에 '그 행동은 이렇게 한다'라고 전용 회로가 만들어진다. 그 결과 몸에 익숙해진 대로 능력을 쉽게 발휘할 수 있고, 평소 연습에서든 긴장감이 따르는 실전에서든 변함없는 성과를 낼 수 있다.

업무 성과도 마찬가지다. 성과를 내기까지의 과정을 프로세스로 만들어 반복해서 자동화(=루틴화)하면 일정한 성과를 내는 일이 가능해진다. 그러니 업무 습관화도 자신의 루틴을 만드는 것이라고 의식하면 더 효과적일 것이다.

어떤 행동을 루틴으로 만들면 좋을까?

01

효과
효율 / 집중력

중요한 일을 할 땐
시곗바늘 속도를 1.5배로

집중할 때 시간이 빠르게 흐르는 이유

집중하면 시간이 눈 깜짝할 새에 지나가는 이유

집중하고 있으면 신기하게도 시간이 빠르게 흘러가는 것처럼 느껴지지 않는가? 지바대학교의 연구에 따르면 시간은 체험한 사건의 수가 아니라 사건을 체험했다고 인식하는 뇌의 에너지 또는 집중력을 사용하는 양에 따라 다르게 느껴진다고 한다. 즉 지금 하는 일에 얼마나 집중해서 머리를 쓰느냐에 따라 체감 시간이 달라진다는 말이다.

시곗바늘의 움직임을 빠르게 하면 작업 효율이 향상된다

도쿄대학교 반 유키(伴祐樹) 팀의 연구에 따르면 시곗바늘의 움직임을 빠르게 하면 작업의 양적, 질적 효율이 향상된다고 한다. 이들은 키보드를 보지 않고 타이핑이 가능한 21~24세의 피험자 여섯 명에게 30분 동안 문장 입력 작업을 하게 했는데, 다음과 같은 세 가지 조건에 맞춰 진행하도록 했다.

조건 1: 시곗바늘의 속도를 3분의 2로 늦춘다

조건 2: 시곗바늘의 속도를 바꾸지 않는다

조건 3: 시곗바늘의 속도를 1.5배 빠르게 한다

그 결과 시곗바늘의 속도와 작업 속도가 정비례하는 경향이 나타났다. 입력 문자 수는 '조건 3 〉 조건 2 〉 조건 1'의 순서대로 많았고, 각각 약 8퍼센트(약 400자)의 작업량 변화가 있었다. 참고로 질적인 면에서는 속도와 관련해 별 차이가 없었다. 또한 시곗바늘 속도의 변화를 알아차리든 그렇지 않든 작업 효율에 변화는 없었고 피로도나 긴장도에도 변화는 없었다.

시곗바늘의 속도를 바꾸기만 해도 품질 하락 없이 작업이 빨라진다는 것은 매우 흥미로운 이야기다. 같은 시간임에도 작업량이 증가하는 것은 그만큼 집중했다는 의미다. 집중하면 주관적으로는 부하를 느끼기 어려워지므로 상승 작용으로 효율이 올라간다. 그러니 적당한 휴식을 사이사이에 넣되 바늘 속도를 조절할 수 있는 시계를 가져다 놓으면 일이나 작업을 집중해서 잘 진행할 수 있을 것이다.

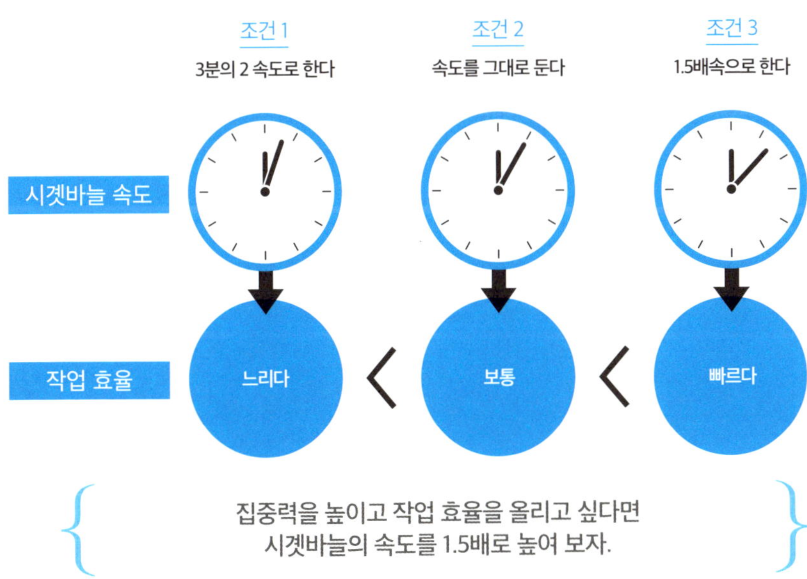

미루는 버릇을 뿌리 뽑는 세 가지 방법

02

효과
의욕

보상 만들기·선택지 줄이기·불안 제거하기

항상 뒤로 미루는 버릇을 개선하려면

의욕이 잘 나지 않는 배경에는 "내일 하면 돼."라며 연기하는 '뒤로 미루는 버릇'이 있다. 뒤로 미루는 버릇은 전 세계에서 다양한 연구가 진행되어 왔고, 지금까지도 활발한 논의가 이뤄지고 있다. 그렇다면 이렇게 미루는 버릇을 해결할 방법은 과연 있을까? 스웨덴 스톡홀름대학교의 알렉산더 로젠탈Alexander Rozental과 페르 칼브링Per Carlbring은 뒤로 미루는 버릇의 개선책을 다음과 같이 정리했다.

① 바로 얻을 수 있는 기쁨이나 보상이 있을 것

② 다른 행동의 선택지를 줄일 것

③ 실패할 수 있다는 불안을 제거할 것

보상 만들기·선택지 줄이기·불안 제거하기

가령 내일 중으로 자료를 완성해야 할 경우 미루고 미루다가 시작하지 말고 ①②③을 도입해 보자.

① '바로 얻을 수 있는 기쁨이나 보상이 있을 것'은 '자료를 완성한 보상으로 저녁에 맛있는 술을 마시자'라고 보상을 설정하는 식이다. 이는 뇌의 보상계를 활성화해 의욕을 끌어올리는 방법이다.

② '다른 행동의 선택지를 줄일 것'은 자료 작성에 착수할 수밖에 없

는 상황을 만들어 내는 것이다. 작업 공간을 이동하거나 스마트폰의 전원을 끄는 등 집중할 수밖에 없는 환경을 만들어 보자.

③ '실패할 수 있다는 불안을 제거할 것'은 가령 상사에게 혼나는 게 싫다는 불안 때문에 일을 뒤로 미루고 있다면 이를 완화할 방법을 사전에 준비하는 것이다. 218쪽에서 소개하는 '인지적 재평가'를 실행하는 식이다.

이처럼 뒤로 미루는 버릇의 개선책은 하고 싶거나 해야 할 수밖에 없는 상황 또는 환경을 만들어 내는 것이 핵심이다. 해야 할 일을 앞두고 '내일 하면 돼'라는 생각이 든다면 ①②③을 떠올려 보자.

뒤로 미루는 버릇을 고치는 세 가지 방법

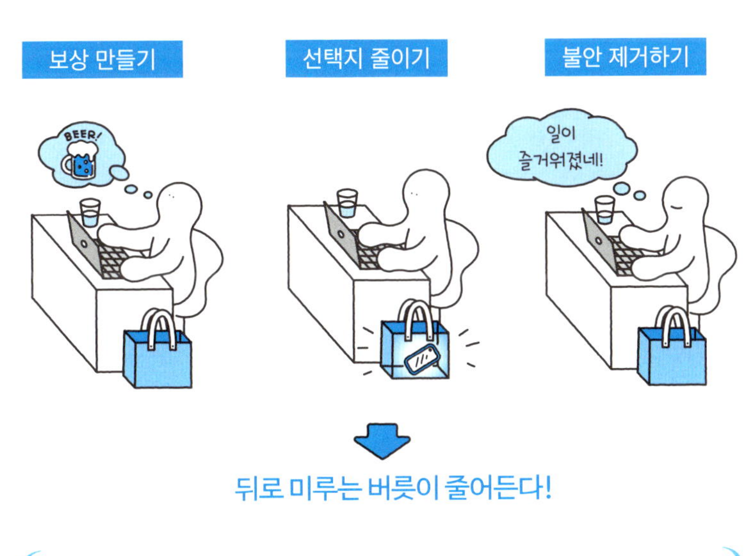

일을 뒤로 미루는 버릇이 있다면 보상을 마련하고,
그 일을 할 수밖에 없는 환경을 갖추고, 불안을 제거하라.

03

효과
집중력 / 주의력

일 사이사이에 다른 일을 넣어라
집중력이 끊겼을 때 뇌에 목표를 상기시키는 기술

집중력이 유지되는 시간, 25분

인간의 집중력은 얼마나 유지될 수 있을까? 플로리다 주립대학교의 안데르스 에릭슨Anders Ericsson 팀의 연구에 따르면 최대 성과를 내는 사람은 약 50분 동안 집중력을 유지할 수 있다고 한다. 반면에 보통 사람들은 25분 정도 지나면 집중력이 떨어진다고 한다.

1980년대 이탈리아의 기업가 프란체스코 시릴로Francesco Cirillo가 고안한 포모도로 기법pomodoro technique은 25분의 집중 작업과 5분의 짧은 휴식을 한 세트로 반복하는 시간 관리법이다. 이를 4세트 단위로 실시하고 중간에 총 15~30분 휴식을 취하면, 2시간이라는 비교적 오랜 시간 동안 집중력을 꾸준히 유지할 수 있다.

뇌는 시간이 지날수록 목표를 잊어버린다

작업을 계속할 때 주의력이 끊기는 것은 집중력이 소진되어 줄어들기 때문이라고 여겨져 왔다. 그러나 일리노이 주립대학교의 아리가 아쓰노리有賀敦紀와 알레한드로 레라스Alejandro Lleras는 연구를 통해 '집중력이 소진되어서'가 아니라 '작업의 목표 자체를 뇌가 점점 잊기 때문에' 집중하지 못한다는 사실을 입증했다.

이들은 실험에서 참가자들에게 시각적 주의가 필요한 과제를 수행하면서 숫자를 기억하게 했다. 그 결과 과제가 모두 끝난 후에 숫자를 상기시키는 조건에서는 참가자들의 주의력이 시간의 흐름에 따라 크게 떨어지는 경향을 보였다. 그러나 과제 도중에 가끔 숫자를 상기시키는 조건에서는 주의력 저하가 나타나지 않았다. 즉 '작업 사이사이에 다른 작업을 넣으면 뇌가 원래 목표를 제대로 기억해 낸다＝집중이 유지된다'는 사실을 확인한 것이다.

일 사이사이에 다른 일을 넣어라

위 결과에 따르면 하나의 업무를 긴 시간 동안 할 때는 중간중간 다른 가벼운 작업(메일 확인이나 짧은 메모 정리 등)을 넣는 편이 집중력을 되살리는 데 도움이 된다고 볼 수 있다.

또한 강의나 대화 중 이야기를 오래 듣고 있을 때도 집중력이 떨어지기 쉬운데, 이럴 때는 "지금 내용을 3초 이내로 요약해 보자." 혹은 "여기까지 적은 노트를 한번 훑어 보세요."라는 식으로 가볍게 전환해 주면 그다음 이야기도 다시 잘 받아들일 수 있다.

집중력이 떨어지면 일단은 쉬는 게 가장 좋겠지만, 그러지 못할 경우는 의식적으로 잠시 다른 일을 해보길 바란다.

> 집중력은 지속되지 않는다. 25분마다 휴식을 취하거나
> 작업 사이사이에 다른 일을 넣어 뇌가 질리지 않도록 하자.

04

효과
의욕

일을 잠깐 멈출 땐
자이가르닉 효과를 이용하라

미완의 상태에서 멈추면 다시 시작하기 쉽다

일부러 미완성으로 남기면 다음번 작업이 수월해진다

옛 소련의 보건부 정신의학연구소 소속 심리학자 블루마 자이가르닉 Bluma Zeigarnik은 '미완의 사건이 기억에 잘 남는다'라는 자이가르닉 효과를 제창했다. 그녀는 실험에서 피험자들을 두 그룹으로 나누고 퍼즐, 계산 문제, 상자 조립, 인형 만들기라는 여러 가지 작업을 다음과 같이 서로 다르게 수행하게 했다.

① 각 작업을 끝까지 완료한 뒤에 다음 작업으로 넘어가는 과정을 반복한다
② 각 작업을 도중에 중단했다가 다음 작업으로 넘어가는 과정을 반복한다

그리고 모든 작업이 끝났을 때 피험자들에게 "방금 수행한 작업에 어떤 것들이 있었는가?"라고 질문했다. 그러자 그룹 ①보다 그룹 ②가 작업 내용을 두 배 더 잘 기억한다는 결과를 얻었다.

이를 통해 자이가르닉은 어떤 일을 끝마치지 못하고 중간에 멈추게 되면, 문제가 해결되지 않았다는 심리적 긴장이 지속되며 그 대상이 기억 속에 오래 남는다는 이론을 정립했다. 대표적인 사례로는 이루지 못한 첫사랑이나 틀린 시험문제를 유독 오래 기억하는 현상을 들 수 있다. 이는 다양한 분야에서 활용되는데, 드라마를 중요한 장면에서 끝내 시청자가 다음 회차까지 시청을 이어가도록 만드는 기법 등이 그것이다.

무라카미 하루키의 아이디어 확장법

작가 무라카미 하루키는 하루에 집필 시간을 5시간으로 정했다면 딱 5시간만 글을 쓰고, 그 시간이 넘어가면 아무리 쓰고 싶은 것이 있어도 중단하고 다음 날로 돌린다고 한다. 그는 이렇게 함으로써 오히려 다음 날에 아이디어가 더 확장되고, 사고가 더 깊어진다고 말했다. 일부러 끝내기 좋지 않은 애매한 지점에서 멈추면 신경이 쓰여 이런저런 생각이 꼬리를 물고 새로운 아이디어가 떠오른다는 것이다. 이것이 바로 자이가르닉 효과의 흥미로운 응용 방법이 아닐까?

실제로 일을 하기 위한 의욕을 내려면 일단 어떤 형태로든 '시작하는 것'이 중요하다. 그러니 일부러 끝내기 좋지 않은 지점에서 중단해 보자. 다음에 그 지점에서 다시 시작하기가 훨씬 쉽게 느껴질 것이다. 0에서 1로 나아가기가 어렵다면 0.2든 0.3이든 좋으니 재시작하기 쉬운 지점에서 다시 시작해 보자.

일부러 중단해서 효율을 높이는 자이가르닉 효과

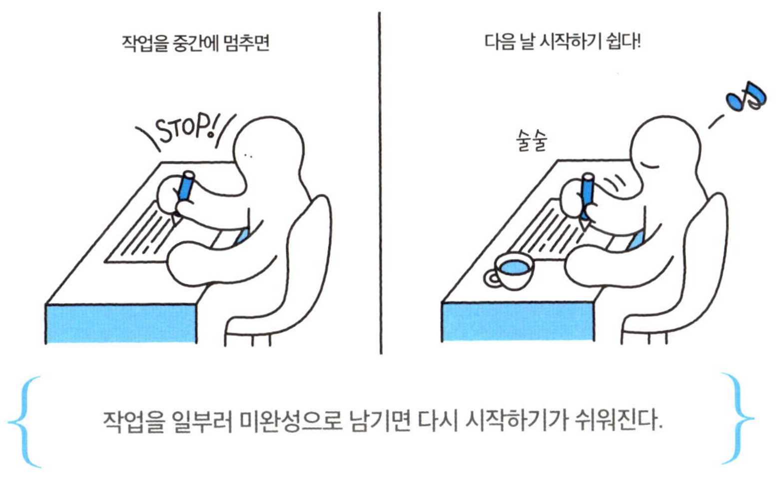

작업을 일부러 미완성으로 남기면 다시 시작하기가 쉬워진다.

05

효과
뇌 활성화 / 영감

아이디어가 필요할 땐 멍때리기를 하라

뇌를 디폴트 모드 네트워크 상태로 만들기

멍하니 있으면 아이디어가 샘솟는다

워싱턴대학교의 마커스 라이클Marcus Raichle과 그의 연구팀은 "뇌 에너지의 대부분은 특별한 작업을 하지 않는 '안정 상태'에서 소비된다. 새로운 과제에 착수할 때의 에너지 증가는 불과 5~10퍼센트다. 멍한 상태에서의 에너지 소비는 과제를 수행하기 위한 소비의 15배가 넘기도 한다."라는 연구 결과를 내놓았다.

라이클과 연구팀은 실험에서 어떤 행동을 하고 있을 때와 아무것도 하지 않을 때의 뇌 활동을 비교했다. 그랬더니 후자 쪽이 기억에 관한 부위나 가치 판단에 관한 부위가 활발하게 작용한다는 것을 발견했다. 가까운 예로 화장실에 갔을 때를 상상해 보자. 불쑥 아이디어가 떠오르는 경우가 있지 않은가? 사실 이런 상황이야말로 멍한 상태에 따른 산물이라고 연구팀은 설명한다.

어떤 일을 하고 있으면 그 행동을 집중적이고 효율적으로 하기 위해 해당 뇌 부위에 많은 혈류가 흐른다. 반면에 그 외의 부위에는 자원이 집중되지 않는다. 따라서 어떤 일도 하지 않고 멍하니 있으면 뇌의 한 부위로 혈류가 향하는 것이 아니라 균일하게 혈류가 흘러 사용되지 않았던 부위에도 에너지가 골고루 공급되어 번뜩이는 영감이 떠오른다.

이런 뇌의 다양한 신경 활동을 동기화해서 다수의 뇌 영역으로 구성되는 뇌의 기능을 디폴트 모드 네트워크default mode network라고 부른다.

뇌가 균일하게 가동하는 시간을 만들어 주자

지금까지 우리는 멍하니 있는 동안에는 뇌가 운전을 정지한 채 쉰다고 알고 있었다. 하지만 실제로는 자동차의 공회전 상태처럼 네트워크가 일정한 활동 수준을 지속하고 있는 상태임이 밝혀졌다.

무언가에 몰두하고 있을 때는 집중력도 올라가고 목적을 향해 똑바로 나아간다. 말하자면 뇌가 가장 효율적으로 목적을 달성하려고 풀 액셀을 밟는 것과 같다.

하지만 반대로 멍하니 있으면 뇌가 디폴트 모드 네트워크 상태가 되어 국도를 천천히 지나가면서 숨은 맛집을 찾아가는 것 같은 상태가 된다. 따라서 긴장이 팽팽한 상태로 계속 일하기보다는 때로는 오프 상태를 만드는 것이 좋다.

멍하니 있을 방법으로는 한동안 모래시계를 바라보거나 천천히 커피를 내리거나 밀대로 바닥을 청소하는 것 등이 있다. 이렇게 할 때 뇌의 구석구석 에너지가 퍼져 나간다.

하지만 이렇게 에너지를 분산시켜도 씨앗이 되는 지식과 경험, 아이디어가 없으면 결코 좋은 아이디어가 나오지 않는다. 그러니 평소에도 호기심이나 탐구심을 갖고 주변을 관찰하는 자세를 잊지 않도록 하자.

> 멍하니 있으면 뇌의 혈류가 균일해지고 에너지가 구석구석 퍼져
> 번뜩이는 아이디어가 잘 떠오른다.

06

효과
성과 / 기억력

30분 낮잠으로
30퍼센트 성과 올리기

짧은 낮잠은 기억의 연결을 활성화한다

짧은 낮잠이 성과를 향상시킨다

다양한 졸음 방지 대책이 있지만 사실은 과감하게 낮잠을 자는 것이 매우 효과적이라고 한다. NASA의 마크 로즈킨드Mark Rosekind 팀의 연구에 따르면 26분의 선잠을 자면 수면 전보다 성과가 34퍼센트 향상된다고 한다.

참을 수 없이 쏟아지는 졸음은 언어, 기억, 사고 등을 관장하는 뇌의 대뇌피질이 피로해지면서 생기기 때문에 어떻게 대뇌피질을 순간적으로 회복시키느냐가 포인트다. 그래서 NASA의 연구원들은 실험에서 비행기 조종사들에게 조종석에서 선잠을 자게 했다. 그러자 그들의 능력이 수면 전과 비교해 평균 26분 잤을 때 가장 향상된 성과를 보였고, 그 수치는 무려 34퍼센트를 기록했다.

중요한 것은 '짧게 자는 것'이다. 위 실험에 따르면 30분 이상 자면 오히려 생산성이 떨어지는 것으로 나와서, 잠을 자는 만큼 회복되는 것이 아니라는 사실도 밝혀 냈다.

한편 단순히 눈을 감기만 해도 뇌에서는 이완 상태의 뇌파인 알파파가 나온다. 그래서 피곤하다는 느낌이 들면 5분 정도 눈을 감는 것만으로도 충분한 효과가 있다.

낮잠은 연결을 떠올리는 힘을 높인다

독일 자를란트대학교 사라 슈튜트Sara Studte와 연구진에 따르면, 낮잠을 자면 의미가 연결된 기억(연합기억)은 유지되는 반면 단순한 말을 기억하는 기억(항목기억)은 낮잠을 자든 안 자든 내려가는 것으로 나타났다. 뇌파를 관찰했을 때 낮잠 중의 수면방추(잠잘 때 뇌의 리듬)가 많은 사람일수록 기억력 테스트 성적이 좋았다고 한다.

즉 낮잠에는 연결된 것을 떠올리는 능력을 높이는 효과가 있다고 할 수 있다. 이는 낮잠과 뇌의 기능이 서로 관련이 있음을 시사한다.

낮잠은 심장병으로 사망할 위험도 줄인다

낮잠은 건강 면에서도 중요성이 강조되고 있다. 아테네대학교 의학부의 안드로니키 나스카Androniki Naska와 연구진이 성인을 대상으로 한 조사에 따르면 30분간의 낮잠을 1주일에 세 번 이상 자는 사람은 심장병으로 사망할 위험이 약 37퍼센트 감소하는 것으로 나타났다.

일부 국가 또는 문화권에서는 낮잠에 대해 부정적으로 생각하지만 스페인에서는 '시에스타'라고 해서 낮잠을 자는 것이 전통적인 문화다. 낮에 잠깐만 자도 효과적이라고 하니 정신을 맑게 하기 위해서라도 한번 시도해 보면 어떨까?

{ 지금보다 성과를 높이고 싶다면 과감히 낮잠을 자라.
다만 30분 이내로 자야 한다. }

07

효과
릴랙스 / 사회성

커피를 마시고 30분 자면 머리가 맑아진다

커피 냅(커피 낮잠)의 놀라운 효과

커피 원두 향을 맡으면 스트레스가 줄어든다

일하다가 한숨 돌리고 싶을 때 향이 진한 커피를 마시면 즉각적인 효과가 있다. 서울대학교 서한석 연구팀에 따르면 커피 원두의 향에는 활성산소에 의해 파괴된 뇌세포를 복구하는 효과가 있다고 한다. 활성산소는 수면 부족과 피로를 유발하는 원인으로 알려져 있다.

연구진은 실험에서 '정상적인 쥐'와 '24시간 동안 잠을 자지 않은 수면 부족 상태의 쥐'를 준비해 각각 커피 원두의 향을 맡게 했다. 그러자 수면 부족 상태인 쥐에게서 뇌를 보호하는 분자의 양이 부분적으로 회복되었다고 한다. 커피 원두 같은 좋은 향기를 맡는 것만으로도 스트레스가 줄어들었다는 말이다.

친절하고 행복한 사람이 되려면 커피를 마셔라

렌슬리어 공과대학교의 로버트 배런Robert Baron이 실시한 연구에 따르면 대형 쇼핑몰 내부의 매장에서 볶은 원두나 쿠키 같은 좋은 냄새가 날 때 사람들이 떨어진 펜을 주워 주거나 지폐를 바꿔 주는 등의 친절한 행동을 흔쾌히 해준다고 한다. 이렇게 커피 향은 다른 사람에게 친절을 베푸는 친사회적 행동을 촉진시켜 사람들의 행복감을 높인다는 연구 결과도 있다.

커피를 마신 뒤 30분간 낮잠을 자면 머리가 맑아진다

커피의 효능은 이뿐만이 아니다. 커피(카페인 200밀리그램)를 마신 뒤에 30분 정도 잠을 자는 커피 냅(커피 낮잠)을 하면 머리가 맑아진다는 것이 러프버러대학교의 루이스 라이너Luise Reyner와 제임스 혼James Horne의 연구로 밝혀졌다. 카페인은 섭취하고 약 30분 후 뇌에 가장 좋은 효과를 발휘한다고 알려져 있는데, 여기에 낮잠을 자면 상승효과로 각성도가 더욱 올라간다고 한다.

밤에 마시는 커피는 역효과를 부를 뿐

커피에는 좋은 효과가 많지만 밤에는 가급적 섭취하지 않는 편이 바람직하다. 커피에 포함된 카페인은 섭취 후 체내에 계속 남는다. 즉 섭취한 양의 절반이 평균적으로 5~7시간 정도 체내에 남기 때문에 저녁식사 후 커피 한 잔을 마시면 밤까지 그 절반의 카페인이 계속 남게 된다. 다음 날 아침 일어났을 때 잠을 잘 자지 못했다고 느끼는 것은 사실 어젯밤에 섭취한 카페인이 원인인 경우가 드물지 않다. 밤에 커피를 마실 때는 취침 시간부터 역산해서 수면에 카페인이 영향을 미치지 않도록 하자.

> 업무 중 한숨 돌리고 싶을 때 커피 향을 맡아 보자.
> 커피를 마시고 30분간 잠을 자면 머리가 더욱 맑아진다.

08

효과
뇌의 피로 회복

양치질로
뇌 리프레시하기

머리를 쓴 뒤 양치질을 하면 뇌가 활성화된다

양치질은 뇌의 피로를 해소해 준다

가볍게 할 수 있는 리프레시 방법으로 양치질이 있다. 지바대학교와 가오 휴먼헬스케어 연구센터의 공동 연구에 따르면 뇌가 피로한 뒤에 하는 양치질은 뇌를 활성화시켜 집중력을 높이고 기분을 리프레시하게 돕는다.

이 연구의 실험에서는 건강한 성인 남녀에게 덧셈 또는 곱셈의 답을 입력하는 단순 계산을 20분 동안 하게 하고, 작업 후 1분 동안 양치질을 하는 그룹과 하지 않는 그룹으로 나눠 양치질 직후 양쪽의 뇌와 심리 상태를 측정했다.

그 결과 머리를 사용한 후에 양치질한 경우는 하지 않은 경우보다 뇌의 피로 회복 효과가 좋았고 리프레시 효과도 올라갔다. 따라서 양치질은 업무나 공부 등으로 지쳤을 때 뇌를 활성화하고 재충전하는 효과가 있다고 볼 수 있다.

참고로, 다른 연구 결과에 따르면 치약의 향은 민트 향이 가장 효과적이라고 한다.

과도한 양치질은 치아 건강에 해롭다

양치질할 때는 침을 분비하는 것이 중요하다. 침을 충분히 분비하면서 이를 닦고 플라크(세균)를 관리하면 세균을 증식시키지 않고 치아를 단단하게 하는 자정작용을 촉진할 수 있다. 또한 꾸준한 양치질과 가글, 자주 물을 마심으로써 입안을 청결하게 유지하면 뇌 기능이 향상되거나 개선된다는 연구도 많다.

다만 유의해야 할 점이 있다. 치아를 지나치게 자주 닦는 건 오히려 치아에 상처를 입힌다는 사실이다. 피곤하다고 몇 번씩 닦는 게 아니라 이때다 싶을 때 닦도록 하자.

이 책에서는 '차가운 수건으로 얼굴 닦기'(88쪽)라는 리프레시 방법도 소개하고 있는데, 두 방법을 잘 병행하면 피로했던 뇌가 활성화되어 정신이 번쩍 들 것이다.

뇌가 피로하다면 민트 향 치약으로 이를 닦아 보자

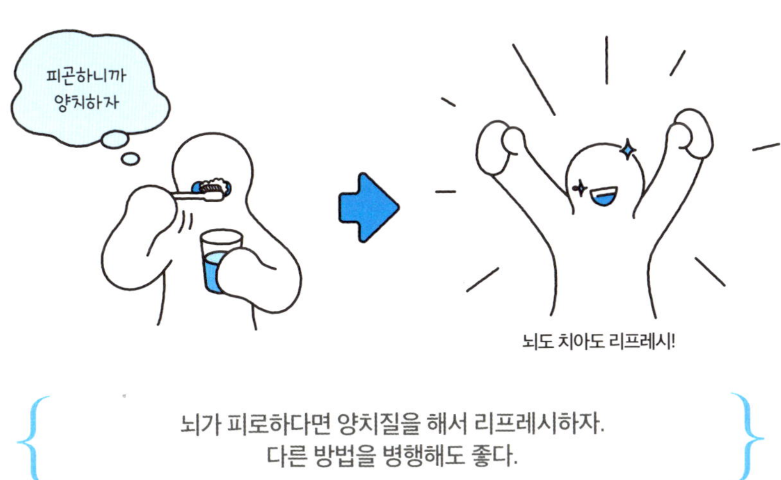

뇌가 피로하다면 양치질을 해서 리프레시하자.
다른 방법을 병행해도 좋다.

09

산만해질 땐
포도당 캔디를 먹어라

포도당을 섭취하면 단기 주의력이 올라간다

포도당 캔디로 뇌 에너지 충전하기

시카고 로욜라대학교의 수 펜코퍼Sue Penckofer와 연구진이 당뇨병 환자를 대상으로 한 실험에 따르면 혈당치를 제대로 조절하지 못하고 저혈당 상태가 되었을 때 불안과 분노가 나타나고, QoL(퀄리티 오브 라이프/생활의 질)이 저하된다는 결과가 나왔다.

이 경우 추천하고 싶은 것이 혈당을 높이는 포도당 캔디다. 이때 유의할 점은 원료 표시 부분에 설탕이 아니라 포도당이라고 표시된 캔디를 고르는 것이다.

당류에는 다양한 종류가 있는데, 포도당은 당의 최소 단위인 '단당류'로 분류되어 있다. 포도당은 혈당을 높일 뿐 아니라 효율적으로 뇌의 에너지로 변환되는 음식이다. 설탕 원료인 과자를 먹어도 뇌의 에너지가 되지만 뇌가 실제로 사용하는 것은 설탕을 구성하는 포도당이다. 포도당 캔디라면 당의 최소 단위인 포도당만을 섭취할 수 있으므로 흡수 효율이 좋은 데다가 지방도 들어 있지 않다.

뇌가 피로해지면 우리 몸은 정크푸드를 찾는다

실제로 도쿄대학교 대학원의 지아얀 류Jiayan Liu와 연구팀은 포도당을 먹으면 주의력이 올라갈 수 있다고 발표했다. 연구팀은 29그램의 포도당을 섭취한 피험자를 상대로 스트룹 색상 단어 검사SCWT를 실시했는데,

포도당을 먹은 그룹이 일반 그룹보다 정답을 빨리 말했다.

단 음식에 함유된 성분은 생명 유지나 뇌의 기능을 고려했을 때 꼭 필요하다. 다만 뇌가 피로해서 짜증이 날 때는 '몸에 나쁜 것을 너무 많이 먹지 말자'라는 억제 기능이 작용하지 않는다. 그래서 정크푸드나 칼로리가 높은 단 음식을 선택하게 된다. 이처럼 제동 장치가 풀리지 않게 하기 위해서라도 포도당을 자주 보충해 두는 것이 중요하다. 음식을 참거나 짜증이 쌓이다 보면 폭식할 가능성이 커진다.

뇌는 시간당 4~5그램의 포도당을 필요로 한다고 알려져 있다. 포도당 캔디의 경우, 약 29그램당 26그램 전후의 포도당을 섭취할 수 있다. 그러니 효과적으로 포도당 캔디를 섭취해서 뇌의 에너지를 보충하도록 하자.

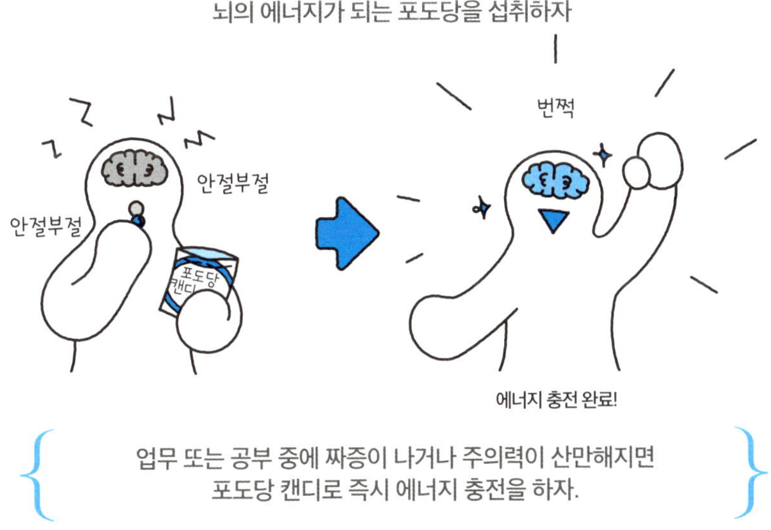

업무 또는 공부 중에 짜증이 나거나 주의력이 산만해지면
포도당 캔디로 즉시 에너지 충전을 하자.

10

집중하고 싶을 땐
고양이 사진을 보라

귀여운 아기나 동물의 사진은 뇌를 활성화한다

새끼 고양이·강아지 사진을 보면 작업 효율이 올라간다

'귀여우면 끝이다'라는 말도 있듯이 귀여움은 과학적으로 확실한 효과가 있다는 것이 밝혀졌다. 히로시마대학교의 닛토노 히로시入戸野宏와 연구팀이 대학생 약 130명을 대상으로 한 실험에 따르면 귀여운 물건을 주변에 두었을 때 작업 효율이 올라간다고 한다.

연구팀은 실험에서 피험자로 참여한 학생들에게 구멍에서 핀셋으로 작은 부품을 꺼내는 작업이나 수열에서 지정된 숫자를 찾아내는 등 집중력이 필요한 작업을 하도록 했다. 작업을 하기 전 학생들은 다음 세 그룹으로 나뉘었다.

① 새끼 고양이, 새끼 강아지 사진을 본 그룹

② 성장한 고양이, 개의 사진을 본 그룹

③ 초밥 등 음식 사진을 본 그룹

작업하는 동안 각각의 사진을 보여 주고 성적을 비교한 결과 ① 그룹만이 핀셋 작업에서 44퍼센트, 숫자를 찾아내는 작업에서 16퍼센트 향상되었고, 다른 두 그룹에는 별다른 변화가 없었다. 이 결과에 대해 닛토노는 "귀엽다는 감정이 생겼을 때 대상에 접근해서 자세히 알고자 하는 기능이 작동하기 때문에 더 집중하는 효과가 생긴다."라고 결론지었다. 사람들은 귀여운 것을 보면 더 잘 보고 싶은 마음이 무의식적으로 생기고, 그 결과 주의력이 올라가면서 집중 상태가 지속된다는 것이다.

귀여운 아기 사진을 보면 뇌가 활성화된다

펜실베이니아대학교의 멜라니 글로커Melanie Glocker와 연구진은 귀여운 아기의 사진을 보면 의욕과 집중력, 기쁨과 관련된 뇌 부위가 현저히 활성화되는 것을 확인했다. 그러니 집중력이 산만해질 때는 스마트폰으로 아기나 사랑스러운 새끼 고양이, 강아지, 새끼 판다 등의 동영상을 보자. 다만 계속 보고 있는 것은 역효과를 낼 수 있다. 연구에 따르면 1분에서 1분 30초 정도가 알맞다고 한다. 너무 오랫동안 보지는 말고 적당히 보면서 집중력을 높이도록 하자.

귀여운 사진은 뇌를 활성화하고 작업 효율을 높인다

집중력이 떨어지면 약 1분 동안
귀여운 아기, 새끼 고양이, 새끼 강아지의 사진을 보자.

결정의 질을 좌우하는 건 시간이다

11 — 효과 결단력

스텔스 성향의 스트레스에 주의하라

결단은 반드시 시간대를 고려하라

이스라엘 네게브 벤구리온대학교의 샤이 단지거Shai Danziger와 연구진은 몸을 계속 쓰면 정신도 마찬가지로 지친다면서 특히 결단을 내릴 때 그 피로가 두드러진다고 밝혔다.

이들은 이스라엘 교도소에서 1년 동안 시행된 1,100건 이상의 가석방을 분석해서 하나의 패턴을 도출했다. 바로 가석방 여부를 좌우하는 것은 수형자의 인종, 민족적 배경, 범죄의 내용이 아니라 '시간대'였다는 것이다.

가석방이 인정된 것은 전체의 약 3분의 1이었으며 인정될 확률은 하루 중에서 시간대에 따라 큰 편차가 있었다고 한다. 즉 이른 오전부터 심사를 받은 수형자는 약 65퍼센트가 가석방을 받았지만 시간이 흐를수록 그 확률은 0퍼센트에 가까워졌다. 그러나 재판관이 식사와 휴식을 한 뒤에는 다시 65퍼센트로 돌아왔다.

이는 결단 전문가인 재판관조차 시간이 지나면서 정신적으로 피로하고 귀찮아져서 판단력이 저하됨을 보여 준다. '결단 피로'는 우리가 상상하는 것 이상으로 판단을 흐린다. 이런 피로는 자신도 모르게 축적되어 행동에 반영되는 스텔스 성향의 스트레스(항공기, 함정 등이 적에게 탐지되지 않도록 설계하는 스텔스 기술처럼 은밀히 진행되어 쌓이는 스트레스—옮긴이)라 할 수 있다.

중요한 것, 중요하지 않은 것, 어느 쪽도 아닌 것으로 나누기

평소 우리가 내리는 결단들을 대략 분류해 본다면 '중요한 것', '중요하지 않은 것', '어느 쪽도 아닌 중간에 해당하는 것'이 있을 것이다. 이를 머릿속에 분류해서 정리해 두는 것도 결단의 질을 떨어뜨리지 않는 기술이다.

또는 자신이 결정할 선택에 소나무, 대나무, 매화 등으로 순위를 매겨 결단과 마주하는 분위기를 바꾸는 것도 결단 피로를 줄이는 방법이다. 즉 내 인생에 중요한 것은 소나무, 어느 쪽으로 넘어져도 좋은 것은 대나무, 판단을 잘못해도 별로 타격이 없는 것은 매화라고 나누는 것이다. 그렇게 하기만 해도 선택을 재촉당할 때의 부담과 피로가 달라질 것이다.

결단하지 않아도 되는 자동화를 도입한다

애플의 창업자 스티브 잡스는 이세이 미야케의 검은색 터틀넥 상의를 여러 벌 두고 일할 때나 일상에서 항상 착용했는데, 이는 '오늘 뭘 입을까?'라는 선택에 시간을 들이지 않고 다른 중요한 결정에 집중하기 위해서라고 한다. 이처럼 자신에게 정말로 중요한 선택이 아닌 것에는 애당초 주의를 돌리지 않는 방법도 있다.

> 결단은 오전 이른 시간 혹은 휴식 직후에 내려라.
> 중요한 것이 무엇인지 정리하고
> 중요하지 않은 결정은 자동화를 도입하라.

지저분한 책상에서 아이디어가 잘 떠오르는 이유

12
효과
창의력 / 발상력

창의성은 어질러진 환경에서 나온다

창의성은 어질러진 환경에서 더 발휘된다

번뜩이는 영감을 원한다면 책상을 군이 정리하지 않는 편이 좋을지도 모른다. 미네소타대학교 캐슬린 보즈Kathleen Vohs의 연구팀은 창조성이 어질러진 환경에서 더 잘 발휘된다고 보고했다.

물론 그와 반대로 책상이 어질러져 있으면 일이나 공부에 집중하기 어려워진다는 연구도 있긴 하다. 어쨌든 주변이 어질러져 있는 것이 꼭 나쁘다고만 단언할 순 없는 셈이다.

보즈의 연구팀은 실험에서 48명의 피험자를 다음과 같이 세팅된 두 개의 방에 나눠 들어가게 했다.

① 서류가 책상 위에 가지런히 정리되어 있는 방
② 서류가 책상 위나 바닥에 흩어져 있는 방

그런 다음 피험자들에게 탁구공을 만드는 제조회사에 '탁구공의 새로운 쓰임새'를 제안하라는 과제를 내주었다. 그러자 ②의 어질러진 방에 있던 피험자들이 창의성 면에서 더 높은 점수를 받았다.

별개로 요리를 만드는 실험도 진행되었는데, 정돈된 방에 있었던 피험자들은 전통적인 레시피를 기반으로 한 메뉴를 많이 내놓은 반면, 어질러진 방의 피험자들은 상식을 뒤엎는 창작 요리를 많이 만들어 냈다.

일상 업무는 정돈된 장소, 발상력은 너저분한 장소에서

보즈의 연구팀에 따르면 정돈된 환경에 있는 사람은 전통이나 습관에 따르는 경향을 보이고 공부나 평소 하는 작업에 집중하는 한편, 어질러진 환경에 있는 사람은 그런 것들에서 해방된다고 한다. 즉 일상 업무를 한다면 정돈된 책상이 알맞지만, 발상력이 필요한 업무는 책상 주변에 다양한 것이 놓여 있어야 아이디어가 잘 떠오른다는 것이다.

극단적인 예시일 수도 있겠지만 천재 이론물리학자 알베르트 아인슈타인의 책상에는 항상 서류와 노트가 흩어져 있었다고 한다. 또한 회화나 조각뿐 아니라 무대 예술이나 시 창작 등에서도 폭넓은 창작 활동을 했던 파블로 피카소의 작업실도 심하게 너저분했던 것으로 유명하다.

아이디어가 필요한 일을 할 때는 번잡한 장소에서 하면 의외로 예상치 못한 성과를 올릴 수 있을지도 모른다. 환경에 따라 창의성은 얼마든지 다르게 발휘될 수 있다.

{ 아이디어가 필요한 일을 할 때는 일부러
지저분한 책상이나 장소에서 해보자. }

13

효과
상상력 / 성과

카페에서 일하는 사람들이 많은 이유

적당한 잡음은 창의력을 높인다

적당한 잡음은 생각지도 못한 아이디어를 끌어낸다

잡음이 의식으로 들어온다는 것은 그만큼 많은 정보를 뇌가 처리하고 있기 때문에 창의성을 높인다는 주장이 있다.

우리 뇌는 정보가 들어올 때 감각 정보 게이팅이라고 불리는 정보의 취사선택 기능을 통해 정보를 자동으로 구분해 필터링한다. 그런데 이때 잡음을 잘 인식하는 사람은 본래라면 걸러져서 차단될 수 있었던 정보를 알아차리기 때문에 창조성이 풍부해진다는 것이다.

일리노이대학교의 라비 메타Ravi Mehta와 연구진에 따르면 서점 내부나 관공서의 창구 주변 등 비교적 조용한 환경(50데시벨)보다 카페 내부 등 적당한 잡음(70데시벨)이 있는 장소가, 창조성이 필요한 일에서는 피험자들의 성과 향상에 도움이 되었다고 한다.

다만 파친코 매장 내부나 오락실 내부 등 소음에 가까운 잡음(85데시벨)이 있을 때는 성과가 떨어진다는 연구 결과도 있다.

잡음을 별로 신경 쓰지 않고 오히려 어느 정도 잡음이 있는 편이 일이 잘된다고 하는 사람은 남들보다 뇌에 여러 가지 정보가 잘 들어오기 때문에 이들을 결합해서 생각지도 못한 아이디어를 생각해 내는 것이다. 그런 사람들에게는 카페와 같이 잡음이 어느 정도 있는 공간이 스트레스를 높이지 않으면서 창의력은 높이는 장소가 된다.

소음 때문에 살이 찐다?

스웨덴 카롤린스카 의과대학교의 안드레이 피코Andrei Pyko가 이끄는 연구팀의 연구에 따르면 소음이 큰 장소에 살면 살이 찐다고 한다.

이들은 5,156명을 대상으로 소음과 비만의 관계성을 통계적으로 조사했고 그 결과 공항, 철도, 커다란 간선도로 등 소음이 큰 장소 근처에 사는 사람은 상대적으로 체지방의 양이 많다는 사실을 밝혀냈다. 그리고 개인차는 있겠지만 여성의 경우 소음이 5데시벨 올라갈 때마다 허리둘레가 1.51센티미터 증가한다는 결과가 나왔다.

소음의 자극을 받으면 스트레스에 따라 코르티솔이 분비된다. 코르티솔이 증가하면 식욕이 증가하고 수면의 질은 하락한다. 따라서 살이 찌기 쉬워지는 것이다. 또한 과도한 코르티솔의 분비는 계획 세우기나 논리 분석과 관련된 뇌의 전두엽 기능을 방해한다고 한다. 이 때문에 주변이 시끄러우면 집중력이 떨어지게 된다.

> 약간의 잡음이 있을 때 아이디어가 잘 떠오르고 성과가 올라간다.
> 그러나 지나친 소음은 살을 찌우고 뇌 기능을 떨어뜨린다.

14

효과
실수 감소

음악을 들으며 즐겁게 작업하라

실수를 줄이고 성과를 높이는 음악

음악을 들으면 뇌의 보상계가 활발해진다

운전 중에 음악을 들으면 기분이 좋아진다는 이야기에 동의하는 사람이 많을 것이다. 음악을 들으면 뇌의 쾌락 회로인 보상계의 기능이 활발해져서 실제로 기분이 상승한다.

그중에서도 모차르트의 음악을 들으면 심신에 영향을 미쳐 뇌의 활성화나 업무 효율이 올라갈 것이라고 기대되는 현상을 모차르트 효과라고 한다. 이 효과는 1993년 캘리포니아대학교 어바인의 프랜시스 라우셔Frances Rauscher가 이끄는 연구진에 의해 학술적으로 처음 주목받았고, 이후 다른 연구자들이 그 외 다른 음악에서도 마찬가지로 뇌의 활성화 효과를 얻을 수 있다는 것을 밝혀 냈다.

1998년 인쇄업을 운영하는 도쿄인쇄라는 기업이 24시간 모차르트의 음악을 틀어 직원들에게 들려주는 것을 시도했더니 실제로 손실금액 감소와 매출액 상승, 인쇄 실수 감소 등의 효과가 있었다. 그리고 1년 만에 인쇄 실수가 전년 대비 7분의 1로 격감했다.

계산 문제는 음악을 들으면서 풀어라

음악 청취 효과는 업무만이 아니라 공부에도 응용할 수 있다. 밀라노 비코카 대학교의 앨리스 마도 프로베르비오Alice Mado Proverbio와 연구진은 음악이 피험자의 계산 능력에 어떤 영향을 미치는지 조사했다.

이들은 어느 한쪽에 치우치지 않도록 여학생 25명, 남학생 25명을 대상으로 실험을 수행했는데, 이들 50명을 내향적인 학생 25명, 외향적인 학생 25명으로 나눈 뒤 세찬 빗소리, 무음, 클래식 음악을 들려주고 난이도가 다른 계산 문제(나눗셈, 곱셈, 뺄셈, 덧셈)를 풀게 했다.

그러자 무음을 들었을 경우 클래식 음악이나 세찬 빗소리를 들었을 때보다 계산의 정확도가 떨어질 뿐 아니라 응답도 늦어지는 경향이 나타났고, 복잡하고 어려운 계산 문제를 풀 때는 그 차이가 더 현저하게 벌어졌다고 한다.

무음보다 음악이 있어야 성과가 올라간다

또한 내향적인 사람은 외향적인 사람보다 수학 문제를 푸는 것이 항상 빠르다는 경향도 나타났다. 흥미로운 사실은 외향적인 사람이 세찬 빗소리를 들으면서 계산했을 때는 예외적인 속도를 발휘해 내향적인 사람만큼 빨리 풀 수 있었다는 점이다. 이는 무음보다는 음악이 흐르는 환경 혹은 소리가 있는 환경에서 공부해야 성과 향상으로 이어진다는 뜻이다.

이처럼 음악은 사람의 감성을 풍부하게 할 뿐 아니라 성과를 높이는 효과도 있다. 그러니 일이나 공부를 할 때는 음악을 적극적으로 활용해 보자.

일도, 공부도 음악을 들으면서 할 때 성과가 향상된다.

목표를 사람들에게 공개하라

수행 능력을 높이는 일관성 편향

15
효과
목표 달성

목표를 공개하면 행동하기 쉽다

영미권에서는 '새해 다짐'new year's resolutions이라며 매년 1월 새해 목표를 세우는 문화가 있다. 그리고 이를 사람들에게나 SNS에서 공언하는 사람도 많다. 이를 심리학에서는 공개 선언 효과Public Commitment Effect라고 한다. 인간은 일단 결정을 내리거나 어떤 결의를 실행하겠다고 타인에게 공개했을 때 이에 대한 압박감을 느끼고 스스로 일관된 행동을 하게 된다는 것이다.

사회심리학자 로버트 치알디니Robert Cialdini가 이끈 여러 연구에 따르면 우리가 어떤 말을 꺼낸 이상 물러나기 어려워지는 것은 일관성 편향이라는 심리가 작용하기 때문이다. 뒤집어 말하면 어떤 일을 하고자 할 때 공개 선언을 통해 이 일관성 편향을 작용하게 해서 강제적으로 수행하는 능력을 만들 수 있는 것이다.

작고 쉬운 목표부터 시작하라

메릴랜드대학교 에드윈 로크Edwin Locke가 이끄는 연구팀에 따르면 처음부터 커다란 목표를 세우는 것은 달성에 대한 압박을 높일 가능성이 크다. 어떤 일을 시작할 때 목표를 너무 크게 설정하면 스트레스를 받고 오히려 의욕이 떨어질 수도 있다.

따라서 목표를 설정할 때는 구체적이고 현실적인 작은 목표부터 시작하는 것이 현명하다. 가령 다이어트를 목표로 한다면 '10킬로그램 감량한다'는 부담스러운 목표보다는 달성 가능성이 있고 부담이 적은 '3킬로그램 감량한다' 같은 목표를 설정하는 것이 바람직하다.

뇌에 자극을 줘서 순화를 방지하라

우리 뇌는 어떤 상황이나 환경에 익숙해지면 성취감을 느끼거나 의욕을 내기 어려워지는 순화라는 상황에 빠진다. 처음에는 아무리 자극적인 일이라도 반복하다 보면 어느새 익숙해지고 매너리즘에 빠지게 된다. 이 순화에 대항하려면 뇌에 계속 새로운 자극을 제공해서 기쁘게 하거나 성취감을 느끼도록 해야 한다.

이런 쾌감을 불러일으키려면 보상계라는 뇌의 회로가 작용해 도파민을 분비시켜야 한다. 예를 들어 같은 운동을 계속하다가 싫증이 나면 장소를 바꾸거나 음악을 바꾸거나 평소와 다른 시간대에 하면 신선함을 되찾을 수 있다. 이는 자극의 변화를 통해 뇌의 보상계를 다시 활성화하는 방법이다.

> 목표는 사람들 앞에서 공언하고, 작은 목표부터 시작하라.
> 매너리즘을 막기 위해 새로운 자극을 주려고 노력하라.

뇌를 컨트롤하는 'If-then 플래닝'

16

효과
셀프컨트롤 / 행동력

만약 A를 하면 B를 한다고 미리 정하라

규칙을 정해 두면 효과적인 셀프컨트롤이 가능하다

이프 덴 플래닝if-then planning이라고 하는 셀프컨트롤 기술이 있다. '만약 A가 일어나면 그때는 B를 한다'는 규칙을 미리 정해 두는 것이다.

예를 들어 '스트레스가 쌓여서 칼로리 높은 음식이 먹고 싶다!'라는 마음이 생기면 '그 자리에서 스쿼트를 10번 해야 한다'라고 정하는 식이다. 혹은 '초조해서 담배를 피우고 싶다'라고 느껴질 때 '한 컵의 물을 단숨에 마셔서 제동을 건다'라는 식으로 충동을 가라앉히기 위한 대본을 미리 준비하는 것 또한 이프 덴 플래닝이다.

패턴을 정하면 뇌와 몸이 원활히 움직인다

콘스탄츠대학교의 아냐 아흐트지거Anja Achtziger와 연구진은 94명의 학생을 대상으로 "만약 내가 좋아하는 ○○(고칼로리 음식)이 먹고 싶어지면 그 생각을 잊는다!"라고 세 차례 외치게 하고, 1주일 후 학생들이 얼마나 그 음식을 먹었는지를 조사하는 실험을 했다. 그 결과 이프 덴 플래닝을 실천한 피험자는 실천하지 않는 학생보다 음식 소비량이 절반 가까이까지 줄었다고 한다.

또한 107명의 테니스 선수를 대상으로 한 실험에서는 경기 당일에 다음과 같이 세 그룹으로 나눠 경기 후 본인과 트레이너, 팀 동료에게 성과 등을 평가받게 했다.

① '시합에 이기기 위해 공 하나하나에 혼신의 힘을 다해 플레이한다'라는 목표
   를 적은 종이에 밑줄을 긋고 서명을 받은 그룹
② 같은 목표를 세운 뒤 이프 덴 플래닝을 한 그룹(예를 들어 '집중력이 부족하다'
   같은 부정적인 기분이 들면 '스스로 안정을 취한다' 등)
③ 아무것도 하지 않은 그룹

그 결과 그룹 ②의 평가가 가장 좋았다고 한다. 이처럼 '무조건 그렇
게 한다'라는 패턴을 정하면 뇌와 몸은 자동화되어 원활하게 행동할 수
있다.

업무에서는 '만약 ○○을 하게 되면 반드시 여기를 주의하고, 끝난 뒤
여기를 체크한다'라고 정해 두자. 자주 저지르기 쉬운 실수를 쉽게 피할
수 있고 스트레스도 수월하게 넘어갈 수 있다.

이처럼 의식적으로 패턴을 만드는 것이 행동력을 높이는 데 도움이
될 수 있음을 유념하길 바란다.

> 만약 A를 하면 B를 한다고 미리 정해 두어
> 실수를 피하고 원하는 행동을 쉽게 하도록 하라.

17

효과
목표 달성

가까운 사람의 목표를 '복붙'하라

롤모델을 설정하면 목표를 달성하기 쉬운 이유

목표 설정을 수정한다고 성과가 감소하지 않는다

네덜란드 라이덴대학교의 막스 반 렌트Max van Lent와 로테르담 에라스무스 대학교의 미힐 수버레인Michiel Souverijn의 연구에 따르면 학생들은 목표가 지나치게 높으면 실제 성적과의 차이를 인식하게 되어 오히려 성과가 12~15퍼센트 정도 감소하는 경향이 있다. 그리고 목표를 설정한 뒤 나중에 그 목표를 수정할 기회가 주어지면 성과가 감소하지 않는다.

이 실험에서 수정은 중간시험을 받은 직후에 시행되었고, 학생들은 시험 결과나 과정의 진행 상황을 참고할 수 있었기 때문에 새로운 정보를 반영해 목표를 설정할 수 있었다.

모방은 실제로 효과가 있다

위 실험 결과가 시사하는 바는 인생이나 업무에서 목표를 정할 때도 적용된다. 가령 업무를 스마트하게 처리하고 싶은데 생각처럼 되지 않을 때 여러분은 어떻게 하는가? '5년 후에는 연봉을 대폭 올린다'라는 야심 찬 목표가 있어도 눈앞의 업무가 제대로 되지 않으면 이는 그림의 떡에 지나지 않는다. 그렇기에 적당한 목표를 설정해 단계를 올려 나가는 것이 바람직하지만 "뭐부터 손을 대야 할지 모르겠다."라고 하는 사람도 있을 것이다.

이럴 땐 자신이 원하는 목표를 이미 실현한 지인이나 가까운 사람을

'복사·붙여넣기'해보자. 자신에게 적당한 목표를 설정하고 실현하기 위해 존경할 수 있는 사람, 신뢰할 수 있는 사람을 모방하는 것이다. 이는 연구 논문에서도 실제로 'copy and paste'라는 말이 사용될 정도로 효과가 있다.

펜실베이니아대학교의 케이티 메어Katie Mehr와 연구진은 약 1,000명을 대상으로 운동 습관과 목표 달성에 관한 조사를 수행했다. 그 결과 운동 습관을 만드는 데 성공한 사람의 목표 설정 방법과 달성 방법을 그대로 따라 했을 때 운동 습관이 쉽게 몸에 배고 목표 달성에 성공하는 것으로 나타났다.

주변의 괜찮은 사람을 참고하라

코넬대학교의 판텔리스 아날리티스Pantelis Analytis와 연구진은 유능한 사람은 주변에서 자신과 비슷한 사람을 빠르게 찾아내 그 사람의 사례를 참고해서 결정을 내리는 반면, 무능한 사람은 세간의 평균적인 의견에 따라 판단하는 경향이 높다는 연구 결과를 내놓았다.

이를 뒤집어 말하면 주변의 괜찮은 사람의 의견을 적극적으로 들을수록 자신의 생각과 행동도 점점 명확해진다는 것이다. 스스로 목표를 세우고 달성할 자신이 없다면, 본보기가 될 만한 사람의 태도나 의견을 가지고 와서 자신의 것으로 만들어 보자.

> 목표 설정으로 고민한다면 유능한 사람의 목표를 '복붙'하라.
> 업무는 자신과 비슷한 사람의 의견을 참고해서 결정하라.

머릿속 혼잣말로 셀프컨트롤 능력을 높여라

생각과 행동을 언어화하는 것의 힘

효과
판단력

스스로 묻고 답하면 판단력이 올라간다

"지금부터 이걸 하고, 그다음은 저걸 하고…." 하면서 자신에게 질문하듯 중얼거리는 사람이 있는데, 의외로 이런 혼잣말은 생각지도 못한 효과를 발휘한다는 사실이 밝혀졌다.

토론토대학교의 알렉사 툴렛Alexa Tullett과 마이클 인즐리히트Michael Inzli-cht는 자문자답이 어떤 효과가 있는지 실험했는데, 이들은 피험자를 다음과 같이 두 그룹으로 나눠 테스트를 진행했다.

① "자신이 하고자 하는 행동이 옳은가?", "틀림없는 선택인가?"라고 자문자답한 그룹

② 주로 쓰지 않는 손으로 계속 동그라미를 그리게 해서 자문자답할 수 없는 상태로 만든 그룹

이렇게 나뉜 두 그룹에 지정된 색의 도형이 표시되면 버튼을 누르는 과제를 내주었더니 그룹 ①은 정답률이 평소보다 30퍼센트 오른 반면, 머릿속으로 혼잣말하는 것을 방해받은 그룹 ②는 정답률이 변하지 않았다.

이는 머릿속으로 혼잣말, 즉 자문자답을 할 때 올바른 판단을 하기 쉬워진다는 것을 시사한다.

혼잣말을 하지 않으면 셀프컨트롤 능력이 떨어진다

이 실험을 통해 툴렛과 인즐리히트는 혼잣말을 하지 않는 경우는 더 충동적으로 행동하기 쉬워진다며, 자기 행동을 언어화해서 자기 자신에게 전달하지 않으면 셀프컨트롤 능력이 떨어진다고 주장했다.

이처럼 우리의 이성에는 언어의 힘이 필수다. 비록 머릿속으로 하는 중얼거림(혼잣말)이라 해도 효과는 즉각적이다. 따라서 어떤 과제나 문제에 직면했다면 머릿속으로 자문자답하고, 생각하는 바를 언어화하는 습관을 들여보자. 그러면 자신이 무엇 때문에 헤매고 고민하고 있는지 정리하기 쉬워지고 해결의 실마리도 금방 찾을 수 있다.

머릿속으로 자문자답하면 셀프컨트롤 능력이 올라간다

머릿속으로 자문자답을 한 다음 행동해 보자.
고민이나 문제가 생겼을 때는 혼잣말로 생각을 언어화하라.

19

효과
목표 달성

일을 시작할 때는
질문을 던져라

스스로 질문하고 답하면 머릿속이 정리된다

'할 수 있을까?' 자문한 뒤에 착수하라

앞서 살펴본 것처럼 혼잣말은 자신을 컨트롤할 때 뜻하지 않은 효력을 발휘한다. 이에 더해, 무엇인가를 할 때는 "하자!"라고 기합을 넣기보다 "할 수 있을까?"라고 자문하고 시작하는 편이 좋은 결과를 남긴다는 연구 결과가 있다. 바로 일리노이대학교 어바나 샴페인 캠퍼스의 이브라힘 세나이Ibrahim Senay 연구팀의 발표다.

연구진은 53명의 피험자를 대상으로 무작위로 나열된 알파벳을 교체해 다른 단어를 10개 만들어 내는 애너그램 과제를 실시했다. 이 과제는 높은 집중력과 사고력을 동시에 요구하는 작업으로, 피험자들은 이를 수행하기에 앞서 종이에 미리 'I Will'(한다) 또는 'Will I'(할 수 있을까)라는 문장을 적고 이를 자신에게 들려주는 형태의 셀프 토크를 하도록 안내받았다.

그 결과, 의문형 표현인 'Will I' 그룹이 'I Will' 그룹에 비해 약 70퍼센트 더 높은 정답률을 기록했고, 과제에 임하는 의욕과 몰입도 역시 전반적으로 상승하는 경향을 보였다. 단순한 결의의 표현보다 스스로에게 질문을 던지는 방식이 실제 수행 성과에 더 긍정적인 영향을 미친 것이다.

연구진은 비교를 위해 추가 실험도 진행했다. 'I Will'과 'Will I' 외에, 의지를 의미하는 Will을 제외하고 주어만 남긴 'I' 패턴, 그리고 주어를 생략하고 의지 표현만 남긴 'Will' 패턴도 함께 조사한 것이다. 그러나 이들 조건에서는 유의미한 성과 향상이 관찰되지 않았으며, 명확한 차이를 보인 것은 의문형인 'Will I' 조건뿐이었다.

이 결과는 목표 달성을 위해서는 명령이나 선언보다 질문 형태의 자기 대화가 중요한 역할을 한다는 점을 보여준다.

자신에게 질문하면 뇌의 엔진이 가동한다

세나이의 연구팀은 의문문이 성질상 가능성과 선택의 자유를 주기 때문에 더 자발적이면서도 '하고 싶어서 한다'라는 동기부여 감정을 높일 수 있다고 설명했다. 아무리 긍정적인 말을 하거나 "하자!"라고 분발해도 스스로 결정하는 마음의 자유가 있어야 사람은 편안한 마음으로 활동할 수 있다는 것이다. 그렇기 때문에 "○○하자!"가 아니라 "○○할 수 있을까?"라고 묻는 편이 훨씬 효과적이다.

그러니 눈앞의 일에 뛰어들 때는 '무조건 하자!'라고 적극적으로 생각하기보다 '기일까지 만족할 만큼 해낼 수 있을까?'라고 생각하자. 그냥 생각해 봐도 확실히 후자 쪽이 모든 경우를 가정할 수 있기 때문에 더 제대로 해낼 수 있지 않을까?

이성을 발휘하려면 언어의 힘이 필수적이다. 계획 없이 충동적으로 추진하기보다는 지금 자신이 하려는 것, 발언하려는 것을 일단 뇌에서 재생해 자문자답해 보면 머릿속 정리가 쉬워질 것이다.

{ 무작정 "하자!"라고 기합을 넣기보다 "할 수 있을까?"라며
스스로에게 질문을 던지고 결정할 자유가 있어야 좋은 결과가 나온다. }

결정이 어려울 땐
영어로 바꿔 보라

20
효과
객관화 / 판단력

손실 가능성이 머리를 스칠 때 침착하게 대응하는 기술

200명의 목숨을 구할 방법 vs. 400명의 목숨을 잃을 방법

"사람은 손실을 회피하는 경향이 있으며 상황에 따라 그 판단이 달라진다."라는 프로스펙트 이론prospect theory이 있다. 이 논리를 제창한 대니얼 카너먼Daniel Kahneman과 아모스 트버스키Amos Tversky는 생사와 관련된 상황에서 표현을 달리 할 때 피험자의 반응에 어떤 영향을 주는지를 조사했다. 중병에 걸린 600명을 대상으로 실시한 이 조사에서 사람들에게 다음 두 가지 치료법 중 어느 쪽을 선택할지 선택하게 했다.

치료법 A: 600명 중 200명의 목숨을 구할 방법

치료법 B: 600명 전원을 구하거나 전부 구하지 못하는 방법

그 결과 피험자들은 치료법 A를 선택하는 쪽이 많았다고 한다. 그러나 '목숨을 구한다'가 아니라 '목숨을 잃는다'라고 바꿨을 경우(치료법 A의 경우 '600명 중 400명이 목숨을 잃는 방법')에서는 치료법 B, 즉 모 아니면 도의 상황을 선택하는 사람이 압도적으로 많았다.

이렇게 말을 바꿔서 같은 정보라도 다른 인상을 주어 의사결정에 영향을 미치는 현상을 프레이밍 효과framing effect라고 한다. 어떤 선택지를 80퍼센트의 성공률이라고 표현하든지, 20퍼센트의 실패율이라고 표현하는지에 따라 우리의 선택이 달라진다는 이야기다.

한 단계를 더 거치면 객관적으로 판단할 수 있다

이런 사실을 바탕으로 시카고대학교의 보아즈 키사르_{Boaz Keysar}와 연구진은 모국어와 제2 언어가 의사결정에 어떤 영향을 미치는지 실험했다. 실험에서는 일본어를 외국어로 배우고 있는 미국인 학생 121명을 '영어로 제시한 그룹'과 '일본어로 제시한 그룹'으로 나누고 다음과 같이 질문했다.

'60만 명이 죽음에 이르는 병에 대한 대책으로 ①과 ② 중 한쪽만을 개발한다면 어느 쪽을 선택하겠는가?'

① 20만 명을 구하는 약

② 60만 명이 살 확률이 33.3퍼센트, 누구도 살지 못할 확률이 66.6퍼센트인 약

앞서 언급한 카너먼과 트버스키의 실험과 마찬가지로, 목숨을 잃는다고 표현을 바꾸자 피험자들은 서로 반대되는 선택을 했다. 하지만 일본어로 제시한 그룹에서는 그렇지 않았다. 결과를 받은 연구진은 외국어를 사용하면 감정적인 반응이 약해지면서 더 객관적이고 이성적으로 판단할 수 있다고 결론 내렸다.

인간은 손실의 가능성이 머리를 스치면 위험을 감수하면서까지 모 아니면 도의 상황을 선택하는 경향이 있다. 그러니 손실에 대한 생각이 스칠 때는 이성적으로 판단할 수 있는 환경을 만들자. 일부러 영어로 바꿔 생각해 보는 식으로 한 단계를 더 거쳐 의사결정을 하길 바란다.

> 인간은 종종 위험을 감수하면서까지 운에 맡기곤 한다.
> 좀 더 객관적으로 볼 수 있는 환경에서 판단하자.

21

일단 한바탕 웃고 나서 시작하라

웃은 다음 일하면 생산성이 오른다

코미디를 보고 일하면 생산성이 오르는 이유

영국 워릭대학교 앤드루 오스왈드Andrew Oswald의 연구팀은 매사에 행복한 마음으로 임하면 생산성이 약 12퍼센트 증가한다는 연구 결과를 내놓았다. 이들은 713명의 피험자를 대상으로 간단한 계산 문제 등을 풀게 하는 실험을 했는데, 다음과 같이 네 팀으로 나눠 실시했다.

① 코미디 영화를 보게 함

② 코미디 영화를 보게 하고, 작업 검증 시간을 길게 함

③ 작업 시에 초콜릿이나 과일 등을 지급함

④ 최근에 일어난 가정 내 슬픈 사건에 대해 떠올리게 함

각 그룹에서 피험자 절반에게는 조건을 도입하지 않았다. 즉 ①~④ 그룹 각각에는 조건을 적용하는 A 그룹과 적용하지 않는 B 그룹이 있도록 했다.

그렇게 생산성을 비교했더니 ① 그룹의 코미디 영화를 본 그룹과 보지 않은 그룹에서는 전자의 팀이 성적이 더 좋았고, ② 그룹도 코미디를 보고 행복감이 높은 사람일수록 더 많은 능력을 발휘했다고 한다. 마찬가지로 초콜릿이나 과일을 받은 그룹도 성과가 좋았다. 슬픈 사건을 떠올린 그룹은 반대로 생산성이 떨어졌다는 결과도 나왔다.

한바탕 웃고 나서 무언가를 시작하라

심리적으로 가라앉으면 주의력과 집중력이 떨어진다. 주목할 점은 코미디를 보는 것만으로도 10~12퍼센트 생산성이 향상된다는 점이다. 특히나 지금은 스마트폰으로 개그나 코미디를 언제든 볼 수 있는 시대이니만큼, 무언가를 시작하기 전에 한바탕 웃고 나서 하기를 권한다.

최근 구글 같은 글로벌 대기업은 직원의 만족도를 높이기 위해 휴식 시간이나 사내 식당을 마련하는 데 투자를 아끼지 않는다고 한다. 결국 생산성을 올리려면 일하고 있는 사람이 행복하다고 느끼는 순간을 늘리는 것이 중요하다.

행복한 시간을 늘려서 생산성을 높여라

일을 시작하기 전에 코미디를 보거나 좋아하는 간식을 먹는 등
행복감을 느끼는 시간을 만들어 보자.

과학적으로 증명된 공부 습관

제2장에서는 공부를 꾸준히 해서 성과를 내기 위한 습관 16가지를 소개한다. 대개 공부하기로 마음먹어도 작심삼일로 끝나거나 성과가 쉽사리 나오지 않는데, 이는 습관화가 잘 되지 않은 탓일 수 있다. 여기서 소개하는 기술은 모두 쉽고 간단한 것들이니, 쉽게 몰입할 수 있고 꾸준히 할 수 있을 것 같은 습관부터 도입해 보자.

공부하기에 늦은 때란 없다

☑ 타인의 감정을 바르게 읽어 내는 능력은 50대가 가장 높다

나이를 먹다 보면 아무래도 체력이나 기억력이 떨어질 수밖에 없다. 그래서 예전에는 간단하게 했던 일을 하지 못하게 되면 당황스러움과 불안감이 밀려와서 자신감을 잃는 계기가 되기도 한다. 그러나 쇠약해지는 것은 자연의 섭리이기 때문에 과도하게 우울해할 필요는 없다. '원래 그런 거지' 하며 깊게 생각하지 않는 것이 중요하다.

하버드대학교 등에서 진행한 공동 연구에 따르면, 우리 인간은 50세가 넘은 뒤에야 정점에 이를 수 있는 능력이 따로 있다고 한다. 연구는 4만 8,000명이 넘는 남녀노소를 대상으로 온라인상에서 모은 자료(설문 조사 답변이나 IQ 테스트 등)를 기초로 분석했다. 그 결과 기억력에 관한 테스트에서는 50대가 젊은 피험자보다 뒤떨어지는 결과가 나온 반면, '눈을 보는 것만으로 타인의 감정을 올바르게 인식하는 능력'에서는 50대의 성적이 가장 좋았다고 한다.

'늙은 말이 길을 안다'라는 말이 있다. 50년을 살았으면 세상의 단맛, 쓴맛을 다 알기 때문에 다른 사람의 감정을 감지하는 능력이 뛰어날 수밖에 없다.

☑ 어휘력은 60대 후반에서 70대 초반에 정점에 이른다

한편 어휘력은 60대까지 발달한다고 알려져 있다. 그리고 언어력이나 공간 추론력, 추상적 추론력 등은 중년 이후에도 계속 발달해서 60대 후반에서 70대 초반에 정점에 이른다는 놀라운 결과도 있다. 이는 인지능력의 정점이 세대에 따라 상당히 차이가 있음을 보여 준다. 몇 가지 인지능력은 어른이 되고 얼마 안 되어 안정되기 때문에 30대가 되면 저하되기 시작하는 사람도 있다.

그러나 어디까지나 안정될 뿐이지 정점을 맞이하는 것은 아니다. 그중에는 50대 가까이 되어 정점을 맞이하는 사람도 있다. 이를 뒤집어 말하면 공부하기에 늦은 때는 없다고 할 수 있다. 나이를 먹는 것은 쇠퇴하는 것이 아니라 오히려 한발 앞서가는 것이라고 해석하자.

확실히 기억력과 두뇌 회전 속도는 점점 약해질 것이다. 그러나 인간적인 풍요로움을 형성하는 능력은 60대가 되어도 성장한다. 따라서 나이가 들어도 인풋과 아웃풋을 반복하는 습관을 길러야 한다. 책 읽기, 친구와 대화하기, 영화 보기 등 아무렇지 않은 일상의 행동이 나이 들어 진짜 공부를 하기 위한 본바탕이 된다. 몇 살이 되었든 배우고 익히는 일에는 의미가 있다.

어떤 공부 습관을 들여야 좋을까?

22

공부하기 전에 산책하라

산책은 뇌에 산소를 공급한다

산책이 인풋도 아웃풋도 극대화하는 이유

효율적으로 뇌를 작동시키려면 뇌의 혈류가 원활하게 흐르게 하는 것이 중요하다. 뇌에 산소를 제대로 보내는 일을 무시하면 배움의 속도에 차이가 생긴다. 실제로 공부를 시작하기 전이나 휴식 시간에 가벼운 운동이나 산책을 하는 사람이 의외로 많은데, 스티브 잡스나 마크 저커버그도 산책하는 습관이 있었다고 한다.

산책에는 집중력과 기억력을 높여 영감을 풍부하게 하고, 인풋과 아웃풋 모두를 극대화하는 놀라운 효과가 있다. 이를 나타내는 것이 일리노이대학교의 카를로스 살라스Carlos Salas와 연구진이 실시한, 피험자를 두 그룹으로 나눠 명사를 기억하게 한 실험이다. 연구진은 피험자들을 다음과 같이 두 그룹으로 나누었다.

① 기억하기 전에 10분 동안 걸은 그룹

② 기억하기 전에 10분 동안 앉아서 풍경 사진을 본 그룹

명사를 기억한 다음에는 각 그룹에 같은 행동을 하게 하고, 그 후 테스트를 진행했다. 그 결과 10분 동안 걸은 그룹 ①은 그룹 ②보다 정답률이 25퍼센트 좋다는 결과가 나왔다. 그리고 외우기 전에 '10분 동안 걷기 → 명사 외우기 → 걷지 않고 앉아서 풍경 사진 보기'로 행동을 바

꿔 실시했는데, 앞의 결과와 마찬가지로 25퍼센트 정도 성적이 좋아졌다고 한다.

공부하기 전에 적당한 운동을 해야 한다지만 사람에 따라서는 피곤해질 수 있다. 조깅이나 줄넘기 등도 효과적이지만, 서툰 사람이 억지로 하면 역효과가 난다. 결국 몸이 피곤해지면 다 소용없는 일이다. 하지만 산책이라면 그리 어렵지 않다. 공부를 시작하기 전에 왕복 10분 정도 거리에 있는 편의점에 물건을 사러 다녀오기만 해도 뇌의 예열은 충분히 완료된다.

작가나 만화가 중에는 산책이나 운동을 습관적으로 하는 사람이 정말 많다. 머리를 쓰는 작업 전에 기분전환 겸 산책을 해보자. 뇌의 혈류가 좋아지고 몸에도 좋은 습관이기 때문에 일석이조다.

공부하기 전 10분 동안 산책하기

{ 공부하기 전, 작업하기 전, 업무에 착수하기 전에 10분간 산책하자. }

23

효과
집중력 / 주의력

스마트폰을 가까이에 두지 마라

SNS로 주의력이 산만해지는 것을 방지하는 법

스마트폰이 옆에 있기만 해도 주의력이 산만해진다

무심코 스마트폰을 보다가 시간이 한참 흘렀는데도 여전히 손에서 놓지 않고, 할 일은 뒤로 미루고…. 이런 경험은 누구나 있을 것이다. 이제 스마트폰은 현대를 사는 우리에게 꼭 필요한 도구지만 한편으로는 손에 들고 있든, 들고 있지 않든 우리의 주의력을 분산시키는 성가신 도구이기도 하다.

텍사스대학교 오스틴의 에이드리안 워드Adrian Ward가 이끄는 연구팀에 따르면 무언가에 집중하거나 의사결정을 할 때 스마트폰이 옆에 있기만 해도 없을 때에 비해 주의력이 산만해진다고 한다. 전화가 울리거나, 메일이나 메시지가 도착하거나, SNS가 업데이트되거나, 스마트폰 안에서 정보가 갱신되고 있는 것은 아닌지 신경이 쓰여서 결국 주의력이 산만해진다는 것이다.

움직이지 않으면 잡을 수 없는 장소에 스마트폰을 두어라

여러 가지 일을 동시에 처리하는 멀티태스킹이 서툰 사람은 스마트폰의 존재가 신경 쓰이기 시작하면 지금 하는 일에 효율적으로 뇌를 사용할 수 없다. 따라서 물리적으로 스마트폰을 볼 수 없는 상황을 만드는 것이 필수다. 가령 집에 있을 때는 이동하지 않으면 잡을 수 없는 장소에 스마트폰을 두는 등 자기만의 규칙을 만드는 것이다.

상상해 보자. 스마트폰을 보기 위해 일부러 이동하는 것이 꽤 귀찮은 일이라고 생각되지 않는가? 이런 수고는 시간을 질질 끌지 않도록 하는 데 매우 효과적이다. 스마트폰을 가지러 갈 때 '지금부터 나는 스마트폰을 보려고 한다'라고 자각하면 '정말 스마트폰을 체크할 필요가 있는가?'라며 뇌가 다른 생각을 하기 때문이다. 그러다 '역시 안 봐도 돼'라고 판단하면 스마트폰을 보면서 낭비했을지도 모르는 시간을 절약하게 된다.

텔레비전 리모컨도 비슷하게 처리할 수 있다. 집중에 방해가 되는 물건을 손이 닿지 않는 자리에 두는 버릇을 들이면 정말 그것을 위해 움직일 정도의 일인지 머리로 생각하게 된다.

무언가에 신경이 쓰여 집중하지 못하고 시간을 질질 끌고 있다면 그것을 하러 가는 데 일부러 수고가 필요한 환경을 만들어 보자. 그 한 단계가 시간을 질질 끄는 것을 미연에 방지해 줄 것이다.

{ 스마트폰 때문에 해야 할 일을 하지 못한다면
손에 잡히지 않는 장소에 두어라. }

24

효과
동기부여 / 지속력

좋아하는 것부터 공부하라

흥미 있는 것부터 하면 의욕이 솟는다

좋아하는 것부터 공부하면 의욕이 솟는다

시험이 닥쳐서 뭐부터 공부해야 할지 모르겠다는 사람은 흥미 있는 것부터 시작하면 좋다는 연구 결과가 있다. 히로시마대학교의 마에다 겐이치前田健一와 연구진은 중고생 946명을 대상으로 본인의 속성, 자기효능감(목표 달성을 위해 실행하는 능력이 자신에게 갖춰져 있다는 믿음), 호불호 과목, 호불호의 이유, 호불호 과목의 공부 방법 등을 조사했다. 그 결과 과목의 호불호와 자기효능감은 관계가 없었다. 단순히 좋아하는 과목일수록 싫어하는 과목보다 스스로 방법을 찾아가고 노력하면서 공부하는 경향이 나타났다고 한다.

이 조사를 봐도 알 수 있듯이 공부할 때 자신이 좋아하는 내용부터 시작하는 것은 의욕을 돋우고 동기부여를 강화하는 데도 도움을 준다. 뇌는 즐겁다는 마음이 있을수록 활성화되고 인풋 능력과 아웃풋 능력이 동시에 증가한다. 그러니 공부를 시작할 때는 먼저 자신이 관심 있는 것부터 착수하도록 하자.

아침과 밤에 적합한 분야가 있다

시간대에 따라서도 공부하기 적합하거나 적합하지 않은 분야가 있다. 도쿄대학교의 시미즈 기미코清水貴美子와 연구진은 깊은 사고를 필요로 하는 공부나 확실히 기억하고 싶은 내용은 아침에 하고, 간단한 암기 공부는 밤에 하는 것이 좋다고 보고했다.

기억을 관장하는 부위인 해마의 장기 기억에 SCOP라는 단백질이 중요하다는 사실은 이미 과학적으로 밝혀져 있다. 이 SCOP의 양은 해마에서의 신경 활동에 의해 조절되며, 뇌가 깨어나기 시작한 활동기의 전반(즉 아침 등)에 최대가 된다. 따라서 아침에는 머리를 쓰는 과제를 하는 것이 좋다. 반면에 기억은 수면 중 렘수면 때 정리되기 쉽고 정착 효과가 촉진되므로 밤에는 암기 공부가 적합하다.

자신의 부족한 점을 이해하면서 시간대에 따라 공부하는 내용을 바꿔 보자. 그것만으로도 공부 효율은 달라질 것이다.

아침에 맞는 공부, 밤에 맞는 공부는 따로 있다

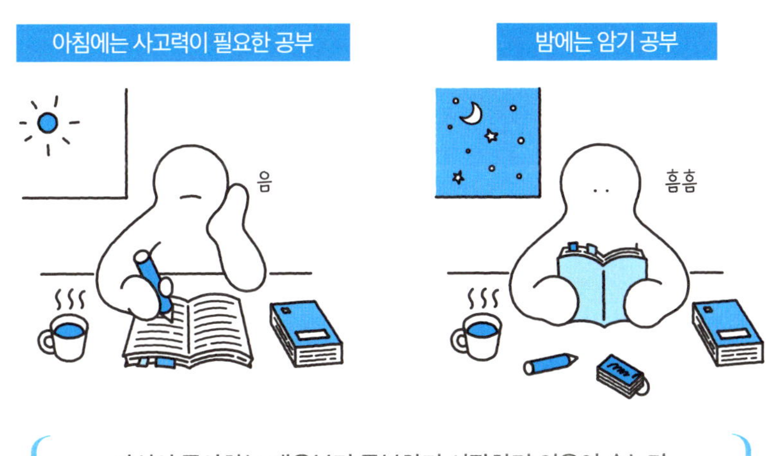

자신이 좋아하는 내용부터 공부하기 시작하면 의욕이 솟는다.
아침에는 사고력이 필요한 공부, 밤에는 암기 공부를 하자.

25

효과
문제 해결 / 기억력

공부 효율을 높이고 싶다면 교차 학습을 하라

다양한 문제로 뇌를 자극하는 공부 기술

문제를 섞어서 공부해야 정답률이 올라간다

영어를 공부하는 경우 '오늘은 리스닝, 내일은 리딩', '전반은 리스닝, 후반은 리딩'과 같이 명확히 시간을 나눠 공부하는 유형이 있고, 특별히 시간을 구분하지 않고 리스닝과 리딩을 번갈아 공부하는 유형이 있다. 여러분은 어느 쪽인가?

사실 후자가 공부의 효율을 대폭 높인다는 연구 결과가 있다. 사우스플로리다대학교의 더그 로러Doug Rohrer와 켈리 테일러Kelli Taylor는 한 실험에서 초등학교 4학년생 24명을 다음의 두 그룹으로 나눠 각기둥의 면, 모서리, 꼭짓점, 각의 수를 구하는 문제를 풀게 했다.

① 같은 종류의 문제를 연속해서 푼 그룹(블록 학습군)
② 다른 종류의 문제를 섞어서 푼 그룹(랜덤 학습군)

그룹 ①은 예를 들어 '면'의 문제가 8문제라면, 그 8문제를 모두 푼 후 이어서 '모서리' 문제만을 8문제 풀었다. 반면에 그룹 ②는 '면 → 모서리 → 꼭짓점 → 각'처럼 랜덤하게 푸는 구성이었다. 그 결과 그룹 ②가 77퍼센트의 정답률을 보인 데 비해 그룹 ①은 38퍼센트에 그치는 결과가 나왔다. 이에 로러와 테일러는 랜덤 학습을 한 학생들의 경우 해법을 간파하는 능력과 기억 정착이 향상해서 이런 결과가 나왔다고 분석했다.

교차 학습이 학습 효과가 큰 이유

위와 같은 학습법을 교차 학습interleaved learning이라고 부른다. 윌리엄스 칼리지의 네이트 코넬Nate Kornell과 캘리포니아대학교의 로버트 비요크Robert Bjork의 연구에서도 묶어서 학습하는 것과 간격을 두고 학습하는 것 중에서 어느 쪽이 더 효과적으로 기억하는지 비교하는 실험을 했는데, 간격을 두고 학습하는 쪽의 성적이 좋았다고 한다.

우리는 집중해서 한 가지를 학습하는 편이 낫다고 생각하기 쉽지만 실제로는 여러 가지 문제를 섞어서 하는 편이 학습 효과가 높다. 교차 학습을 통해 효과적으로 학습하고, 휴식 시간에 게임을 하며 뇌를 리프 레시해 보자. 일하면서 자격증이나 어학 공부를 하는 사람들은 꼭 적용 해 보길 바란다.

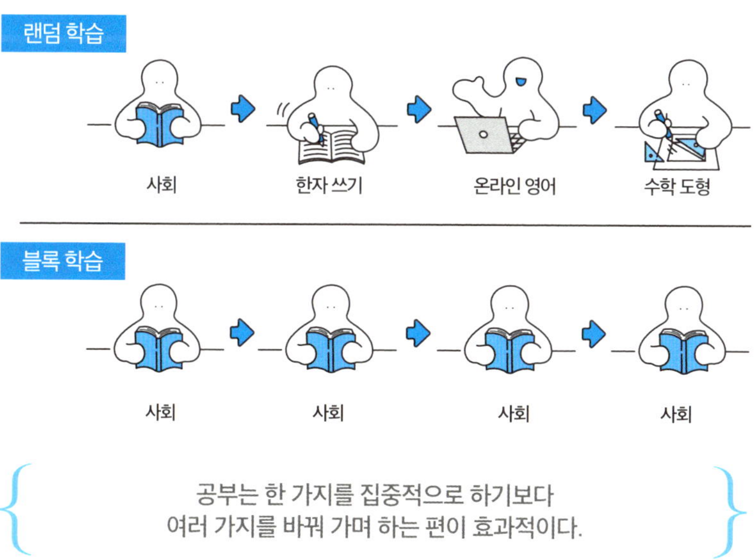

블록 학습과 랜덤 학습의 차이

26

효과
이해력 / 기억력

종이로 읽고 종이에 써야 하는 이유

종이가 인풋도 아웃풋도 효율적이다

스크롤은 이해를 방해한다

스마트폰이나 컴퓨터 화면보다도 종이로 텍스트를 읽는 게 인풋이 쉽게 이뤄진다는 것을 보여 준 연구가 있다. 노르웨이 스타방에르대학교 안네 망겐Anne Mangen의 연구팀은 72명의 10학년생(고등학교 2학년생)을 대상으로 다음과 같은 실험을 수행했다. 이들은 이야기와 설명문의 독해 문제, 단어 이해 문제('housecareseafree'처럼 이어진 문자열을 단어로 나누기) 및 어휘력 문제를 종이와 모니터상(PDF로 1,400~1,600자 텍스트)으로 풀게 했다. 그리고 4주 후 이야기와 설명문의 독해 문제에 관해 사후 조사도 실시했다.

그 결과 종이로 읽은 쪽이 내용에 대한 이해도가 높을뿐더러 더 잘 기억한다는 결과가 나왔다. 망겐은 모니터상에서는 스크롤 때문에 자신이 읽고 있는 부분의 공간적인 파악이 어려워지는 게 이해하는 데 장애가 된다고 지적했다. 즉 스크롤이 필요 없는 짧은 문장이라면 양쪽에 차이가 생기지 않지만, 장문이나 페이지를 넘어가는 텍스트의 경우 종이로 보는 게 더 이해하기 쉽다는 것이다.

손으로 하는 노트 필기가 성적을 높인다

프린스턴대학교의 팸 뮬러Pam Mueller와 캘리포니아대학교 로스앤젤레스(UCLA)의 대니얼 오펜하이머Daniel Oppenheimer는 실험에서 학생들을 강의 중 노트북을 사용하는 그룹과 손으로 노트 필기를 한 그룹으로 나눠 강의 이해도를 조사했다. 그 결과 노트북을 사용한 학생이 손으로 필기한 학생에 비해 현저히 성적이 낮았다고 한다. 노트북을 사용한 학생의 노트는 대체로 강의 내용을 상세하게 베껴 썼는데, 손으로 노트 필기를 한 학생은 속기로 모든 것을 기록할 수 없기 때문에 정보를 나름대로 이해하고 요약해야 했다. 이 차이가 성적에 그대로 반영된 것이다.

참고로 러트거스대학교의 아널드 글래스Arnold Glass와 멍쉐 강Mengxue Kang의 실험에서는 대학 강의에서 전자 디바이스를 사용하도록 허가할 경우, 강의 중의 이해도는 영향을 받지 않지만 장기적인 기억 유지가 손상되어 시험 성적이 떨어진다는 결과가 나왔다.

최근 문자는 읽을 수 있지만 내용을 이해하지 못하는 사람이 늘어나고 있다. 아마도 스마트폰이나 컴퓨터 화면의 진화, 영상 문화의 발달이 큰 영향을 미쳤기 때문일 것이다. 그러니 공부할 때는 가능하면 종이와 펜을 활용하자. 스스로 독해력이나 집중력 등이 부족하다고 생각하는 사람은 종이를 기반으로 하는 공부를 늘려 가면 좋을 것이다.

{ 스마트폰 화면보다 종이에 적힌 텍스트를 읽어야 잘 이해된다.
손으로 노트 필기를 하면 기억에도 잘 정착된다. }

27

효과
기억력

공을 손에 쥐고 하는 암기법
공을 오른손에 쥐고 외우고, 왼손에 쥐고 떠올려라

공을 오른손에 쥐고 외우고, 왼손에 쥐고 떠올리기

손을 쥐기만 해도 뇌의 전두엽이 자극받아서 기억의 인풋(암기)과 아웃풋(상기)이 잘된다는 연구 결과가 있다. 몽클레어 주립대학교의 루스 프로퍼Ruth Propper가 이끄는 연구진은 피험자(오른손잡이 51명)에게 72개의 단어 리스트를 제시하고, 고무공을 90초 동안 세게 잡고 암기한 뒤 다시 공을 잡고 기억한 단어를 떠올리는 실험을 했다. 그러자 어느 손으로 공을 잡았는지에 따라 각각 다른 효과를 얻을 수 있다는 흥미로운 결과가 나왔다.

연구진은 먼저 피험자에게 다음 다섯 가지 패턴으로 공을 잡아 달라고 지시했다.

① 암기 시에도, 상기 시에도 오른손으로 잡는다.

② 암기 시에도, 상기 시에도 왼손으로 잡는다.

③ 암기 시에는 왼손, 상기 시에는 오른손으로 잡는다.

④ 암기 시에는 오른손, 상기 시에는 왼손으로 잡는다.

⑤ 공을 잡지 않는다.

그 결과 암기 시에는 오른손, 상기 시에는 왼손으로 공을 잡은 그룹 ④가 다른 그룹보다 암기한 단어 수나 정확하게 기억해 낸 단어 수가 많았다. 프로퍼는, 좌뇌는 기억의 축적(인풋)을 담당하고 우뇌는 기억의 인출(아웃풋)을 담당하기 때문에 한 손씩 쥐는 동작이 각각 대응하는 뇌반구를 활성화해서 암기나 상기의 효율이 향상된다고 설명했다. 그래서 피험자들이 암기할 때는 오른손으로 공을 90초 동안 쥐고, 기억할 때는 왼손으로 공을 90초 동안 쥐었을 때 암기와 상기가 가장 효율적으로 이뤄졌던 것이다.

시험을 보는 도중에 공을 잡을 수는 없겠지만, 이 원리를 이용해 오른손이나 왼손을 움직여 뇌를 자극하면 되므로 그 자리에서 할 수 있는 동작을 생각해 실천해 보자. 참고로 앞의 실험은 오른손잡이인 사람만을 대상으로 했기 때문에 왼손잡이인 사람에 관해서는 앞으로 실험에서 검증할 것이라고 한다.

손을 쥐면 뇌가 자극을 받는다.
좌뇌는 인풋, 우뇌는 아웃풋을 담당하므로
오른손을 쥐면서 기억하고, 왼손을 쥐면서 떠올려 보자.

28

효과
기억력 / 학습 효과

단서와 함께 외우면 기억하기 쉽다

뇌에 기억을 새기는 기술

수면 학습은 효과적이다?

수면 학습은 황당한 이론의 대표라고 여겨지지만 사실 소리나 단어를 외울 때 다소 효과가 있는 듯하다. 노스웨스턴대학교의 제임스 앤터니 James Antony가 이끄는 연구진은 실험에서 피험자에게 피아노 멜로디의 연주법을 나타낸 건반 도형을 두 가지 보여 주고 각 선율당 같은 시간만 연습하게 했다. 연습 후에는 피험자에게 90분 동안 잠을 잘 시간을 주었고 이때 한쪽 멜로디만 4분 동안 반복적으로 조용히 틀었는데, 수면 중에 틀어 놓은 멜로디를 연주할 수 있는 피험자가 틀지 않은 멜로디를 연주한 피험자보다 4퍼센트 더 많았다고 한다.

냄새나 오감과 관련지으면 떠올리기 쉽다

단 4퍼센트이기 때문에 수면 학습에 지나친 기대는 할 수 없어 보인다면 또 다른 실험을 실시한 폴 레버Paul Reber의 말을 들어 보자. 그는 "냄새 또한 기억 정착의 계기가 된다."라고 했다. 가령 로즈마리 옆에서 스페인어 단어를 외웠다고 하자. 그렇게 하면 로즈마리의 향을 감지함과 동시에 외운 스페인어 단어도 쉽게 떠오른다는 것이다. 이렇게 무언가 단서가 되는 것과 관련지어 암기하면 기억을 불러일으키는 계기를 늘릴 수 있다.

이런 뇌의 구조를 응용해서 단서와 단어를 관련지으면 더 효과적으로 기억할 수 있다. 예를 들면 집에서 지하철역으로 갈 때 눈에 보이는 것(전봇대, 나무, 간판, 표지판 등)을 단서로 삼아 기억하고 싶은 영어 단어를 연결해서 외우는 식이다. 이때 단서와 단어의 의미 사이에 연관이 있을 필요는 없다. 단어장에서 글자와 글자를 관련지어 생각해 내는 것보다 이렇게 주변의 다양한 단서를 통해 생각날 수 있도록 다른 동선을 만들어 놓는 것이다.

여러분도 이름은 기억나지 않지만 인물의 인상만은 떠오르는 경험이 있을 것이다. 이럴 때 '수염 안경'이나 '통통한 꽃무늬'라는 식으로 그 인물을 라벨링하면 기억하기 쉽다. 이는 예일대학교의 엔델 툴빙Endel Tulving과 도널드 톰슨Donald Thomson이 제창한 부호화 특수성 원리라는 유명한 이론에 근거한 방법이다.

이처럼 기억하고 싶은 정보에 접근할 수 있는 경로를 여러 개 만들어 두면, 나중에 떠올려 꺼내 쓰기 쉬워진다. 집에서 지하철역까지의 풍경이나 독특한 별명을 이용하는 것은 바로 이 부호화/단서를 의도적으로 늘리는 기억법이다.

오감과 관련지으면 기억이 쉽게 정착된다.
눈에 들어오는 단서와 연결해 효과적으로 기억해 보자.

29

효과
각성 효과 / 집중력

차가운 수건으로 얼굴을 닦아라
집중이 끊겼을 때 빠르게 뇌를 각성시키는 법

집중력이 끊겼다면 차가운 수건으로 얼굴을 닦아 보자

차가운 수건으로 얼굴을 닦기만 해도 각성도가 빠르게 올라간다고 한다. 전력중앙연구소 휴먼팩터 연구센터의 히로세 아야코廣瀬文子, 나가사키 아키히코長坂彰彦는 20세 전후의 피험자 여덟 명을 대상으로 다음과 같은 조건의 실험을 며칠 동안 실시했다.

조건 1: 눈을 감기만 한다

조건 2: 눈을 감고 음악을 듣는다

조건 3: 눈을 감는다＋차가운 수건으로 얼굴을 닦는다

조건 4: 눈을 감고 음악을 듣는다＋차가운 수건으로 얼굴을 닦는다

실험에서는 피험자에게 계산과 검색 등의 간단한 과제를 50분 동안 하도록 하고, 그 후 위 조건과 같은 휴식을 15분 하고 난 뒤 휴식 전후 과제의 완성도, 졸음, 집중도의 차이에 더해 뇌파를 측정했다. 그 결과 차가운 수건으로 얼굴을 닦는 것은 휴식 직후 상쾌함을 줄 뿐 아니라 휴식 직전보다 직후의 성적을 향상시키는 순간적인 효과가 있다는 결과가 나왔다. 특히 조건 3이 편안함을 주는 데 가장 효과가 있었다고 한다. 눈을 감고 잠시 휴식을 취한 다음 차가운 클렌징 시트 등으로 얼굴을 닦아 리프레시한 뒤에 공부나 일에 착수하면 효과적이다.

냉수 샤워가 성과를 향상시킨다

버지니아 커먼웰스대학교의 니콜라이 셰브추크Nikolai Shevchuk의 연구에 따르면 냉수 샤워가 우울증을 줄여 줄 뿐 아니라 집중력 향상을 가져온다고 한다.

실제로 냉수 샤워를 하면 몸이 차가운 자극에 대응하는데 그 과정에서 에피네프린(아드레날린)의 분비가 일시적으로 증가한다. 이 호르몬은 주의력과 각성도를 높이고 집중력을 향상시키는 효과가 있다. 게다가 이 작용은 한동안 지속되기 때문에 냉수 샤워 후 성과의 향상도 기대할 수 있다. 겨울철까지 무리해서 냉수 샤워를 할 필요는 없지만 여름철에는 즉시 효과를 볼 수 있다.

눈을 감고 쉰 다음 차가운 수건으로 얼굴을 닦아 보자

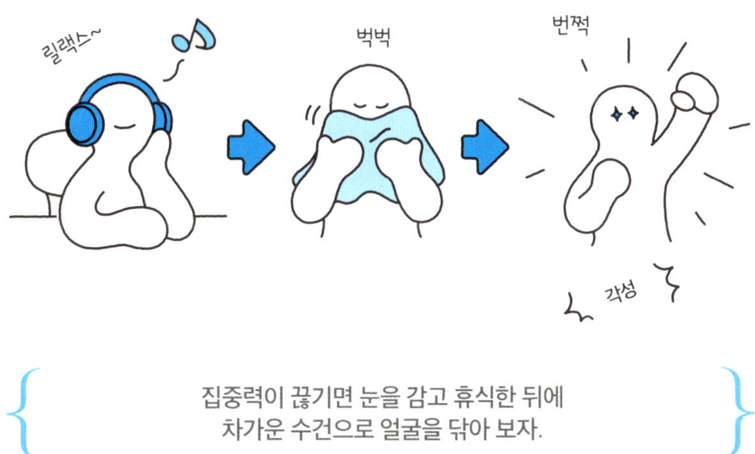

집중력이 끊기면 눈을 감고 휴식한 뒤에
차가운 수건으로 얼굴을 닦아 보자.

3분 동안 테트리스를 하라

테트리스를 하기만 해도 온갖 욕구가 줄어든다

30
효과
욕구 감소 / 집중력

테트리스는 욕구를 20퍼센트 감퇴시킨다

영국 플리머스대학교의 제시카 스코르카–브라운Jessica Skorka-Brown이 이끄는 연구진은 테트리스를 하면 식욕, 수면욕, 성욕, 약물 의존 등 온갖 욕구가 줄어드는 효과가 있다는 연구 결과를 내놓았다.

이들 연구진은 31명의 학생을 대상으로 하루 일곱 번 '현재 어떤 욕구가 있습니까?'라는 질문을 메일로 보냈다. 학생들은 수면욕이나 식욕 등의 욕구가 있다고 답했고, 연구진은 그중 15명에게 태블릿으로 테트리스를 3분 동안만 플레이하도록 했다. 그리고 플레이 후에 다시 회답하도록 했다.

그 결과 평균적으로 그들이 느꼈던 욕구의 5분의 1이 감퇴한 것으로 나타났다. 학생들은 1주일에 평균 40번 이상 플레이했는데 지속적인 효과가 있었다고 한다.

테트리스 중에는 워킹 메모리가 작동한다

테트리스는 난이도가 적당한 퍼즐이고 사고와 시각으로 의식이 향하기 때문에 욕구를 억제하는 데 효과가 있는 것으로 보인다. 물론 다른 퍼즐 게임도 효과는 꽤 있을 것이다. 작업이나 동작에 필요한 정보를 일시적으로 기억하고 처리하는 워킹 메모리를 작동시킬 수 있는지가 핵심이 되기 때문이다.

퍼즐 게임 등 뇌에 처리 능력을 요구하는 행동을 하면 이와 반비례하듯이 본능이 희미해진다. 즉 욕구로 생기는 시각적인 정보를 테트리스로 상쇄함으로써, 본능적인 욕구를 약화시키는 효과로 이어진다고 추측된다.

집중력이 떨어지면 3분 동안 테트리스를 하라

요즘은 스마트폰 앱으로 다양한 퍼즐 게임을 쉽게 즐길 수 있다. 만약 여러분이 스트레스로 폭음이나 폭식을 할 것 같다면 테트리스를 조금만 플레이해 보자. 그 욕구를 떨어뜨리는 데 도움이 될 것이다. 공부에 집중하지 못해 졸음이 몰려올 때도 효과적이다. 고작 5분의 1이 감퇴하는 효과라고 얕잡아 봐서는 안 된다. 20퍼센트 감퇴하면 욕구나 스트레스가 한계를 넘어 넘쳐흐르는 것을 막아 준다.

다만 몇 번씩 반복 플레이한다고 해서 그때마다 감퇴하는 것은 아니다. 오히려 지나치게 열중해 3분을 넘겨 10분, 20분간 계속 플레이하면 원래 목적을 잃고 만다. 그러니 좋은 습관을 방해하는 욕구가 솟아오를 때만 임시변통으로 활용해 보자.

{ 스트레스로 폭식을 하고 싶어지거나
공부에 집중하지 못하고 졸음이 쏟아진다면
테트리스를 3분만 플레이해 보자. }

기억력을 높이려면 낙서를 하라

뇌가 집중력을 소비하는 속도에 제동 걸기

31
효과
기억력 / 집중력

안구를 좌우로 빠르게 움직이는 공부법

의외의 행동을 활용해 공부 효율을 향상시킬 방법이 있다. 그중 하나가 안구를 빠르게 움직이는 사카드saccade라는 운동이다. 맨체스터 메트로폴리탄대학교의 앤드루 파커Andrew Parker와 연구진은 102명의 학생을 대상으로 녹음한 음성을 듣게 한 뒤 기억력 테스트를 실시했다. 그리고 30초 동안 사카드를 하는 그룹과 하지 않는 그룹으로 나눠 조사한 결과 전자 쪽의 테스트 결과가 좋았다.

사카드는 뇌 전체의 활성화에 기여하는데, 특히 전두안야와 시각계에 관여한다고 알려져 있다. 그래서 좌우로 안구를 움직이면 좌뇌와 우뇌가 자극되어 기억력이 향상된다. 공부하기 전에 30초 정도 사카드를 한 뒤에 시작해 보자.

낙서는 기억력과 집중력을 향상시킨다

또한 낙서doodling를 하면 기억력이 좋아지고 집중력을 향상시키는 효과가 있다는 것도 과학적으로 증명되었다. 영국 플리머스대학교의 재키 안드레이드Jackie Andrade가 진행한 연구에서는 18~55세의 남녀 40명 피험자에게 녹음테이프를 듣고 기억력을 체크하는 테스트를 진행했다. 이때 낙서처럼 도형을 그리면서 듣는 그룹과 아무것도 하지 않고 묵묵히 듣는 그룹으로 나누었더니, 전자가 29퍼센트 정도 더 많은 녹음테이프의 내용을 기억했다. 후자는 지루함으로 인해 주의력이 산만해져서 테스트에서 높은 점수를 받지 못했다.

뇌의 주의력은 일정 정도 한도가 있다. 이를 전부 소진하면 다른 자극에 의해 정보 처리 능력이 떨어진다. 이런 뇌의 부담을 인지적 부하라고 하는데, 비유하자면 예산이 한정된 와중에 비싼 물건을 사면 다른 것을 살 여유가 없어지는 것이다.

실험을 주도한 안드레이드는 "낙서는 매우 작은 인지적 부하만을 주면서, 주의가 흐트러지는 것을 막아 집중력을 향상시킨다."라고 말했다. 낙서가 비용 대비 효과가 좋은 뇌의 집중력 사용법이라는 말이다. 회의나 미팅 자리에서 집중해서 이야기를 계속 들으면 순식간에 집중력을 소비하게 되는데, 낙서를 하면 집중력의 소비 속도에 제동을 거는 효과가 있다.

뇌는 무의식중에 여러 가지 일을 병행해서 처리하는 것은 별로 힘들어하지 않는다. 반면에 의식하고 있는 상태에서는 병행 처리가 어려워지기 때문에 집중력도 쉽게 떨어진다. 작업 효율을 높이고 싶다면 무의식적으로 하는 낙서가 효과가 있음을 기억하자.

> 기억력을 높이고 싶다면 안구를 좌우로 재빨리 움직이거나
> 낙서를 해보는 것도 한 방법이다.

32

효과
기억력 / 리프레시

틈틈이 휴식을 취하라
휴식하는 동안 배운 것이 뇌에 새겨진다

기억을 뇌에 새기는 활동은 휴식 중에 일어난다

다양한 근로 방식이 가능해진 요즘, 어떤 근로 방식이든 간에 휴식을 취하는 것은 빼놓을 수 없다. 뇌는 같은 일만 하고 있으면 집중력이 떨어진다. 특히 학습이나 숙련 작업이 필요한 일이라면 자주 휴식을 취하는 것이 효과적이라는 실험 결과가 있다.

미국 국립신경질환·뇌졸중연구소의 이선 부흐Ethan Buch가 이끄는 연구팀은 피험자들에게 10초간의 타이핑 과제를 수행한 후 10초간의 휴식을 취하는 루틴을 35회 실행하게 했다. 그 결과 휴식을 취하지 않고 타이핑했을 때보다 10초간 휴식하는 편이 과제 수행의 숙련도가 올라갔다고 한다. 또한 다음 날의 숙련도 체크에서는 휴식 중 뇌의 기억 정착이 이뤄진다는 사실을 밝혀냈다. 따라서 외운 것을 뇌에 새기는 활동은 휴식 중에 활발하게 일어난다는 것을 알 수 있다.

무언가를 효율적으로 하고 싶을 때일수록 타이머나 모래시계 등을 이용해 시간을 구분하고 자주 휴식을 취하는 것이 중요하다.

멍하니 있거나 스트레칭을 하거나 수다를 떨어라

그럼 휴식을 취할 때는 무엇을 하면 좋을까? 일리노이 주립대학교 어바나 샴페인의 김수열과 연구진은 80명 이상의 한국인을 대상으로 휴식 시간에 실행한 일이 점심 식사 후 또는 업무 종료 후 어떤 영향을 미쳤는지 열흘에 걸쳐 기록했다. 그 결과 다음 세 가지 사실이 드러났다.

① 멍하니 있거나 스트레칭을 하는 등 편안함을 주는 활동 혹은 동료와 수다를 떠는 사교적인 휴식 → 일의 어려움을 줄이는 데 도움이 된다.

② 신문을 읽거나 메일을 확인하는 등의 인지 활동 → 점심 식사 후 업무가 힘들다고 느껴지거나 일을 마친 뒤의 피로감이 늘어난다.

③ 과자 먹기, 음료 마시기 등 간식·음료 섭취 활동 → 기본적으로는 효과가 없다. 다만 카페인 섭취는 업무의 어려움을 줄이는 데 도움이 된다.

또한 점심시간에 스마트폰으로 인터넷 서핑이나 SNS 활동을 하면 산책을 하거나 다른 사람과 대화하는 것에 비해 오후에 정신적인 피로가 느껴진다는 것도 밝혀졌다. 뇌를 리프레시하고 싶다면 보다 효과적인 휴식 방법을 선택하는 것이 중요하다.

틈틈이 휴식을 취하는 것은 학습 효과를 높인다.
멍하니 있기·스트레칭·수다 등 편안함을 주는 활동이 효과적이다.

33

효과
졸음 퇴치 / 동기부여

계단 오르내리기 운동을 10분 하라

커피보다 효과적인 졸음 퇴치법

커피보다 더 효과적인 졸음 퇴치법

미국 조지아대학교의 데릭 랜돌프Derek Randolph, 패트릭 오코너Patrick O'Connor의 연구에 따르면 커피를 마시는 것보다는 가까운 장소에서 10분 동안 계단 오르내리기 운동을 하는 편이 졸음을 물리치는 데 효과적이며 동기부여도 향상된다고 밝혔다.

랜돌프와 오코너는 평소 카페인을 섭취하는 경향이 있고 매일 밤 평균 수면 시간이 6.5시간 정도인 대학생 18명을 대상으로 실험을 진행했다. 실험은 일반적인 오피스 근무를 가정해서 서서 운동하는 빈도가 거의 없는 책상 작업이라는 환경 아래 이뤄졌다. 두 사람은 피험자들에게 컴퓨터 앞에서 오랜 시간 앉아 있게 하고, 언어능력과 인지능력이 필요한 작업을 하게 하면서 하루 간격을 두고 다음과 같은 세 가지 패턴의 행동을 하도록 했다.

① 카페인을 섭취한다

② 플라시보(위약)를 먹는다

③ 계단 오르내리기 운동을 한다(30층을 10분에 걸쳐 오르락내리락한다)

그 후 작업 기억, 동기부여, 집중력 등을 조사한 결과 계단을 오르내린 ③에서 동기부여가 강해지고 활기가 생김을 느꼈다는 결과가 나왔다. 반면에 카페인이나 가짜 약을 먹은 ①과 ②의 경우는 동기부여에 큰 변화가 없었다.

커피 한 잔에는 대략 50밀리그램의 카페인이 함유되어 있는데 이 카페인보다 운동이 더 효과적이며, 커피를 통한 카페인 섭취의 효과는 플라시보를 섭취한 경우와 큰 차이가 없다는 사실도 밝혀졌다.

뇌가 활성화되면 기억력, 학습 능력, 문제 해결 능력도 상승한다

무심히 계단을 오르내리는 간단한 운동으로도 의욕을 높일 수 있다는 것은 놀랍다. 게다가 운동 부족을 해소할 수 있어 일석이조다. 조지아대학교의 케이틀린 카마이클Kaitlyn Carmichael 팀의 연구에서는 실내에서 자신의 페이스로 4분 동안 계단 오르내리기 운동을 하면 피로를 별로 느끼지 않아도 심박수의 유의미한 상승을 볼 수 있었다고 한다. 심박수가 올라가면 뇌로 보내지는 혈액 양도 증가한다. 그 결과 뇌신경세포가 활발해져서 기억력, 학습 능력, 문제 해결 능력이 향상한다.

계단 오르내리기 운동은 집이나 사무실에서도 간단히 할 수 있는 동기부여 방법이다. 의욕이 생기지 않을 때나 기분이 가라앉아 있을 때는 일부러 계단을 이용해 보자.

{
일의 능률이 떨어질 때, 졸음이 올 때
10분 동안 계단 오르내리기 운동을 해보자.
}

34

하루 30분 독서로 성적을 올려라

적당한 독서는 학습 효과를 높인다

30분의 적당한 독서는 성적을 올린다

독서를 하면 성적이 올라간다는 시즈오카대학교의 조사 데이터가 있다. 이 조사는 일본 문부과학성의 위탁을 받아 초등학생 약 114만 명, 중학생 약 107만 명을 대상으로 진행되었다. 어린 학생의 독서 활동이나 텔레비전 활동, 게임 활동, 학습 활동에 더해 학교의 독서 환경이나 지도 방법도 질문했다. 이를 통해 국어, 산수 등의 교과 학력과 어떤 관계와 영향이 있는지 밝히는 조사였다.

먼저 '독서를 좋아하는가?'라는 질문에 대한 답변과 시험의 정답 수를 비교하면 어떤 과목이든 평균 정답 수는 '긍정', '다소 긍정', '다소 부정', '부정' 순으로 확실하게 많아져서 독서를 좋아하는 사람일수록 정답 수가 많다는 것을 알 수 있다. 다만 '책을 얼마나 읽는가?'라는 질문으로 비교하면 이야기가 조금 복잡해진다. 평일 독서 시간에 대한 질문 선택지를 ① 2시간 이상, ② 1시간 이상 2시간 미만, ③ 30분 이상 1시간 미만, ④ 10분 이상 30분 미만, ⑤ 10분 미만, ⑥ 없음으로 나눠 정답 수와 비교해야 한다.

그와 같이 조사한 결과 반드시 ①이나 ②처럼 독서 시간이 긴 사람의 성적이 좋다고 할 수 없었고, ③이나 ④처럼 적당히 독서를 하는 사람이 성적이 우수한 사람에게서 나타나는 포물선 모양의 그래프를 보였다.

이는 하루에 독서하는 시간과 관련 있는 것으로 보이는데, 2시간 이상을 독서에 할애하면 당연히 공부할 시간이 줄어들기 때문에 정답 수의 저하로 이어졌다고 볼 수 있다. 또 10분 이상 독서를 하는 학생은 독서를 거의 하지 않는 학생보다 성적이 오르는 경향도 보였다.

만화로 공부하면 정말 성적이 오를까?

도야마대학교에서는 피험자들을 다음과 같이 네 그룹으로 나눠 학습 효과를 조사했다.

① 만화로 스토리와 학습 내용 공부하기

② 만화로 학습 내용만 공부하기

③ 문장으로 학습 내용 공부하기 + 만화로 스토리 공부하기

④ 문장으로 학습 내용만 공부하기

결과는 전체적으로 만화로 배운 그룹의 성적이 좋았다는 보고가 있다. 학습 내용 자체를 만화로 읽으면 이해도가 올라간다는 결과가 나타났으며, 문장만 공부한 그룹은 1주일 후의 테스트에서 성적이 눈에 띄게 저하되었다. 특히 추론이 필요한 테스트에서 성적이 40퍼센트 정도 떨어졌다고 한다. 생각이 필요한 문제를 해결하기 위해 만화로 배우는 방법은 효과적이라 볼 수 있다.

책을 읽고, 때로는 만화를 통해 깊게 이해하자. 그것이야말로 흡수력을 높이는 공부법이다. 책이나 만화는 휴식에도 적합하기 때문에 공부와 세트로 묶어 습관화하면 좋다.

> 하루 30분에서 1시간 동안 책을 읽고, 때로는 만화로 깊게 이해하라.

35

효과
학습 효과 / 기억력

누군가에게 가르친다고 생각하면 공부가 잘된다

배우는 일과 가르치는 일은 함께 간다

가르치겠다는 마음을 먹자 성적이 올랐다?

자신이 배운 것을 누군가에게 가르치려다가 제대로 설명하지 못한 적이 있는가? 누군가에게 무언가를 가르치려면 일단 내용을 온전히 이해하고 정리해서 인풋하는 것이 중요하다. 어설프게 머릿속에 집어넣으면 다른 사람에게 잘 전달할 수 없다.

워싱턴대학교 세인트루이스의 존 네스토이코John Nestojko와 그가 이끄는 연구진은 나중에 다른 사람을 가르치는 걸 의식하면서 공부하면 학습 효과가 올라간다는 연구 결과를 내놓았다. 다른 사람을 가르쳐야 한다고 의식하기 때문에 어설프게 인풋하지 않는다는 것이다. 네스토이코와 연구진은 실험에서 56명의 대학생을 다음과 같이 세 그룹으로 나누어 테스트를 실시했다.

① 다른 사람을 가르치는 것을 전제로 한 그룹

② 나중에 테스트를 받는 것을 전제로 한 그룹

③ 아무것도 전제로 하지 않은 그룹

그리고 어느 전쟁 영화의 묘사와 역사적 사실에 관한 1,541자의 문장을 읽게 하고, 이와 관계없는 일을 잠시 시킨 뒤 배운 내용에 대한 자유로운 서술 및 내용에 관한 단답식(선택식) 테스트를 했다. 그 결과 자유

로운 서술과 단답식 양쪽에서 그룹 ①, 즉 다른 사람을 가르치는 것을
전제로 한 이들의 성적이 좋았다고 한다.

전달하고 싶은 마음이 이해를 깊게 한다

가르치는 일은 자신이 알고 있는 지식이나 기술을 배우는 쪽(학생이나
부하직원 등)에게 일방적으로 전달하는 작업으로 보일 수 있지만, 사실
배우는 일과 가르치는 일은 떼려야 뗄 수 없는 관계다. 아마 여러분도
짚이는 바가 있을 것이다. 누군가에게 중요한 말을 전해 달라는 부탁을
받았을 때 그 내용은 다른 기억보다 훨씬 잘 기억한다. 여러분이 정확하
게 전달하고 싶은 마음이 있기 때문에 머릿속에 쉽게 인풋되고 이해로
이어지는 것이다.

실제로 가르칠 기회가 있으면 학습 효과가 더욱 상승한다

가르친다고 의식하면 긴장감, 집중력, 주의력이 올라가서 배움의 깊
이가 깊어진다. 정말로 가르치지 않아도 단지 그렇게 가정하고 임하기
만 해도 효과가 있다. 그렇지만 의식하기만 해서는 뇌가 곧 익숙해져서
'이건 거짓말이구나'라고 생각할 수도 있다. 이를 피하려면 실제로 가
족, 친구, 파트너에게 설명할 기회를 만드는 것이 바람직하다. 그리고
누군가에게 유용한 지식을 알려 주고 싶다는 마음을 갖는 것도 잊지 않
기를 바란다.

{
가족이나 친구에게 설명하겠다는 마음으로 배우자.
실제로 설명할 기회가 있으면 더욱 좋다.
}

36

효과
동기부여 / 자신감

조언하거나 격려하면
나부터 성장한다

우리가 하는 말은 우리 뇌도 듣는다

후배를 격려하면 내 성적이 오른다

펜실베이니아대학교의 로런 에스크레이스-윙클러Lauren Eskreis-Winkler의 연구에 따르면 조언을 하거나 격려를 하면 조언한 본인의 의욕과 성적도 향상된다는 결과가 있다. "넌 할 수 있어!", "포기하지 마! 괜찮아!" 같은 응원에는 놀라운 효과가 있다. 마쓰오카 슈조松岡修造(일본의 전 테니스 선수이자 방송인으로 항상 열정적인 메시지를 발언하는 것으로 유명하다—옮긴이)가 왜 그토록 열정과 의지로 가득한지 그 이유도 이 연구에서 알 수 있을지 모른다.

윙클러는 약 2,000명의 다양한 공립 고등학교 학생들을 대상으로 실험을 진행했다. 자기보다 어린 학생(후배)에게 학습 장소나 학습 전략에 관해 8분 동안 조언을 한 그룹과 그렇지 않은 그룹으로 학생들을 나누고, 전자에게는 후배에게 의욕을 촉진하는 편지를 쓰게 했다. 이후 학기말 시험 성적을 비교했더니 다소나마 조언을 한 학생들의 성적이 올라가는 경향을 보였다고 한다.

나도 잘해야 한다는 체면치레 효과

윙클러는 이 실험에서 후배에게 조언을 한 만큼, 자신도 좋은 결과를 내지 않으면 체면이 안 선다는 심리가 작용해 조언을 한 쪽 역시 평소보다 열심히 노력하게 되었을 가능성이 있다고 분석했다. 흥미로운 점은 조언할 때 구체적으로 전달하는 편이 더 효과적이라는 점이다. 이는 조언할 때 다른 사람에게 그 내용을 전달하는 동시에 자기 스스로에게도 들려주기 때문이다.

예를 들어 회사에서 상사가 부하직원에게 "포기하지 마! ○○하면 괜찮아!"라고 격려할 때는 자기 자신에게 '○○이 중요하다'라고 들려주는 측면도 있다는 말이다. 마쓰오카 슈조는 "남의 약점을 찾는 천재보다 남을 칭찬하는 천재가 낫다."라고 말했다. 조언과 격려는 진지하게, 열정을 품고 해야 효과적이다.

조언을 들은 사람보다 한 사람이 더 동기부여되는 이유

앞의 실험에서는, 동기부여와 자신감 측면에서 조언을 들은 쪽보다 해준 쪽의 성장 폭이 더 컸다는 결과가 나왔다. 격려하는 보람이 있다고 하면 표현이 이상할 수도 있는데, 어쨌든 서로 계속 조언해 줄 수 있는 관계를 많이 쌓을수록 인생은 풍요로워질 것이다. 좋은 선배가 되고 싶다면 먼저 좋은 후배를 옆에 두도록 하자. 그러려면 훈계보다는 격려를 해야 한다.

누군가에게 조언하고 격려하는 일은
자신에게 조언하고 격려하는 일과 같다.

복습은 분산 학습을 하라

간격을 넓히며 복습해야 확실히 기억된다

복습은 분산해서 하는 편이 효과적이다

공부한 것을 한꺼번에 복습하는 집중 학습보다 1주일 후, 2주일 후, 한 달 후로 계속 복습하는 분산 학습이 좋다고 한다. 인간은 기억하는 순간부터 망각하는 생물이다. 그렇기 때문에 집중 학습을 해도 그 한 번으로 어지간히 뇌에 깊이 새겨지지 않는 한 잊고 만다. 다시 말해 분산 학습을 해야 제대로 뇌에 인풋된다.

분산 학습에 대해서는 확장 분산 학습이라는 공부법이 장기 기억에 효과적이라고 알려져 있다. 확장 분산 학습이란 어떤 내용을 공부하고 이후 복습할 때 '1주 후 복습→2주 후 복습→3주 후 복습→4주 후 복습'과 같이 일정한 간격으로 하는 것이 아니라 '1주 후 복습→3주 후 복습→한 달 반 후 복습→석 달 후 복습' 식으로 간격을 점점 넓히면서 여러 번 학습하는 방식이다.

그다음 기억해야 할 것이 캘리포니아대학교 샌디에이고 니컬러스 세페다Nicholas Cepeda 팀의 연구 결과다. 외운 것을 오래 기억하고 싶다면 복습의 간격을 기억해 두고 싶은 기간의 약 10~20퍼센트 정도로 해야 한다. 예를 들어 공부한 뒤 한 달 후에 시험이 있다면 (공부 후) 약 5~7일 후에 복습한다. 두 달 후면 약 10~14일 후에 복습하는 식이다.

확장 분산 학습이 효과적인 이유는 상기 연습 효과와 상기 노력 가설 때문이라고 한다. 상기 연습 효과는 정보를 추억하려는 연습이 기억을 강화한다는 것, 즉 적극적으로 여러 번 정보를 추억하려고 하면 기억이 강화되는 현상이다. 한편 상기 노력 가설은 상기할 때의 노력이 클수록 기억 유지가 향상된다는 것이다. 즉 학습 간격을 두면 생각날 때까지 어려움이 있으므로 그 노력으로 기억이 강화되는 것이다. 이 두 가지 방법을 활용하기 위해서라도 정보를 떠올릴 때 적당한 어려움(바람직한 곤란함)을 경험하는 것이 효과적인 복습이다.

인간의 기억은 시간이 지남에 따라 희미해지기 때문에 적절한 타이밍에 복습을 반복해야 한다. 알기 쉬운 예로 어학이 있다. '저 문구가 뭐더라?'라는 생각이 들 때가 바로 복습의 기회라고 생각해 보자.

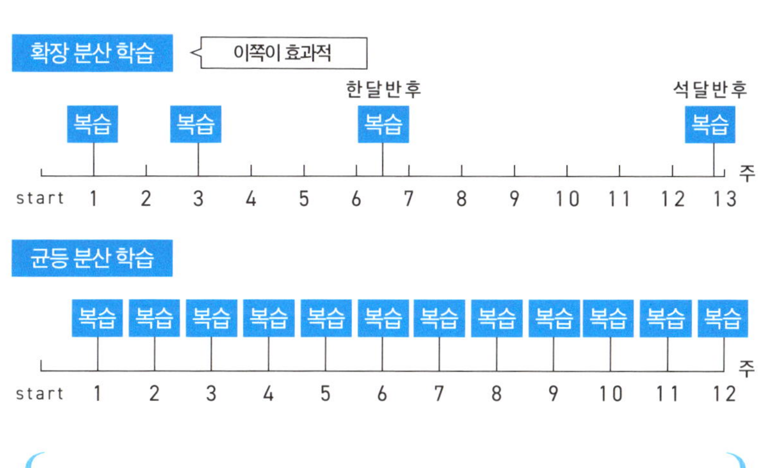

확장 분산 학습 방법

공부한 것은 한꺼번에 복습하지 말고 여러 번에 걸쳐 복습한다.
같은 간격으로 복습하기보다 간격을 넓히면서 복습하면 좋다.

과학적으로 증명된 건강 습관

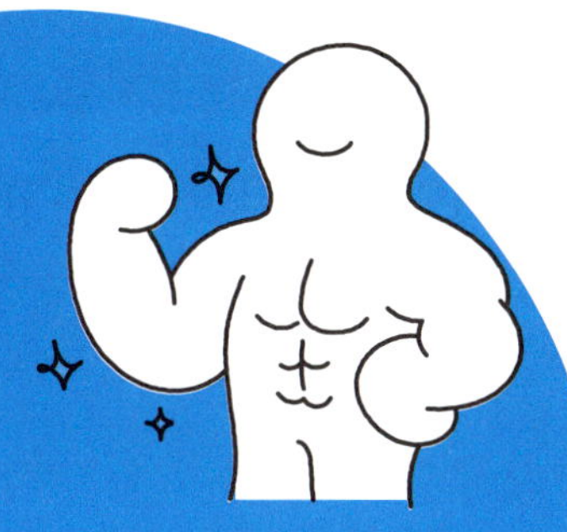

제3장에서는 건강을 위해 익혀야 할 습관 18가지를 소개한다. 작심삼일의 대명사라고 해도 과언이 아닌 다이어트와 운동도 약간의 테크닉으로 간단하게 지속할 수 있다. 편안한 마음으로 한 가지부터 시도해 보면 어떨까? 작은 일이라도 나중에는 큰 차이를 만들어 내기 때문에 안 할 이유가 없다.

뇌와 몸 건강의 토대가 되는 운동과 수면

☑ 뇌 건강을 위해서라도 운동은 필수

뇌의 기억에는 단기 기억과 장기 기억이 있다. 뇌에서 기억을 관장하는 일을 담당하는 해마라는 부위는 단기 기억을 처리한다. 해마에서 단기 기억이 정리되어 중요한 정보라고 판단되면 대뇌신피질로 이동해서 장기 기억으로 정착한다. 즉 사소한 사건이든 오래 기억하고 싶은 사건이든 일단 정보는 해마에서 처리하게 되어 있다. '엇, 지금 뭘 하려고 했더라?'와 같은 건망증의 원인은 단기 기억과 관련된 문제다. 하지만 어떤 기억이든 해마의 기능이 핵심이므로 뇌에 얼마나 산소를 제대로 보낼 수 있는지가 중요하다.

뇌를 효율적으로 작동시키려면 뇌의 혈류를 좋게 해야 한다. 즉 머리를 쓰는 일과 운동은 떼려야 뗄 수 없는 관계다. 뇌의 연료인 산소는 혈액을 타고 운반되기 때문에 약간 숨이 차는 정도, 1분에 심박수 120을 넘는 중강도로 부하가 걸리는 운동을 정기적으로 하면 좋다고 한다. 온몸에 혈액이 도는 느낌이 들 만큼 조금 빠른 조깅이나 줄넘기, 계단 오르기 운동을 10~20분 정도 하는 것이 가장 알맞다.

☑ 수면이 부족하면 뇌가 정상적으로 활동하지 못한다

뇌에 산소를 제대로 보낸다는 의미에서 수면도 중요하다. 수면이 부족하면 뇌가 정상적으로 활동할 수 없으므로 매사를 생각해 내는 기능이 떨어진다. 뇌는 깊이 잠든 사이에 기억을 정착시키기 때문에 수면 시간이 짧고 깊은 잠을 자는 시간이 짧은 사람은 그만큼 기억을 정착시킬 시간이 줄어들어 결과적으로 기억력이 떨어진다.

수면 부족이 뇌에 악영향을 가져온다는 것을 나타내는 연구는 다수 존재하며, 일본 국립정신신경의료연구센터 연구팀이 진행한 실험에서는 수면 부족 시 부정적인 정동 자극에 대해 편도체의 활동량이 증가하는 것으로 밝혀졌다.

이 실험에서는 건강한 성인 남성 14명을 대상으로 5일 동안 하루 8시간 수면과 5일 동안 하루 4시간 수면 양쪽을 경험하게 한 후 MRI를 이용해 뇌 활동의 변화를 관찰했다. 그러자 수면 부족 상태에서 부정적인 정보를 받으면 평소보다 정신적으로 우울해지는 것을 알 수 있었다.

우리가 상상하고 있는 것 이상으로 수면 부족이 미치는 악영향은 매우 크다. 만약 수면 시간을 충분히 확보할 수 없다면 수면의 질을 높일 방법을 찾아보자. 운동과 수면에 대한 투자는 여러분의 미래를 건전하게 이끄는 일이다.

어떤 습관이 다이어트와 건강에 효과적일까?

폭식할 땐 이마를 툭툭 쳐라

스트레스를 해소하는 이마 태핑

이마를 태핑하면 식욕이 절반 이하로 감퇴한다

이마를 툭툭 태핑하기만 해도 식욕을 해소해 폭음과 폭식을 방지할 수 있다는 연구가 있다. 뉴욕시 성 누가 병원의 리처드 웨일Richard Weil과 연구진이 실시한 실험에서는 비만 경향인 피험자가 좋아하는 음식에 대한 욕구를 줄일 방법으로 다음 네 가지 행동을 비교했다.

① 손가락으로 자신의 이마를 30초 태핑한다×네 번

② 손가락으로 귀를 30초 태핑한다×네 번

③ 발끝으로 바닥을 30초 툭툭 친다×네 번

④ 빈 벽을 30초 바라본다×네 번

그 결과 모든 행동이 횟수를 거듭할수록 일정한 식욕 억제 효과가 있는 것으로 나타났다. 그리고 ①처럼 이마를 태핑하는 경우가 가장 효과적이어서 식욕이 절반에서 3분의 1 정도 감퇴한 것을 볼 수 있었다.

태핑은 불안 해소에도 효과가 있다

태핑은 이마 이외에도 눈썹, 눈꼬리, 눈 밑, 턱, 쇄골 등에 실시하는 EFT(감정 해방법)라는 스트레스 해소법으로 알려져 있는데, 그 효과와 관련해 다양한 논의가 이뤄지고 있다. 벤구리온대학교의 모건 클론드Morgan Clond가 EFT에 관한 과거 연구를 종합적으로 검토한 메타 분석(다수의 연구 결과를 통합해 분석하는 것)에 따르면 EFT는 불안 해소에도 효과가 있는 것으로 나타났다.

공복을 참는 것은 정신적으로 좋지 않다

다만 다이어트를 하고 싶어서 배고픔을 참는 것은 이롭다고 할 수 없다. 애초에 공복이 되면 마음의 안정과 깊은 관계가 있는 행복 호르몬인 세로토닌이 감소한다. 짜증이 나는 것도 이 때문이며 세로토닌이 부족하면 우울증이나 불면증 같은 정신질환에 걸리기 쉽다고 알려져 있다. 또한 혈당 저하도 짜증이 멈추지 않는 원인이다. 억지로 먹지 않는 선택은 삼가고, 배고픔을 참는 것은 어디까지나 과식을 조심하기 위한 긴급 행동으로 도입하자.

과식을 피하고 싶을 때는 이마를 30초 태핑하자

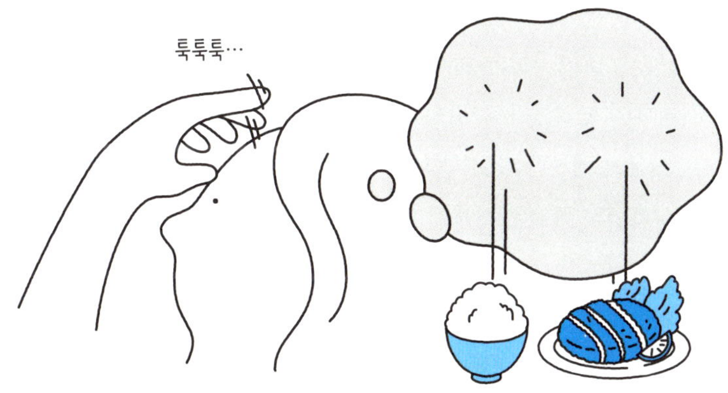

{ 과식을 피하고 싶을 때는 이마를 툭툭툭 30초 동안 태핑해 보자.
다만 공복을 참기 위해 일부러 하지는 마라. }

39

효과
식욕 억제 / 리프레시

정크푸드, 왜 먹고 싶은지 '생각'하라

뇌 기능이 떨어질 때 우리는 정크푸드를 원한다

정크푸드는 몸이 아니라 뇌 기능이 떨어져 끌리는 것

많은 사람이 피곤할 때 정크푸드가 먹고 싶어지는 것은 몸이 원하기 때문이라고 생각한다. 그러나 캐나다 워털루대학교의 커샌드라 로Cassan-dra Lowe와 연구진은 전전두피질의 기능을 일시적으로 떨어뜨리면 칼로리가 높은 음식을 원할 뿐 아니라 실제 식사에서도 정크푸드를 먹는 경향이 크게 나타난다는 연구 결과를 내놓았다.

전두엽은 주의력, 집중력, 판단력 등과 관계해 감정과 욕구의 제동을 거는 뇌의 중요한 부위다. 따라서 전두엽의 기능이 떨어지면 평소에는 안 좋아서 그만하거나 참으려고 했던 것에 대한 판단력이 둔해져서 참지 못하게 된다.

뇌 기능 저하는 스트레스가 원인

전전두피질의 기능 저하는 스트레스가 원인이 되어 일어난다. 즉 스트레스가 축적되어 전전두피질의 기능이 떨어지면 그로 인해 판단력이 둔해진다는 말이다. 피곤해서 먹고 싶은 것이 아니라 피곤하기 때문에 참을 수 없어서 정크푸드에 손을 뻗게 된다. 평소에는 참을 수 있었지만 피곤하면 몸에 나쁘다는 걸 알면서도 억제라는 뚜껑이 열리고, 결국 감자 칩 봉지를 열고야 마는 것이다.

원시인의 뇌는 고칼로리를 원한다

정크푸드는 고칼로리인 경우가 많다. 인류는 효율적으로 칼로리를 섭취하기 위해 본능적으로 고칼로리 음식을 찾도록 되어 있다. 그래서 정크푸드를 먹고 싶은 마음이 항상 있고, 뇌가 충분히 쉬지 못하고 있을 때는 그 욕구를 멈출 수 없게 된다.

본래 참아야 하는 정크푸드를 먹는 건 뇌가 충분한 리프레시를 취하지 못하고 있다는 신호이기도 하다. 때문에 정크푸드가 먹고 싶어지면 선잠을 자는 등 의식적으로 휴식을 취하도록 하자.

또 어차피 먹는 것이라면 피곤하기 때문이라며 뇌를 탓할 게 아니라 좋아서 먹는 거라고 여기자. 자기결정은 행복도를 올리는 효과가 있다. '이 선택은 나를 만족시키기 위해서고, 좋아해서 먹는 거야'라고 생각하면 행복도가 올라가고, 뇌도 안심한다. 그러니 굳이 죄책감에 시달리면서 정크푸드를 먹지 않도록 하자.

까닭 없이 정크푸드가 먹고 싶다면 스트레스가 쌓였다는 신호다.
어차피 먹을 바에는 맛있게 먹도록 하자.

40

효과
다이어트 / 건강

다이어트할 땐 작은 접시를 써라

작은 식기를 사용하면 칼로리 섭취량이 줄어든다

작은 접시를 사용하기만 해도 칼로리 섭취량이 줄어든다

다이어트와 관련된 논문이나 연구는 놀라울 정도로 많다. 그만큼 다이어트는 인간의 보편적인 주제라고 말할 수 있을 것 같다. 그중에서도 접시 크기만 바꾸면 칼로리 섭취량이 22퍼센트 감소한다는 코넬대학교의 브라이언 완싱크Brian Wansink 팀의 연구가 있다. 이들은 실험에서 225명의 피험자를 대상으로 접시의 크기를 바꾸면 식사 섭취량이 어떻게 변하는지를 조사했다. 그 결과 접시의 지름을 30센티미터에서 25센티미터로 바꾸기만 해도 칼로리 섭취량이 평균적으로 22퍼센트나 감소한다는 결과가 나왔다.

작은 숟가락으로 먹으면 먹는 양이 줄어든다

러프버러대학교의 루이스 제임스Lewis James가 이끄는 연구진에 따르면 작은 숟가락으로 먹었더니 먹는 양이 약 8퍼센트 감소했다고 한다. 작은 숟가락으로 먹으면 한입에 먹는 식사량이 줄고 먹는 속도에 변화가 생기기 때문이다. 이렇게 식사할 때 식기를 바꾸기만 해도 효과가 배가된다. 나아가 더 큰 효과를 원한다면 마음가짐을 바꾸는 것이 좋다.

집중해서 먹기만 해도 섭취 칼로리가 줄어든다

먹을 때 마인드풀니스mindfulness를 의식하면 식사의 즐거움이 증가한다는 연구가 있다. 콜로라도대학교 볼더 캠퍼스의 조애너 아치Joanna Arch와 연구진은 마인드풀니스를 의식할 때 특히 건강하지 않은 음식의 칼로리 섭취가 줄어들며, 음식을 즐기는 감각이 섭취 칼로리를 줄인다는 사실을 밝혀냈다.

식사할 때 마인드풀니스를 의식하는 방법은 먹는 경험에 의식을 집중하고 현재의 순간을 소중히 여기는 접근법이다. 이 방법에서는 우선 음식의 맛과 향, 식감, 외형에 집중해서 한 입씩 차분히 맛보는 것이 중요하다. 또한 음식을 씹을 때의 감촉과 삼킬 때의 감각 등 몸의 반응에도 의식을 기울이면 더욱 풍부한 체험을 할 수 있다.

또한 자신의 감정과 포만감을 관찰하고 비판 없이 받아들이는 것도 중요하다. 왜 자신이 그 음식을 고르고 있는지, 어떻게 느끼고 있는지를 생각하면 식사에 대한 이해가 깊어진다. 음식의 배경과 생산 과정을 생각하며 감사하는 마음을 갖는 것도 도움이 되며 음식과의 연결을 느낄 수 있다.

그리고 식사는 다른 활동과 동시에 하지 말고, 먹는 것 자체에 집중해야 본연의 맛과 체험을 더 깊이 맛볼 수 있다. 이처럼 마인드풀니스를 적용하면 식사 체험이 더 풍부해지고 건강한 식습관을 유도할 수 있다.

> 맛있는 음식을 먹고 칼로리 섭취량을 줄이고 싶다면
> 접시와 숟가락의 크기를 줄이고, 먹는 일에 집중하라.

머릿속으로 식사를 상상하라

먹는 모습을 상상하기만 해도 먹는 양이 줄어든다

41
효과
식욕 억제 / 다이어트

뭔가를 먹는 상상만 해도 식욕을 억제할 수 있다

좀 전에 밥을 먹었는데 달콤한 냄새를 맡으면 갑자기 배가 고파진다. 뇌와 몸의 반응이 일치하지 않는 것은 드문 일이 아니다. 우리는 배가 고프지 않을 때도 식사를 하거나(군것질도 마찬가지다) 반대로 배가 고픈데도 다이어트를 위해 식사를 거르기도 한다. 또한 냄새, 소리, 광고 등 우리 환경에 잠재된 음식 유발 물질들은 과식의 주요 원인 중 하나다.

식욕을 다스리는 일은 현대인에게 빼놓을 수 없는 자기 조절 기술이다. 카네기멜론대학교의 캐리 모어웨지 박사Carey Morewedge와 연구진은 상상하기만 해도 어느 정도 식욕을 억제할 수 있다는 연구 결과를 내놓았는데, 이들은 실험에서 51명의 피험자를 다음과 같이 세 그룹으로 나누었다.

① '초콜릿(엠앤엠즈) 세 개 먹기' 장면과 '코인세탁소 세탁기에 동전을 30개 넣기' 장면을 상상하는 그룹

② '초콜릿 30개 먹기' 장면과 '코인세탁소 세탁기에 동전을 세 개 넣기' 장면을 상상하는 그룹

③ (초콜릿을 먹는 상상 없이) '코인세탁소 세탁기에 동전 33개 넣기' 장면을 상상하는 그룹

이후 피험자 전원에게 초콜릿이 담긴 접시를 나눠 주고 원하는 만큼 먹어도 된다고 했다. 그러자 초콜릿을 30개 먹는 장면을 상상한 ②번 그룹의 피험자는 초콜릿을 세 개 먹는 상상을 한 ①번 그룹이나 먹는 상상을 하지 않았던 ③번 그룹의 피험자보다 실제로 초콜릿을 먹는 양이 적었다고 한다.

자신이 무언가를 먹는 모습을 뇌에서 재생하는 '머릿속 식사'를 통해 먹는 양을 억제할 수 있다는 걸 보여 준 결과다. 체중을 신경 쓰고 있다면 일이나 사적인 회식 전에 자신이 먹는 모습과 먹고 난 이후에 자신이 어떤 모습이 되어 있을지 상상하면 좋을 것이다.

식사 전 머릿속 식사를 습관화하자

{ 식욕을 억제할 수 없는 사람, 다이어트를 하고 싶은 사람은
식사 전에 자신이 맛있게 식사하는 모습을 상상하라. }

42

효과
감정 컨트롤

지나치게 공복으로 있지 마라
짜증의 원인, 저혈당

공복 상태가 이어지면 짜증이 심해진다

오하이오 주립대학교의 브래드 부시먼Brad Bushman은 연구를 통해 혈당치가 분노 조절에 미치는 영향을 밝혔다. 부시먼은 분노에 관한 다양한 실험을 하다가 "공복 상태가 이어지면 장내 환경이 악화되어 짜증이 심해진다."라는 결과를 보고했다. 실험에서는 107쌍의 부부에게 매일 서로의 험담을 들려주고, 머리맡에 상대를 본뜬 저주 인형과 바늘을 놓고 지내게 했다. 그랬더니 혈당치가 낮을 때일수록 인형에 꽂는 바늘의 수가 늘어나는 경향을 보였다고 한다.

혈당치가 낮으면 공격적으로 바뀐다

또 다른 실험에서 부시먼은 역시 107쌍의 부부에게 대전형 컴퓨터 게임을 플레이하도록 했다. 실제로 대전 상대는 컴퓨터였지만, 파트너와 대전하고 있다고 말한 뒤에 승자가 패자에게 불쾌한 노이즈를 들려주는 벌칙을 설정했다. 앞의 실험을 포함해서 피험자인 부부 107쌍에게는 견딜 만한 일이 아니었겠지만 유의미한 결과가 나왔다. 혈당치가 낮은 사람일수록 파트너에게 더 큰 소리로 긴 시간의 노이즈를 들려주는 경향을 보인 것이다. 따라서 혈당치가 떨어지면 분노 조절이 어려워져서 공격성이 높아진다고 볼 수 있다.

지나친 공복 상태를 피하라

공복이 되면 혈당치는 일반적으로 내려간다. 식사하지 않으면 혈중 포도당이 소비되기 때문이다. 따라서 포도당 캔디처럼 포도당을 포함한 식품이나 과즙 100퍼센트의 주스를 섭취해 단시간에 혈당치를 올리는 것이 중요하다. 또한 견과류와 과일 등 적당한 당질을 포함한 음식을 간식으로 준비해 두면 체중 관리에 도움이 되고 감정의 변화에도 효과적으로 대처할 수 있다.

평소 저혈당이 되지 않는 생활 습관에 유의하는 것도 분노를 능숙하게 다스리는 방법이다. 건강에 신경 쓰지 않는 식습관은 그만큼 쉽게 짜증이 나게 만든다.

혈당치가 너무 내려가지 않으려면

혈당치가 내려가면 짜증이 심해지고 공격적으로 변하기 쉽다.
저혈당이 되지 않는 생활 습관에 유의하자.

43

오래 앉아 있지 마라

인간은 움직이는 동물로 태어났다

앉아 있는 시간이 길면 조기 사망률이 올라간다

인류는 몸도 마음도 석기 시대부터 거의 진화하지 않았다. 원래 사냥 등을 위해 몸을 움직이는 데 최적화되어 있는 우리 몸은 움직이지 않으면 다양한 문제가 발생한다. 실제로 일본의 성인은 하루 평균 약 7시간 앉아 있다고 하는데, 이는 전 세계에서 가장 길다는 데이터도 있다. 이렇게 평소에도 오래 앉아 있는데 휴일에도 빈둥거리며 움직이지 않는 것은 별로 추천할 만한 일이 아니다.

시드니대학교의 히데 반 데르 플로그Hidde van der Ploeg와 연구진에 따르면 하루에 앉아 있는 시간이 총 4시간 미만인 성인보다 8~11시간인 사람은 사망 위험이 15퍼센트 증가, 11시간 이상은 40퍼센트 증가한다는 결과를 내놓았다. 그리고 하버드대학교 의학부의 아이민 리I-Min Lee와 그가 이끄는 연구진은 좌식 행동에 관한 연구를 통해 "움직이지 않고 앉아 있는 시간이 길면 심장병 6퍼센트, 당뇨병 7퍼센트, 유방암 10퍼센트, 대장암 10퍼센트, 그리고 각종 질병의 발병 위험이 상승한다."라고 지적했다.

오랫동안 앉아 있는 것을 삼가면 조기 사망률을 9퍼센트 줄일 수 있다. 그리고 계속 앉아 있는 사람이 10~25퍼센트 정도 걸을 기회를 늘리면 매년 50만~130만 명 정도의 사람이 사망 위험을 피할 가능성이 있다고 한다.

인간은 애초에 움직이는 동물로 태어났다

인간은 몸을 움직이는 것을 전제로 한 뇌와 신체를 가진 동물이다. 애초에 뇌를 비롯한 중추신경은 본디 몸을 움직이기 위한 것이다. 따라서 낮에 잘 움직이지 않고 계속 앉아 있으면 혈류 악화, 뇌에 산소 공급량 저하, 신경전달물질의 균형이 깨지는 등 기억력 저하와 주의력 산만과 같은 폐해가 발생하기 시작하고 교감신경과 부교감신경의 교대가 잘 이뤄지지 않아 결과적으로 자율신경이 흐트러져 밤에 제대로 쉬지 못한다. 야간에 회복이 잘되지 않으면 그만큼 피로와 스트레스가 쌓인다고 알려져 있다.

따라서 오래 앉아 있는 것은 '건강의 천적'이라고 할 수 있다. 인간은 서 있는 것만으로도 1시간에 50킬로칼로리 정도 소비한다. 건강을 위해서뿐 아니라 일의 효율화라는 의미에서도 서 있는 시간을 늘리는 것이 매우 바람직하다. 최근 구글이나 페이스북 등의 기업들은 직원들의 건강을 위해 스탠딩 데스크를 도입했다. 텍사스 A&M대학교의 란자나 메타Ranjana Mehta 팀이 실시한 실험에서는 34명의 고등학생에게 24주에 걸쳐 스탠딩 데스크를 사용하게 했더니 뇌의 실행 기능과 워킹 메모리가 개선되었다고 한다. 생활 속에서 앉아 있는 시간이 많은 사람은 이 이야기에 특히 주목해 보길 바란다.

> 오래 앉아서 일하지 않도록 하자. 때때로 자리에서 일어나거나
> 스탠딩 데스크를 도입하는 등 움직일 궁리를 하라.

44

자주 웃어야 오래 산다
웃음이 스트레스에 미치는 영향

잘 웃지 않는 사람은 자주 웃는 사람보다 사망률이 두 배 높다

야마가타대학교 의학부의 사쿠라다 가오리櫻田香는 '웃는 빈도와 사망 혹은 질병의 위험성'을 분석했다. 약 2만 명의 검진 데이터를 수집해 7년에 걸쳐 조사 및 분석을 한 결과, 잘 웃지 않는 사람은 자주 웃는 사람에 비해 사망률이 약 두 배 더 높은 것으로 나타났다.

소리 내어 웃는 빈도를 '거의 매일'이라고 답한 사람은 전체의 36퍼센트, 반면에 '거의 없다'는 3퍼센트 정도였다. 병에 걸리기 쉬운 나이나 흡연 같은 인자를 추가해도 잘 웃지 않는 사람과 자주 웃는 사람은 실제로 약 두 배의 사망률 차이가 있었다고 한다. 그뿐만 아니라 뇌졸중 등 심혈관 질환의 발병률도 높다는 '웃을 수 없는' 결과가 나왔다.

웃으면 집중력이 향상되고 스트레스가 완화된다

실제로 웃음은 큰 효력이 있다. 기린 홀딩스, 요시모토 홍업, 시즈오카현 하마마쓰시, 긴키대학교의 공동 연구에서는 웃음이 뇌 건강에 좋은 영향을 미친다는 것이 확인되었다. 이 연구는 하마마쓰시에 거주하는 40세에서 65세의 남녀 25명을 대상으로 진행되었는데, 재미있는 동영상을 감상하면 뇌에 어떤 영향을 주는지 조사했다.

그 결과 재미있는 동영상을 감상했을 때는 전두엽의 뇌 혈류량(뇌에 산소나 당을 보내는 중요한 지표)이 약 2.7배 증가했고 집중력이 향상했다.

그리고 재밌는 동영상을 감상한 후에는 타액 속 스트레스 마커의 증가가 약 5분의 1로 감소하고, 주관적인 스트레스 상태도 개선되는 것으로 나타났다. 또한 감상하는 동안에는 부교감신경 활동이 상승해 편안한 상태임을 알 수 있었다. 웃는 일이 집중력 향상과 스트레스 개선 효과를 가져온 것이다.

몸과 마음의 건강에 힘쓴다면 자신이 웃을 수 있는 콘텐츠를 적극적으로 보도록 하자. 모두가 재미있다고 생각하는 것이 아니라 나만 재미있다고 느껴도 상관없다. 자신에게 웃음을 가져다주는 것을 생활 속에 받아들이자.

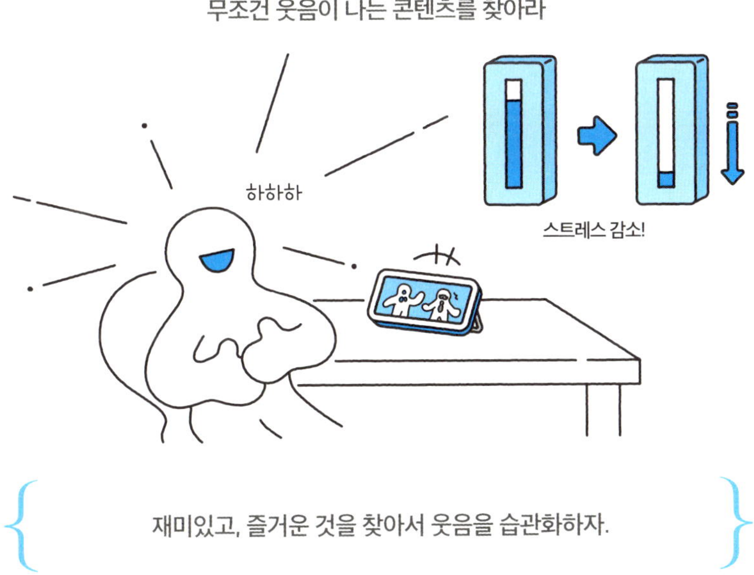

45

효과
스트레스 경감

피곤할 땐 수욕을 하라

온천 효과를 내는 스트레스 디톡스

피곤하거나 스트레스를 느꼈을 때는 수욕을 하자

어딘가로 여행을 가거나 온천에 몸을 담그고 리프레시하고 싶지만 시간이 없다. 그런 사람에게 추천하고 싶은 것이 '수욕'이다. 홋카이도대학교의 야노 리카矢野理香와 연구진이 뇌혈관 장애 환자를 대상으로 한 연구에 따르면 38도의 온수에 10~15분 정도 손끝에서 손목까지 담가서 손을 따뜻하게 하면 환자의 통증이 완화되고, 상쾌함이 증가하며, 긍정적인 말을 하고 질병 회복에 대한 의욕이 향상되었다고 한다.

인간의 몸에서 따뜻함을 느끼는 온점이 가장 집중된 곳이 손가락, 손바닥, 아래팔이다. 또 손의 혈관에는 교감신경이 집중되어 있다. 추울 때 난로나 모닥불에 손을 쬐면 몸도 마음도 따뜻해지는 것은 손을 따뜻하게 하는 일이 이런 신경에 작용해 다양한 효과를 낳기 때문이다.

수욕은 의료 현장에서 생겨난 치료법으로, 목욕을 할 수 없는 환자에게 목욕하는 듯한 효과나 느낌을 주기 위해 실시되고 있다. 스트레스는 물론이고 피곤함이나 초조함을 느낄 때는 수욕으로 릴랙스해 보자.

온천은 정신 건강에도 좋다

가까운 곳에 온천이 있는 사람은 온천에서 기분 전환을 하는 것도 좋다. 삿포로 시립고등전문학교의 와타나베 나리에渡部成江가 홋카이도대학교의 연구자들과 실시한 실험에서는 여덟 명의 여성에게 10분 동안 입욕을 하게 하고(입욕 전후 30분 동안 안정도 취하게 했다) 뇌파, 심박수, 체온, 피부 온도, 질문지를 이용해 그 효과를 측정했다. 그 결과 뇌파 분석에서 '슬픔'이 감소하고 '기분 좋음'이나 '편안함'이 증가한 것으로 나타났다. 또한 평소보다 잘 잤으며 다음 날 의욕과 집중력이 올라가는 경향도 보였다.

제대로 휴식하는 것은 매우 중요하다. 그리고 평상시 휴식할 수 있는 생활 습관을 지니는 것이 바람직하다. 온천에 몸을 담그고, 온천 못지않은 효과가 있다고 알려진 수욕 등을 활용해 보자.

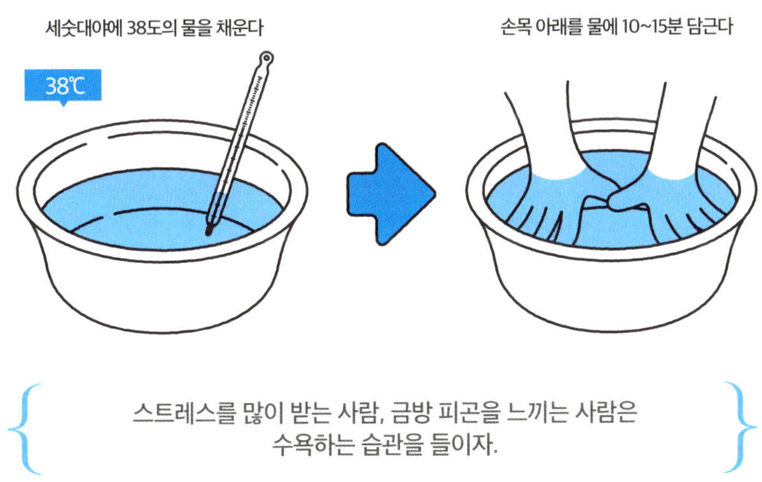

피로 회복에 효과적인 수욕법

46

운동은 느슨하고 꾸준하게 하라

적당한 운동은 학업과 체력 모두를 잡는다

격한 운동보다 적당한 운동이 효과적이다

뇌는 산소와 당분을 연료로 작용한다. 운동을 하면 혈류가 좋아져 뇌에 더 많은 산소가 전달되고 뇌 기능이 좋아진다. 이는 체력이 학습과 연결되어 있다는 증거다. 함부르크대학교의 키르스텐 회팅Kirsten Hötting과 연구진은 운동과 기억의 관계를 조사하는 연구를 했다. 실험에서는 피험자들을 다음과 같이 세 그룹으로 나눠 30분간 에어로빅을 하게 한 다음, 외국어 단어를 암기하는 테스트를 했다.

① 비교적 격하게 동작을 한 그룹

② 가볍게 동작을 한 그룹

③ 아무것도 하지 않고 앉아 있던 그룹

20분 후, 24시간 후, 2일 후에 각각 테스트를 실행한 결과 운동을 했던 두 그룹은 아무것도 하지 않은 그룹보다 성적이 좋았고 특히 ②번 그룹이 단어를 가장 잘 기억했다고 한다.

격한 운동을 한 그룹은 신경세포의 발생과 성장, 유지와 재생을 촉진하는 BDNF(뇌유래 신경영양인자)라는 단백질이 증가한 반면 스트레스의 지표가 되는 호르몬인 코르티솔도 증가했다. 격한 운동을 하면 당연히 부하도 걸린다. 때문에 운동선수가 아닌 한 자신을 몰아붙일 정도로 운동하는 것은 오히려 역효과를 낸다고 볼 수 있다. 스트레스가 되지 않는 적당한 운동이야말로 뇌를 효과적으로 작동시키는 훌륭한 코치다.

운동이 습관이 되는 시간, 6주

일리노이대학교의 로라 채덕–헤이먼Laura Chaddock-Heyman이 이끄는 연구 팀은 운동을 하면 뇌의 백질이라는 부위의 기능이 강화된다는 사실을 밝혀냈다. 백질은 주로 정보 전달을 담당하는 케이블의 집합체로, 최근의 연구에서는 수학적인 능력에도 관여하는 것으로 판명되었다. 즉 운동을 지속하면 뇌에서 정보가 통하는 길이 원활해져서 학습이나 문제 해결에 필요한 처리 속도가 높아진다.

습관화를 잘하지 못하는 사람이라도 6주 동안 지속하면 습관화가 가능하다고 한다. 이는 터프츠대학교 로빈 카나레크Robin Kanarek의 연구팀이 내놓은 결과다. 운동을 꾸준히 하면 도파민이나 엔도르핀 등 뇌 내 물질 분비가 촉진되어 쾌감이나 성취감을 쉽게 느낀다. 그 기간에는 개인차가 있지만 대략 6주라고 한다.

느슨한 운동이라도 상관없다. 6주 동안 지속하면 공부와 체력에 좋은 영향을 미친다는 것을 기억하자.

{ 운동은 느슨하게 계속하는 것이 효과적이다.
운동을 싫어하는 사람도 6주 동안 지속하면 습관화할 수 있다. }

47

효과
뇌 활성화

10분 줄넘기로
건강과 성적 모두를 올려라

뇌 기억을 향상시키는 줄넘기의 효과

줄넘기는 다이어트와 지구력 강화에 효과적이다

줄넘기는 심박수를 올려 뇌에 산소를 보낼 뿐 아니라 지방 연소 효과가 높고 단기간에 체지방을 떨어뜨리는 효과가 있다. 또한 폐나 혈관에 적당한 부담을 줘서 산소를 흡수하거나 운반하는 능력을 증강하고, 온몸에 적당한 부담을 주기 때문에 모세혈관이 발달해 산소를 운반하는 능력이 향상되고 지구력 강화도 기대할 수 있다.

권투 선수가 훈련할 때 줄넘기를 하는 것은 바로 체중을 줄이고 지구력을 기르는 효과가 있기 때문이다. 줄넘기는 줄만 있으면 어디서든 할 수 있다. 우선 1분에 60회 정도를 기준으로 3분 동안 뛰고, 조금 쉬고 이 과정을 3세트 하면 10분 동안 운동할 수 있다.

줄넘기로 성적도 올리고 자신감도 높이자

비만인 초등학생을 모아 줄넘기 등의 운동을 시켰더니 특별히 공부하지 않았는데도 모두 성적이 올랐다는 흥미로운 실험 결과도 있다. 중국의 몇몇 대학 연구자들과 초등학교 교사들이 진행한 연구에서는 1분에 줄넘기하는 횟수가 많은 아동일수록 국어와 수학에서 학업 성적이 좋았다고 한다.

전남대학교의 김준이 이끄는 연구팀은 고혈압과 비만인 사춘기 여학생 48명(14~16세)을 대상으로 12주 동안 주 5회, 하루 50분 줄넘기 운동을 하는 그룹과 하지 않는 그룹으로 나눠 운동 전후에 차이가 있는지 조사했다. 그 결과 비만인 사춘기 여학생에게서 심혈관 질환 위험 요인이 개선되었고, 학업에서 자기효능감이 높아진 것으로 나타났다.

작업 전에 물을 마시면 작업 효율이 오른다

뇌의 활성화를 촉진하는 또 하나의 행위로 '물 마시기'를 들 수 있다. 이스트런던대학교의 캐럴라인 에드먼즈Caroline Edmonds가 이끄는 팀의 연구에서는 공부나 독서 등 지적 작업에 집중하기 전 약 500밀리리터의 물을 마시면 물을 마시지 않고 작업했을 때보다 뇌가 활성화되는 결과가 나왔다고 한다.

무심코 하는 행동이라고 생각하지만 사실 물을 마시는 일은 매우 효과적이다. 달콤한 음료나 커피를 마시면서 리프레시하려는 사람들이 많은데, 물 마시기를 습관화하면 건강은 물론 뇌의 활성화에 일조할 수도 있다.

그러니 집중해서 일하고 싶을 때는 10분 정도 숨이 차는 운동을 하고 물로 수분을 보충하자. 겨우 10분만 할애하면 되니 꼭 실천하길 바란다.

{ 작업 전 10분 동안 줄넘기를 하고
물을 500밀리리터 마시면 작업 효율이 올라간다. }

48

영화만 봐도 다이어트가 된다

영화 감상은 가벼운 유산소 운동에 필적한다

영화 감상이 지방 연소에 도움이 된다?

영화 감상은 대중적인 오락인데, 단순히 영화를 보며 즐기는 것만으로도 가벼운 유산소 운동을 하는 것과 같은 효과가 있다고 한다. 유니버시티 칼리지 런던의 조지프 데블린Joseph Devlin이 이끄는 연구팀의 (학술지에 공표된 것이 아니라 기업이 스폰서가 되어 실시한 학술적인) 실험에서는, 2019년 개봉한 영화 〈알라딘〉을 감상하는 참가자 51명에게 생체인증 센서를 장착해 영화가 상영되는 2시간 동안 참가자의 심신에 어떤 일이 일어나는지 관찰했다.

관찰 결과 영화 관람자의 심박수가 현저히 상승하는 것으로 나타났고, 45분 동안은 건강한 심박 존(40~80퍼센트)에 있었음을 알 수 있었다. 이 심박수 상승은 빨리 걷기 등 유산소 운동에 필적해 영화 감상이 지방 연소에 도움이 된다는 것을 보여 준다.

영화 감상은 스트레스 회복에도 효과가 있다

또한 영화 감상은 정신적인 측면에도 긍정적인 영향을 미친다고 알려져 있다. 만하임대학교의 다이애나 리거Diana Rieger와 미시간 주립대학교의 게리 벤테Gary Bente의 연구에 따르면 오락성이 높은 영화는 심리적 휴식과 스트레스 회복에 효과적인 것으로 나타났다. 앞서 언급한 데블린은 영화관에 가는 등의 문화적 체험은 뇌가 장시간 동안 집중할 기회를 주며, 집중력과 주의력을 유지하는 능력은 정신적인 회복력을 구축하는 데 중요한 역할을 한다고 설명한다.

영화 감상은 뇌를 활성화한다

야마나시 현립대학교의 마에자와 데쓰지前澤哲爾 팀의 연구도 영화 감상이 뇌의 활성화에 효과가 있다고 보고하고 있다. 이 연구에서는 39명의 고령자를 대상으로 1988년 개봉한 〈푸른 산맥〉(요시나가 사유리 주연)을 감상한 후 뇌파 데이터 분석, 타액을 통한 스트레스 분석을 실시했다. 그 결과 피험자의 건강도와 적극성이 올라가는 경향이 나타났고, 불안도도 개선되는 것으로 나타났다. 과거에 대한 향수를 느껴서 이런 긍정적인 작용을 보인 것도 있지만, 마음에 드는 영화를 보는 것은 심신에 편안함을 주는 효과가 있다.

집에서 영화를 보면 지루한 감정이 커진다

지금은 넷플릭스와 같은 영상 콘텐츠 제공 서비스 덕분에 언제 어디서든 명작을 쉽게 볼 수 있다. 그런데 레겐스부르크대학교의 케르스틴 프뢰버Kerstin Fröber와 프라이부르크대학교의 롤란트 토마슈케Roland Thomaschke의 연구에 따르면 집에서 영화를 보는 것은 지루한 감정을 증대시킨다고 한다. 어차피 볼 것이라면 영화관에 가는 편이 나을 듯하다.

> 스트레스를 회복하려면 오락 영화를,
> 뇌를 활성화하고 싶다면 좋아하는 영화를 보자.

49

효과
근력운동 효과

근육을 의식하기만 해도 근육이 생긴다

근력운동을 돕는 이미지 트레이닝

운동은 생활의 모든 면을 향상시킨다

헬스장에서 몸을 움직이는 것은 다양한 긍정적인 효과를 가져온다. 맥쿼리대학교의 메건 오튼Megan Oaten과 켄 쳉Ken Cheng은 운동이 부족한 남녀 24명에게 2개월 동안 특별히 아무것도 하지 않고 생활하게 하고 그 후 2개월 동안 헬스장에 다니게 하는 실험을 했다. 그러자 놀라울 정도로 생활 만족도가 개선되었다고 한다.

그 효과는 다음과 같다. ① 스트레스가 줄어든다. ② 담배, 알코올, 카페인의 섭취량이 줄어든다. ③ 감정 조절이 가능해진다. ④ 집안일을 하는 횟수가 늘어난다. ⑤ 식생활이 건강해진다. ⑥ 낭비가 줄어든다. ⑦ 의무나 약속을 잘 지킨다. ⑧ 학습 습관에 개선이 보인다.

운동은 인간 행동의 기초다. 그리고 한 가지 행동 패턴은 다른 행동 패턴으로도 전파된다. 따라서 운동을 제대로 하면 생활 전반에도 규칙성이 생긴다.

근육에 의식을 집중하기만 해도 효과가 있다

근육을 단련할 때 알아두면 좋은 과학적 사실도 있다. 오하이오대학교 브라이언 클라크Brian Clark의 연구팀에 따르면 운동을 하지 않고 이미지 트레이닝만 해도 근육이 어느 정도 유지된다고 한다.

연구팀은 29명의 자원봉사자를 모집해 한 달 동안 손목에 정형외과용

깁스를 고정시켰다. 그런 다음 절반의 피험자에게 매일 약 10분, 주 5일 동안 머릿속으로 고정된 손목의 근육을 구부리는 이미지 트레이닝을 시켰다. 놀랍게도 한 달 후 이미지 트레이닝을 하고 있던 그룹과 하지 않았던 그룹을 비교했더니 전자가 후자보다 근육 약화가 절반밖에 진행되지 않았다.

캐나다 비숍스대학교의 에린 섀클Erin Shackell과 라이오넬 스탠딩Lionel Standing의 연구에서도 오디오 CD를 들으며 1주일에 3회 근력운동을 하고 있다고 이미지 트레이닝을 한 그룹에서 24퍼센트의 근육 증가를 보였다. 참고로 실제로 운동한 그룹은 28퍼센트 증가했다. 복근 운동을 할 때는 운동과 동시에 배에 의식을 집중하게 되는데, 의식 집중이 실제로 운동 효과가 있는 듯하다. 필라테스나 요가 강사가 "○○에 의식을 집중하세요."라고 말하는 것도 바로 그 때문이 아닐까?

근육에 의식을 집중하는 근력운동

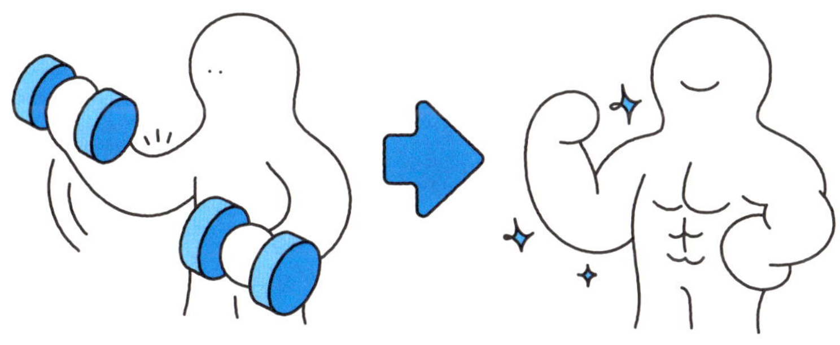

> 운동은 생활의 모든 면을 향상시킨다.
> 근력운동을 할 때는 근육에 의식을 집중하면 효과적이다.

50

효과
기억력 / 치매 예방

수면 시간은 무조건 사수하라

잠을 잘 자기만 해도 매력적으로 보인다

수면 부족은 기억력을 떨어뜨려 불안을 강화한다

수면이 부족하면 뇌가 정상적으로 활동하지 못하고 무언가를 기억해내는 기능이 떨어진다. 뇌는 깊은 잠을 자는 동안에 기억을 정착시키기 때문에 수면 시간이 짧거나, 깊게 자는 시간이 적은 사람은 그만큼 기억을 정착시키는 시간이 줄어들어 결과적으로 기억력이 저하된다.

수면 부족이 뇌에 악영향을 미친다는 연구는 여럿 존재한다. 국립정신신경의료연구센터 모토무라 유키元村祐貴와 연구진이 실시한 실험에서는 수면이 부족하면 부정적인 정동 자극에 대해 감정의 기폭 스위치인 편도체의 활동량이 증가하는 것으로 나타났다.

연구진은 건강한 성인 남성 14명을 대상으로 5일 동안 하루 8시간의 수면과 5일 동안 하루 4시간의 수면 양쪽을 경험하게 하고, fMRI(기능적 자기공명영상)라는 장치로 뇌 활동의 변화를 관찰했다. 그 결과 단기간의 수면 부족으로도 마음이 쉽게 불안정해지고, 이 상태에서 부정적인 정보를 받으면 평소보다 정신적으로 우울해지는 것으로 나타났다.

수면 부족은 치매 위험을 높인다

알츠하이머 치매의 원인물질인 아밀로이드 베타amyloid beta라는 단백질은 수면 중에 뇌혈관에서 뇌 외부로 배출된다. 그래서 수면 시간이 부족하면 아밀로이드 베타가 뇌에 축적되어 치매 위험이 커지는 것이다.

잠을 잘 잔 사람은 외모도 매력적이다

스웨덴 카롤린스카 연구소의 티나 선델린Tina Sundelin이 이끄는 연구진은 실험을 통해 잠을 잘 잔 사람일수록 매력적으로 보인다는 사실을 밝혔다. 실험에서는 피험자에게 충분한 수면과 4시간의 부족한 수면을 하도록 한 뒤에 각 경우의 민낯을 촬영했다. 그리고 그 민낯 사진을 수도 스톡홀름에 사는 남녀 122명에게 보여 주고 피험자의 매력, 건강 상태, 졸음, 신뢰성 등을 평가하게 했다.

그 결과 4시간 잠을 잔 피험자의 사진을 보고 "매력이 별로 없다."라고 답한 사람이 많았다. 게다가 "만나 보고 싶다."라고 대답하는 사람도 적었다. 이렇게 수면 부족은 얼굴에 그대로 드러난다.

그 외에도 수면 부족의 위험성은 다양하다. 수면 부족으로 포만 호르몬이 감소해 식욕이 증진하기 때문에 비만 위험이 증가하고 당뇨병, 고혈압, 뇌졸중 등 생활습관병 발병 위험도 증가한다고 알려져 있다. 참고로 몰아서 자는 방법은 효과가 없다는 것도 과학적으로 밝혀져 있다. 수면의 시간과 질은 건강한 습관에서 정말로 중요하다는 것을 염두에 두길 바란다.

> 몰아서 자는 방법은 효과가 없다.
> 일정을 조절할 때는 수면 시간부터 확보하자.

51 분노는 건강의 적

**효과
면역력**

한 번 화내면 면역력이 6시간 동안 떨어진다

화를 내면 면역력이 6시간 이상 떨어진다

세상을 둘러보면 직장이나 학교, 지하철역이나 길가, 혹은 SNS에 화가 난 사람들이 넘쳐나는 것처럼 보인다. 화를 내서 좋은 일은 거의 없다. 고대 그리스 철학자 피타고라스도 "분노는 무모함으로 시작해 후회로 끝난다."라고 했다.

런던대학교의 글렌 라인Glen Rein이 이끄는 연구팀은 실험을 통해 화가 나면 면역력이 떨어진 상태가 6시간 이상 지속되고, 다른 사람에 대한 위로나 사랑의 감정을 품으면 높아진 면역력이 24시간 이상 지속된다는 사실을 밝혀 냈다. 연구팀은 건강 상태가 좋은 17~50세 남녀 30명을 모아 전쟁 장면 등 부정적인 감정을 불러일으키는 영상을 감상하게 했다. 그 결과 특히 IgA(면역글로불린A) 등 소화기 계통이나 요로 병원체와 깊은 관련이 있는 면역이 떨어졌으며 심리테스트에서도 기분장애를 일으키는 사람이 많은 것으로 나타났다.

마음이 따뜻해지는 영상을 보면 면역력이 올라간다

한편 위 실험에서 피험자들에게 마더 테레사의 활동 등 긍정적인 비디오를 보여 주었을 때는 면역계 기능이 향상되는 것으로 나타났다. 이걸 보면 마음이 따뜻해지는 영상을 보는 게 바람직해 보이는데, 실은 더 효과적인 방법이 있다고 연구팀은 밝혔다. 바로 친절한 행동이다.

친절을 베풀면 건강해진다

연구팀이 실험에서 피험자들에게 5분 동안 상대를 배려하는 행동을 하게 했더니, 피험자들의 IgA 레벨이 평균 41퍼센트 상승하는 것으로 나타났다. 1시간 후에 IgA 레벨은 정상으로 돌아왔지만, 그 후 약 6시간에 걸쳐 다시 서서히 상승했다.

이런 연구 결과를 본다면 마음이 평온해지는 비디오를 보는 것보다 타인을 배려하는 행동을 하는 것이 더욱 건강해지는 지름길임을 알 수 있다.

화내지 말고 친절한 행동을 하라

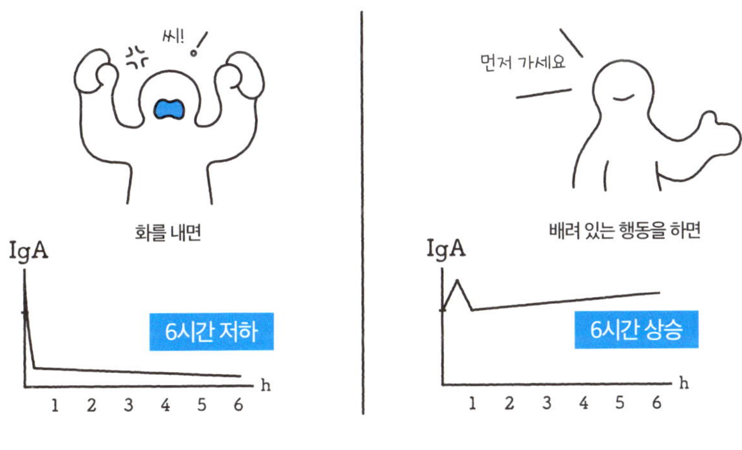

화를 내면 면역력이 떨어지고, 친절한 행동을 하면 면역력이 증가한다.

52

효과
릴랙스 / 집중력

손과 발을 천천히 움직여라

느긋한 움직임은 릴랙스 효과가 있다

천천히 하는 운동은 편안함을 준다

동물원에서 코끼리를 보면 혈압이 내려간다는 흥미로운 연구가 있는데, 실제로 코끼리처럼 느릿한 동물을 보면 마음이 안정된다고 한다. 세계 각국에는 태극권이나 요가 등 천천히 하는 운동 또는 문화가 존재한다. 이처럼 느린 동물을 보는 것뿐만 아니라 느린 동작을 하는 것은 신체와 정신 건강에 효과적이다.

불가리아 국립스포츠아카데미의 블라디미르 앙겔로프Vladimir Angelov는 느린 움직임을 이용한 운동이 편안함을 향상시키는지 조사했다. 그는 선수들에게 느린 운동 전후로 심박수, 호흡수, 혈압(수축기 및 이완기), 손가락 피부 온도 등을 측정하는 스필버거 불안 검사라는 심리테스트를 시행했다. 그 결과 심박수는 6비피엠 저하되고, 손가락 피부 온도가 왼손에서 3.5도, 오른손에서 3.8도 상승해서 스필버거 불안 검사의 결과가 7.3포인트 감소했다. 느린 동작이 편안함을 주는 효과가 있음을 확인한 것이다.

생각이 막혔다면 손발을 유연하게 움직여라

터프츠대학교의 마이클 슬레피언Michael Slepian과 날리니 암바디Nalini Ambady는 연구를 통해 유연한 손가락 운동을 하면 창조적인 사고가 촉진된다고 보고했다. 초조하거나 조급할 때일수록 움직임을 유연하게 하는 편이 바람직하다고도 한다.

두 사람은 피험자를 두 그룹으로 나누고 각각 곡선적인 선화와 직선적인 선화를 그려 달라고 했다. 선화를 다 그린 후에는 감상을 요구했더니 양쪽 팀 모두 곡선적인 선화를 그린 후의 감상에서 더 많은 아이디어와 상세한 창조적 코멘트를 남겼다.

따라서 생각이 막힐 때 손발의 움직임을 유연하게 하면 사고를 원활하게 유도해서 좋은 아이디어를 생각해 낼 수 있을 것이다.

욕조에 몸을 담근 채 손가락을 천천히 8자 모양으로 움직이기

현대인은 시간과 정보에 떠밀려 늘 분주하다. 따라서 '슬로한 움직임을 슬로건'으로 삼으면 좋을 것이다. 실제로 심호흡을 한 번만 해도 기분이 안정된다는 것이 증명되어 있다. 느린 동작은 기분을 진정시킬 때 매우 중요한 행동이라고 할 수 있다.

유연한 손 운동을 일상에서 활용한다면 스킨케어를 할 때나 목욕할 때 활용할 수 있다. 일할 때 집중력이 부족하다고 생각되면 욕조에 몸을 담그고 천천히 유연하게 움직여 보자. 또는 공중에 천천히 부드럽게 8자를 반복적으로 그려 보는 것도 도움이 될 수 있다.

생각이 막히거나 조급할 때일수록
손가락을 천천히 움직여 보자.

53 '슬로' 조깅을 하라

**효과
스트레스 감소**

조깅은 하기만 해도 스트레스가 줄어든다

조깅은 스트레스를 감소시킨다

하기 싫은 일이나 스트레스가 쌓여 있을 때는 조깅을 하면 기분이 나아진다는 연구 결과가 있다. 도쿄대학교의 류영재가 이끄는 연구팀은 달릴 때 발바닥에 가해지는 자극이 머리로 전달되면 뇌에서 분비되는 물질이 활성화된다는 것을 밝혔다. 이들은 쥐를 1주일 동안 트레드밀(러닝머신)에서 달리게 하고 뇌가 어떤 반응을 보이는지를 조사했다. 그 결과 하루 30분 정도 달리게 했더니 각성, 기분, 기억, 자율신경 조절 등과 관련된 세로토닌 수용체가 활성화되었음을 확인했다. 만일 1주일 동안 조깅을 계속하면 마지막 운동부터 72시간 이상에서 1주일까지는 효과가 지속되는 것으로 나타났다.

기분이 우울해질 조짐이 있으면 조깅을 하러 가자. 꾸준히 하면 자율신경의 조절 기능도 개선되어 건강한 체질이 될 수 있다.

꼼꼼히 스트레칭하지 않아도 된다

조깅을 하기 전에 꼼꼼하게 스트레칭을 해야 한다고 생각하기 쉽지만, 반드시 그렇다고 단언할 수는 없다. 레녹스힐 병원의 말라키 맥휴Malachy McHugh와 키아란 코스그레이브Ciaran Cosgrave가 과거 문헌을 종합적으로 정리한 메타 연구에 따르면 '운동 전 스트레칭을 한 그룹'과 '하지 않는 그룹'으로 나눠 비교했을 때 양측 모두 비슷한 비율로 부상을 입어

1주일 정도 러닝을 쉬는 결과가 되었다고 한다.

따라서 스트레칭을 한 번만 해도 근력이 일시적으로 감소할 수 있고, 부상 예방 측면에서는 과사용overuse 방지가 효과가 없는 것으로 보인다. 하지만 근육 파열 예방에는 효과가 있을 수 있다. 정성껏 스트레칭을 하는 것 자체는 나쁘지 않지만 반드시 해야 한다고 생각할 필요는 없다.

에너지를 두 배 소비하는 슬로 조깅

달리기를 잘하지 못하는 사람은 비만, 고혈당, 고혈압 등 심혈관계 발병 위험을 억제하는 운동법으로 주목받는 슬로 조깅을 해보면 좋을 것이다. 슬로 조깅은 걷는 정도의 속도로 천천히 달리는 조깅을 말한다.

일반적으로 1분 동안 보폭을 작게 해서 천천히 달리고, 그 후 30초 동안 천천히 걷는다. 이 세트를 반복하기만 하면 된다. 몸에 부담이 적기 때문에 고령자도 무리 없이 계속할 수 있고, 걷기보다 에너지를 두 배 소비한다고 알려져 있다.

슬로 조깅을 포함해서 무리하지 않는 정도의 조깅이라면 편의점에 가는 김에 할 수 있을 것이다. 스트레칭에 집착할 필요도 없으니 무언가를 하러 집을 나선 김에 조깅을 해보는 것은 어떨까?

{
일상생활에서 슬로 조깅을 활용해 보자.
편의점에 가는 등 무언가를 하러 나가는 김에 조깅을 하자.
}

54

효과
악습관 퇴치

금연하고 싶다면
손실을 생각하라

편향을 이용해 금연에 성공하기

금연하고 싶으면 손실 회피 편향을 이용하라

일본 후생노동성의 조사에 따르면 60퍼센트에 가까운 흡연자가 "금연하고 싶다.", "담배 피우는 횟수를 줄이고 싶다."라고 답했다고 한다. 그럼에도 담배를 끊지 못하는 사람이 대다수다. 그 이유는 다음 세 가지 편향이 원인이라고 아오모리대학교의 다케바야시 마사키竹林正樹와 게이오기주쿠대학교의 고토 레이後藤励는 설명했다.

① 현재 편향: 눈앞에 담배가 있으면 '한 대 정도는 괜찮지'라며 충동적으로 피운다.

② 동조 편향: 주위에 흡연자가 많으면 '주변에서 다들 피우고 있으니까'라고 생각한다.

③ 낙관적 편향: 담배 패키지에 '흡연에 따른 폐암 위험은 네 배'라고 쓰여 있어도 '나는 그렇게 되지 않아'라고 낙관적으로 생각한다.

이처럼 흡연자 대부분은 흡연의 해로움을 알고 있어도 인지 편향 때문에 금연하지 못한다. 그렇다면 어떻게 해야 제동을 걸 수 있을까? 이때 효과적인 것이, 이익을 얻는 기쁨보다 손실을 봤을 때의 슬픔을 강하게 느끼는 손실 회피 편향을 이용하는 것이다. 독은 독으로 다스린다는 말도 있듯이 편향에는 편향으로 대항하는 것이다.

담배를 피워서 입는 구체적인 손실을 생각하라

예를 들면 '한 갑에 5,000원인 담배를 매일 피우니까, 금연하면 한 달에 약 15만 원이 굳는다'라고 생각할 게 아니라 '지금까지 담배에 들인 돈이 합계 3,000만 원인데, 그 돈을 금융 증권의 적립식 운용에 넣었으면 현시점에서 4,800만 원이 되었을 거야'라고 손실(결점)을 중심으로 생각하는 것이다.

혹은 '흡연을 계속하면 폐암 등의 위험이 커져 수명이 짧아진다'고 생각하는 게 아니라 '흡연으로 건강수명을 10년이나 잃었으므로 좋아하는 골프를 계속할 수 없다'는 식으로 구체적인 손실을 생각한다.

손실을 생각하면 악습관을 멈출 수 있다

이는 담배에만 국한된 이야기가 아니라 멈추고 싶지만 멈출 수 없는 습관 모두에 적용할 수 있다. 금전이나 건강 면에서 뭔가 멈추고 싶은 일이 있다면 미래의 이익이 아니라 현재의 손실을 생각해 보자. 그것만으로도 그 행동을 멈추겠다는 동기부여가 된다. 뭔가를 멈추고 싶을 때는 반드시 구체적인 손실을 상상해 보자.

악습관을 멈추고 싶다고 생각한다면
그 행동을 계속했을 때 입게 되는 구체적인 손실을 생각해 보자.

55

효과
창의력

나의 적정 알코올 섭취량은?

적당한 알코올은 창조력을 높인다

캔맥주 한두 잔은 창조력을 높인다

'술은 백약의 으뜸'이라는 말도 있듯이 적당한 음주는 신체와 정신 건강에 좋다는 것을 보여 주는 과학적 근거가 존재한다. 오스트리아 그라츠대학교의 마티아스 베네데크Mathias Benedek와 연구팀은 70명을 대상으로 실험을 진행한 결과 술을 마시지 않았을 때 창조력이 낮았던 사람이 술을 마셨을 때는 창조력이 높아졌다고 보고했다.

이들은 남성 40명을 알코올을 섭취한 그룹과 섭취하지 않은 그룹으로 나눠 전자의 그룹에 캔맥주 하나 정도를 마시게 한 뒤 실무 수행력과 창조성을 측정하는 테스트를 진행했다. 그런 다음에 점수를 비교하자 창조성에서 전자의 그룹이 점수가 높았다는 결과가 나왔다.

일반적으로 뇌의 워킹 메모리는 필요한 정보와 필요하지 않은 정보를 취사선택한다. 알코올을 섭취하면 워킹 메모리의 기능이 둔해져 평소에는 버려지는 정보를 얻기 때문에 지금까지 없었던 정보의 조합, 즉 새로운 생각을 얻을 수 있다고 한다. 적당한 알코올 섭취(캔맥주 한두 캔 정도)는 창조력을 높여 준다는 말이다.

홧술은 기분을 더 나쁘게 한다

다만 홧김에 술을 마셔서는 안 된다. 안 좋은 일이 있으면 우리는 이를 잊기 위해 무심코 알코올에 의지하고 싶어진다. 하지만 도쿄대학교의 노무라 히로시野村洋와 마쓰키 노리오松木則夫는 홧김에 술을 마시면 안 좋은 기억이나 기분이 오히려 강해진다는 연구 결과를 내놓았다. 연구에서는 쥐에게 전기 충격을 준 뒤 알코올을 주사하고, 어떤 행동을 하는지 조사했다. 그러자 쥐는 전기 충격을 잊기는커녕 전기 충격의 공포가 강해져서 겁쟁이가 되었다. 결국 안 좋은 기억이 강화된 것이다.

더불어 미국 국립위생연구소의 앤드루 홈즈Andrew Holmes 팀의 연구에 따르면 알코올을 상습적으로 마시는 경우 불쾌한 기억을 지우는 능력이 떨어진다고 한다. 앞의 연구와 함께 생각하면 홧김에 마시는 술은 안 좋은 기억이 강화되고, 나쁜 기억을 지우는 일도 어려워지기 때문에 바람직하지 않다. 술은 도피를 위해서가 아니라 즐기기 위한 것이다. 적당히 즐겨야 창의성도 향상된다.

과학적으로 증명된 커뮤니케이션 습관

제4장에서는 커뮤니케이션을 원활히 하기 위해 익혀
야 할 습관 21가지를 소개한다. '커뮤니케이션에 습관
을?'이라고 생각하는 사람도 있겠지만 관계에서 신뢰
감은 습관의 축적으로 완성된다. 호감도를 높이고 좋은
인간관계를 위해 하나씩 시작해 보자.

소통 능력은 말하는 게 전부가 아니다

☑ 빠르게 답하지 않아도 맞장구를 치면 된다

"어제 잘 잤어요?"라는 질문에 영어, 한국어, 네덜란드어 같은 각국의 언어와 일본어의 대답 속도를 비교했더니 일본어는 평균 0.007초 만에 대답이 돌아왔다는 데이터가 있다. 영어의 'Yes'와 'No'가 0.24초인 것을 보면 일본의 '예'와 '아니요'가 얼마나 빠르게 나오는지 알 수 있다. 어쩌면 일본인은 세계적으로 보기 드물게 말이 끝나기도 전에 대답하는 민족일지도 모른다.

이처럼 빠른 대답은 대화에 생기를 불어넣는다. 그러나 꼭 빠르게 대답하지 않아도, 능숙한 언변으로 대화를 리드하지 않아도 효과적인 커뮤니케이션을 이끌 방법이 있다. 바로 맞장구다. 맞장구는 단순한 응답이 아니라 말하는 사람의 감정이나 의견에 공감을 표현하는 수단으로, 적절하게 추임새를 넣으면 말하는 사람과 듣는 사람의 심리적 거리를 좁힐 수 있다. 고개를 끄덕이거나 "그렇구나."라는 식으로 반응만 보여도 상대는 조금씩 마음을 열기 때문에 커뮤니케이션에 서툰 사람은 맞장구를 의식하는 것부터 시작하면 좋을 것이다.

다만 관성적인 맞장구는 피하자. "그렇군요.", "우와!"라고 영혼 없는 리액션만 하면 '내 얘기를 정말 듣고 있나?'라는 인상을 줄 수 있어 오히려 심리적 거리가 멀어진다. 그러니 상대방의 이야기를 주의 깊게 들으며 반응하도록 유의하자.

☑ 디지털 대화의 맞장구도 효과적이다

흥미롭게도 맞장구는 메신저나 온라인 채팅에서도 나름의 역할을 한다고 한다. 오차노미즈 여자대학교의 구라타 가야倉田芳弥의 연구에 따르면 메신저에서 감정을 나타내는 수단으로 이모티콘이 맞장구의 역할을 한다고 밝혔다. 표정이나 몸짓, 손짓이 없는, 이른바 비언어 정보가 결여된 메신저에서는 맞장구 대신 그런 가상의 맞장구를 사용해 적극적으로 대화하면 좋다.

"알겠습니다." 혹은 이해했음을 뜻하는 "ㅇㅇ" 같은 식으로 담담한 응답이 곧장 돌아오면 받아들이는 쪽은 불안해할 수도 있다. 그러나 그렇게 답장한 사람의 입장에서는 맞장구를 치는 느낌에 가깝다. 그렇게 생각하면 표현이 부족한 답변에 일일이 반응할 필요도 없을 것이다. 디지털 대화에도 맞장구를 칠 수 있다는 점을 기억하고, 내 예상과 다른 반응에 너무 신경 쓰지 않도록 하자.

어떤 커뮤니케이션이 효과적일까?

56

스마트폰을 테이블 위에 올려놓지 마라

스마트폰이 있기만 해도 친근감이 감소한다

테크놀로지 기기가 인간관계에 미치는 영향

펜실베이니아 주립대학교의 브랜든 맥대니얼Brandon McDaniel과 브리검영대학교의 세라 코인Sarah Coyne은 테크놀로지 기기(컴퓨터, 휴대전화, 스마트폰, 텔레비전 등)가 우리의 일상에 깊게 관여하는 현상을 테크노퍼런스Technoference라고 하면서 스마트폰이 실생활에 미치는 영향을 연구했다.

그중 연애 관계에서 테크놀로지 기기의 사용 빈도와 기기 사용에 따른 일상적인 중단이 인간관계의 행복도에 어떻게 관여하는지 조사했다. 이 조사는 여성을 중심으로 진행되었으며 기혼·동거 중인 143명에게 온라인 설문조사로 응답을 받았다. 조사 결과 대다수가 커플 사이의 대화나 식사 시간에 테크놀로지 기기가 파트너와의 대화를 자주 방해한다고 응답했다.

게다가 인간관계에 테크놀로지의 개입이 많다고 대답한 참가자일수록 인간관계나 생활의 만족도가 낮고 정신적으로 안정되지 않은 경우가 많다는 것도 밝혀졌다. 사실 데이트 중에 상대가 스마트폰을 만지작거리면 '나랑 있는 게 재미가 없나?'라는 생각이 드는 것은 어쩔 수 없다.

스마트폰이 있으면 공감하기 어려워진다

버지니아 공과대학교 샬리니 미스라Shalini Misra의 연구팀은 워싱턴의 한 카페에서 100쌍의 커플을 관찰했다. 그 결과 '테이블에 스마트폰이

한 대 놓여 있다' 혹은 '어느 한쪽이 스마트폰을 들고 있다' 같은 상황에 있었던 커플은 양쪽 모두 친근감과 공감대가 떨어지는 결과를 보였다.

데이트 중에는 테이블에 스마트폰이 놓여 있는 것만으로도 상대가 불쾌하게 생각할 수 있으므로 가방이나 주머니 등 눈에 보이지 않는 곳에 두는 편이 좋다. 관계성이 친밀할수록 스마트폰이 미치는 피해는 커지고, 상대를 소중히 대한다는 느낌이 감소한다.

이렇듯 스마트폰은 존재 자체가 인간관계에 간섭할 가능성이 있기 때문에 데이트뿐 아니라 비즈니스 현장에서도 볼일이 없다면 넣어 두는 것이 무난하다. 스마트폰은 이제 벨 소리가 울리거나 울리지 않거나를 떠나 그곳에 있는지 없는지로 인상이 바뀌는 아이템이다.

스마트폰을 테이블에 올려놓으면 친근감이 감소한다

누군가와 대화할 때는 스마트폰을 치우기만 해도
서로에 대한 공감력이 높아진다.

57

효과
커뮤니케이션 능력

따뜻한 음료를
손에 들고 대화하라
따뜻한 것만 봐도 따뜻한 감정이 생긴다

따뜻한 커피를 들면 마음도 따뜻해진다

사소한 기술일 수도 있지만, 차가운 음료가 담긴 컵을 들 때보다 따뜻한 음료가 담긴 컵을 들 때 상대를 더 따뜻한 인물로 평가한다는 콜로라도대학교 로런스 윌리엄스Lawrence Williams와 예일대학교 존 바그John Bargh의 연구가 있다.

이 연구는 세계적으로 권위가 있는 학술 잡지의 하나인 《사이언스》에 발표되었는데, 실험에서는 41명의 피험자에게 따뜻한 커피 혹은 차가운 커피를 들게 한 뒤 질문지에 쓰인 인물에 대한 평가를 실시했다. 그 결과 따뜻한 커피를 들고 있던 사람은 그 인물에 대해 호의적인 인상을 말했다. '착하다', '배려 있다' 등 문자 그대로 '따뜻한' 평가를 하는 경향을 보였다.

이 실험은 커피를 마시면 카페인의 섭취 등 개인차가 생기기 때문에 어디까지나 '만지고 있을 뿐'이라는 조건 아래 이뤄졌다. 즉 잡담이나 미팅 때 따뜻한 음료를 손에 들고 있기만 해도 다른 사람을 대면할 때 마음에 여유가 생긴다는 의미다.

따뜻한 것에 닿으면 전전두엽이 활성화된다

위 연구의 또 다른 실험에서는 53명의 피험자에게 '신제품 평가'라고 하면서 따뜻한 패드 혹은 차가운 패드를 건네주고 평가하게 한 뒤, 선물을 선택하게 하는 실험도 진행했다. 그러자 따뜻한 패드를 가진 사람의 54퍼센트가 가족이나 친구에게 줄 선물을 고른 반면, 차가운 패드를 가진 사람의 75퍼센트는 자신을 위한 선물을 선택했다. 실제로 따뜻한 것을 만지고 있을 때는 커뮤니케이션 능력이나 사고력 등을 향상시키는 전전두엽이 활성화된다는 사실이 연구로 밝혀졌다.

따뜻한 것을 가지고 있기만 해도 타인을 따뜻하게 받아들이고 배려하고 염려하는 마음이 생겨난다. 그러니 누군가를 만나거나 대화할 때는 따뜻한 것을 만지거나 따뜻한 음료를 마시면 좋을 것이다. 누가 "음료는 뭘로 하시겠어요?"라고 물으면 꼭 따뜻한 음료를 부탁해 보자.

미팅, 회의, 데이트 때는 따뜻한 음료를 마시자

따뜻한 것을 만지면 상냥해진다.
더불어 커뮤니케이션 능력도 높아진다.

58

효과
친근감 / 행복감

일부러 활짝 웃는 얼굴을 하라

웃는 얼굴은 나와 타인의 뇌를 행복하게 한다

웃는 얼굴이 기억에 잘 남는다

미소 우위 효과라고 불리는 현상이 있다. 교토대학교의 요시카와 사키코吉川左紀子는 실험에서 피험자들에게 웃고 있는 사람의 사진과 화가 난 사람의 사진을 보여 주면서 각 얼굴을 기억하게 했다. 그리고 나중에 똑같은 사람들의 무표정한 사진을 보여 주면서 "이 얼굴을 기억하나요?" 라고 확인했더니 압도적으로 사람들의 기억에 남아 있던 것은 웃고 있는 사람의 사진이었다.

진화심리학에 따르면 우리 인간은 살아남기 위해 상대가 아군인지 아닌지를 빠르게 분별하는 능력을 발달시켜 왔다고 한다. 그중에서도 미소는 상대에게 적의가 없고 호감이 있다는 신호다. 그리고 웃는 얼굴은 다른 표정보다 기억에 잘 남고 인상도 좋아진다. 이런 기억의 용이성은 상대와의 관계 구축에도 도움이 되어 커뮤니케이션을 원활하게 하는 효과가 있다.

웃는 얼굴은 뇌를 행복하게 한다

웃는 얼굴에는 스트레스 호르몬이라고 불리는 **코르티솔**을 감소시키는 효과가 있다는 것도 입증되었다. 캔자스대학교의 태라 크래프트Tara Kraft와 세라 프레스먼Sarah Pressman은 사람들에게 다양한 형태로 젓가락을 입에 물게 하는 실험을 했다. 이들은 피험자에게 1분 동안 얼음물에 손을 담그는 등 스트레스 수치를 올린 뒤, 입에 젓가락을 무는 방법을 각기 달리해서 세 그룹으로 나눴다.

① 가벼운 미소가 지어지도록 입에 문다.

② 입꼬리가 올라가서 큰 미소가 되도록 입에 문다.

③ 무표정한 얼굴로 입에 문다.

그리고 심박수나 스트레스 정도를 측정했더니 ②번과 같이 물고 있던 피험자들의 심박수와 스트레스가 가장 낮게 나왔다. 즉 입꼬리를 올리고 웃는 듯한 표정을 만들어도(페이크 스마일) 스트레스가 줄어든다는 것이다.

뇌는 얼굴의 입꼬리 등의 근육에서 정보를 얻어 '아, 나는 웃고 있다! 즐겁구나!'라고 판단해서 스트레스 반응을 억제하도록 작용한다. 우리의 뇌는 표정에서 감정을 역산하기도 하는데, 이에 따르면 정말 즐거운 일이 없더라도 미소라는 행동이 감정을 만들어 낼 수 있다. 이런 구조를 표정 피드백 가설이라고 한다.

스탠퍼드대학교의 론 거트먼Ron Gutman에 따르면 웃는 얼굴은 초코바 2,000개 분량의 효과가 있다고 한다. 초콜릿을 먹으면 뇌 속에서 엔도르핀이 분비되어 행복감을 주는 자극이 일어난다. 하지만 웃는 얼굴은 그에 비할 수 없을 정도의 행복감을 가져오는 것이다.

> 미소를 지으면 뇌가 행복해지며
> 이는 초코바 2,000개 분량의 효과가 있다.

대화할 땐 맞장구를 쳐라

맞장구는 상대도, 나도 기분 좋게 한다

59

효과
커뮤니케이션 능력

맞장구는 대화의 만병통치약

대화할 때 맞장구는 큰 효력을 발휘한다. 도쿄대학교의 가와나 요시히로川名好裕는 같은 대학에 다니는 학생 네 명 중 두 명에게는 말하는 사람, 다른 두 명에게는 듣는 사람이라는 역할을 주고, '심리학 실험을 도와 달라'며 협조를 받았다. 그러나 이 설정은 어디까지나 눈속임이었고, 실제로는 네 명 모두 피험자였다. 말하는 역할을 맡은 피험자에게는 세 장의 그림 복사본을 주고, 그림들을 소재로 가능한 한 재미있고 드라마틱한 짧은 이야기를 창작해 달라고 의뢰했다.

실험 당일, 말하는 사람은 두 명의 듣는 사람에게 각각 같은 이야기를 약 10분 정도 이야기하도록 하고, 듣는 사람에게는 의도적으로 맞장구를 많이 반복하는 경우와 극단적으로 맞장구를 치지 않는 경우를 설정해 비교했다. 그 결과 다음과 같은 네 가지 결과가 나왔다.

① 말하는 사람은 맞장구치면서 듣는 사람을 맞장구치지 않는 사람보다 호의적으로 평가했다.

② 듣는 사람은 자신이 맞장구친 사람을 자신이 맞장구치지 않은 사람보다 호의적으로 평가했다.

③ 맞장구의 유무에 따라 바뀌는 상대방의 매력은 감정적·사교적 매력과 관련이 있었으며 지적·도덕적 매력과는 관계가 없었다.

④ 대화 상황에서는 말하는 사람이 듣는 사람보다 대인 감수성이 민감한 것으로 나타났다.

특히 흥미로운 것은 ②번이다. 듣는 사람도 말하는 사람 중 자신이 맞장구친 사람에게 더 호의적이기 때문이다. 즉 듣는 사람이 맞장구를 치면 말하는 사람은 더 기분 좋게 이야기하고, 듣는 사람도 그 대화를 더 즐길 수 있다. 맞장구는 대화의 만병통치약이라고도 할 만한 기술인 셈이다. 말을 잘하려고 하면 오히려 생각처럼 잘 되지 않고 헛도는 경우가 많다. 하지만 맞장구만 잘 친다면 어렵지 않을 것이다. 사소한 맞장구가 관계에서 아주 중요한 역할을 한다는 사실을 기억하도록 하자.

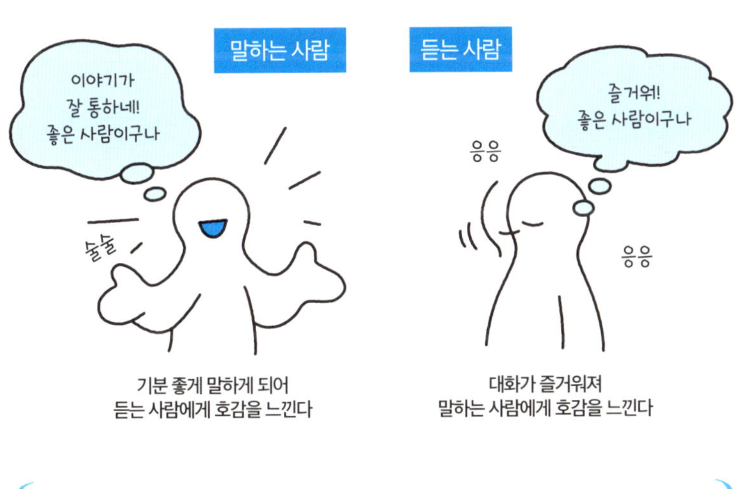

대화할 때 맞장구를 치면 상대도 나에게 호감을 느끼고,
나도 상대에게 호감을 느끼게 된다.

상대의 움직임을 따라 하라

관계의 거리를 좁히는 미러링 효과

60
효과
친근감 / 호감도

상대의 행동을 따라 하면 호감도가 증가한다

인간에게는 공감력의 신경이라고 표현할 만한 거울 뉴런이라는 신경 세포가 있다. 사고 영상을 보면 나까지 아픈 것처럼 느끼는 현상도 바로 이 거울 뉴런 때문이다. 또한 카멜레온 효과라고 해서 사람은 다른 사람의 행동에 자기도 모르게 행동을 맞추는 방향으로 변화한다고 한다.

뉴욕대학교의 타냐 차트랜드Tanya Chartrand와 존 바그의 실험에 따르면 상대의 행동을 따라 하면 호감도가 증가하는 것으로 나타났다. 두 사람은 실험에서 협력자(실험을 설정한 사람)가 실험 참가자와 한 쌍이 되어 어떤 과제를 수행하게 했다. 이때 협력자는 참가자의 자세나 움직임을 주의 깊게 관찰하고, 이를 의도적으로 모방했다. 예를 들어 참가자가 다리를 꼬면 협력자도 다리를 꼬고, 참가자가 음료를 마시면 협력자도 음료를 마시는 식이다.

실험 결과 협력자가 참가자의 행동을 모방한 경우 다음 두 가지 사실이 밝혀졌다. ① 참가자는 협력자와의 사이에 친근감과 일체감을 느껴 대화와 공동 작업이 원활하게 진행되었다. 또한 어색한 침묵과 긴장감이 줄어들고 자연스러운 분위기에서 과제를 할 수 있었다. ② 참가자는 협력자에게 호의적인 인상을 느껴 "말하기 편하다.", "느낌이 좋다."라고 평가하는 경향이 있었다. 참고로 협력자도 참가자에게 호의적인 감정을 품은 것으로 나타났다.

상대와 나란히 앉으면 긴장이 완화된다

앉는 자리에 따라서도 대화의 편안함이 달라질 수 있다. 실제로 상대와 대각선 위치나 옆으로 나란히 앉는 편이 긴장감을 낮춘다는 사실이 와세다대학교의 야마구치 하지메山口創와 스즈키 마사오鈴木晶夫의 연구를 통해 밝혀졌다.

신기하게도 싸울 때는 대부분 마주 보고 있다. 반면에 상냥하게 대할 때는 옆에서 이야기를 들어주지 않는가? 벤치에 함께 나란히 앉거나 영화관에 가는 등 관계 속에서 옆자리를 활용하면 상대와의 거리도 가까워질 수 있다. 바로 옆자리는 시야에서 벗어날 수 있다는 장점도 있다. 아직 많이 친하지 않고 어색한 경우라면 옆자리는 상대의 시선을 느끼지 않기(＝긴장 정도가 줄어든다) 때문에 양호한 관계를 구축하는 순풍으로 작용할 가능성이 크다.

물리적 거리가 가까워지면 상대의 심리적 울타리 안쪽으로 들어가게 된다. 그래서 평소 다른 사람에게 하지 않는 이야기를 자기도 모르게 털어놓는 효과도 있다. 그런 경우 먼저 자기 이야기를 하면 상호성의 법칙이 작용해 서로 터놓고 이야기하는 속도도 빨라진다. 데이트할 때나 마음이 잘 맞는 사람과 이야기를 나눌 때는 일부러 대각선으로 앉거나 옆에 앉아 보자.

상대와의 거리를 좁히고 싶다면 상대의 행동을 적당히 따라 하자.
이야기를 나눌 때는 상대방의 대각선 방향 또는 옆에 앉아 보자.

61

여럿이 모일 때는
과자를 준비하라

과자는 집단의 창조적 성과를 높인다

과자를 먹으면서 이야기하면 좋은 아이디어가 나온다

후쿠시마대학교의 히데 미사오飛田操의 연구에 따르면 과자가 집단의 창조적 성과를 향상시킨다고 한다. 그는 간호사 143명을 대상으로 다음 두 가지 조건을 설정해서 실험을 진행했다.

① 대화 중에 먹는 행동을 허용하는 '음식이 있는 조건'
② 과자나 음료를 제공하지 않는 '음식이 없는 조건'

그러자 전자의 결과가 더 좋았다. 음식을 먹으며 대화를 나눈 그룹은 "쓸모 있는 아이디어가 나왔다.", "작업이 즐거웠다.", "떠올린 아이디어에 만족한다."라는 의견을 냈고 음식이 없는 그룹보다 아이디어를 생각해 낸 비율이 약 47.83퍼센트 높았으며 그룹 프로세스 평가에서도 약 8.94퍼센트 좋은 결과를 보였다.

또한 혼자 과자를 먹으면서 작업하는 경우도 효과가 있어서 먹지 않을 때보다 더 풍부하고 많은 아이디어가 나온다고 한다. 그러나 집단이 훨씬 좋은 결과를 보였기 때문에 아이디어가 필요한 미팅에서는 미리 그런 환경을 조성해 두면 좋을 것이다.

과자를 먹으면 창조력이 향상되는 이유

과자를 먹으면 감정이 긍정적으로 변해서 창조적인 아이디어를 도출하기 쉬워질 뿐만 아니라 과자나 음료에 포함된 포도당 등의 당질이 창조성과 연결되는 인지기능을 활성화한다고 한다. 일하면서 초콜릿 등을 먹으면 기분이 전환되는 데는 이유가 있다. 일하는 중간에 무언가를 먹는다고 하면 눈살을 찌푸리는 사람도 있겠지만, 긍정적인 측면이 있음을 알아 둬서 손해 볼 건 없다. 과한 부담이 느껴지는 미팅이나 업무 환경보다는 과자를 준비하는 등의 여유를 챙겨서 조직의 커뮤니케이션을 향상시키자.

여럿이 일할 땐 과자를 준비하자

미팅이나 대화하는 자리에 과자를 준비해 보자.
혼자 작업할 때도 틈틈이 과자를 먹으면서 창의력 향상을 도모해 보자.

회의할 땐 가장 먼저 발언하라

초두 효과로 좋은 첫인상을 남겨라

62
효과
호감도 / 지지도

회의에서는 맨 처음 발언하는 사람이 좋은 인상을 준다

의견이나 아이디어를 말할 때는 먼저 나서기를 추천한다. 캘리포니아 대학교 버클리의 캐머런 앤더슨Cameron Anderson과 개빈 킬더프Gavin Kilduff 는 맨 처음 발언하는 것이 이득이라는 검증 결과를 보고했다. 연구에 따르면 회의 등에서 처음 발언한 사람은 사람들 사이에서 리더로 인식되기 쉽고, 대체로 처음 제안된 아이디어가 최종 아이디어로 채택되는 경향이 있다고 한다.

무심코 침묵하는 사람은 자신의 의견을 타인이 어떻게 생각하는지 지나치게 신경 써서 '어설프게 말할 수는 없어'라고 경계하는 유형일 것이다. 그런 소극적인 사람의 의견은 전체에 영향을 주기 어렵다. 반면에 발언 내용이 핵심을 찌르지 못한다고 해도 적극적으로 앞장서는 사람은 좋은 인상을 준다. 그래서 먼저 나선 사람에게는 존경심이 느껴지고 리더로 인식되기 쉽다.

먼저 말문을 열어야 지지를 얻는다

처음에 무언가를 한다는 것은 상대에게 강렬한 인상을 남긴다. 심리학의 거장 솔로몬 애시Solomon Asch가 제창한 초두 효과라는 현상이 있다. 처음에 주어진 정보가 이후의 정보에 영향을 미친다는 이론으로, 우리는 일상에서 종종 초두 효과를 목격한다.

예를 들어 첫 대면에서 만난 사람의 인상이 좋으면 그 후에도 말을 걸기 쉬워진다. 이후의 몸가짐, 표정, 대화 내용 등은 초두 효과에 좌우되는 부분이 다분히 있다.

이처럼 사람이나 물건에 대한 인상은 처음이 크게 관여하기 때문에 사람들은 먼저 나서는 사람에게 지지를 보내기 쉽다. 발언하는 타이밍이 중요하다는 말이다.

미팅이나 회의가 시작될 때는 잡담이 허용되기 쉬운 타이밍이므로 분위기가 아직 어색하게 굳어있을 때 먼저 발언을 해보자. 이렇게 말문을 열면 '○○ 씨가 회의를 활기차게 하려고 한다'는 느낌을 주고 더 많은 발언을 끌어내려고 노력하는 긍정적인 모습으로 비칠 수 있다.

{ 회의에서 처음 발언을 하면 호감도가 올라가
의견이 채택되거나 지지를 얻기 쉬워진다. }

63

**효과
아이디어**

일대일보다 다대일로 대화하라

여러 사람과 대화해야 문제 해결이 빠르다

단선형 대화 vs. 복선형 대화

식사 모임에서 여러 사람과 대화를 나누며 분위기가 무르익으면 음식이 맛있게 느껴지고 더 좋은 추억으로 기억에 쉽게 남는다. 직장에서 회의나 미팅도 마찬가지다. 의견이 난무하고 소통이 활발하면 그 자리에 있는 사람의 인상도 좋아진다.

시카고대학교의 해럴드 레빗Harold Leavitt, 매사추세츠 공과대학교의 리 크리스티Lee Christie와 알렉스 배벌러스Alex Bavelas, 플로리다대학교의 마빈 쇼Marvin Shaw 등은 여러 사람이 참여하는 논의에서 어떤 대화 형식이 바람직한지 연구했다. 이 연구에서 유형화한 다양한 대화 형태 중 여기서는 단선형과 복선형을 다루도록 하겠다.

· 단선형 대화: 한 사람을 중심으로, 그 사람과 그 외 사람이 순서대로 이야기하는 일대일 중심의 대화. 예를 들어 의장 같은 사람이 "당신은 어떻습니까?", "그럼, 당신은?"이라고 순서대로 이야기를 시키거나 질문하는 것은 전형적인 단선형 대화다. 이 형식은 간단한 사안에 대해 효율적으로 논의할 수 있다.

· 복선형 대화: 참가자가 각기 다른 여러 참가자와 이야기를 하는 대화. 의장 같은 인물은 없고 참가자 전원이 그 자리의 여러 사람과 이야기하는 것이 특징이다. 다양한 관점에서 대화를 나눌 수 있어 좀 더 복잡한 문제를 해결하기

에 적합하다. 그 자리에 있는 사람 모두가 대화에 쉽게 참여할 수 있어서 참가자들의 사기와 만족도가 올라간다.

두 가지를 비교해 보면 인간관계가 좋아지는 것은 복선형임을 알 수 있다. 그러니 회의나 미팅을 할 때는 복선형 커뮤니케이션을 할 수 있도록 신경 쓰자. 이때 대화에 참여하지 않는 사람(보고만 있는 사람)이 많으면 복선형의 이점이 발휘되지 않는다. 누군가가 화제를 흔들거나 질문을 던지는 식으로 커뮤니케이션의 선을 늘려서 문자 그대로 복선형이 되도록 하면 매우 바람직하다. 이런 행동을 할 수 있는 사람은 주위 사람에게 "이 사람은 일을 잘한다."라고 평가받고 좋은 인상을 준다. 미팅 등 여러 사람이 있는 자리에서는 대화를 복선형으로 하면 활기가 생기고 더 좋은 아이디어가 나오기도 한다.

단선형과 복선형 중 어느 쪽이 효율적일까?

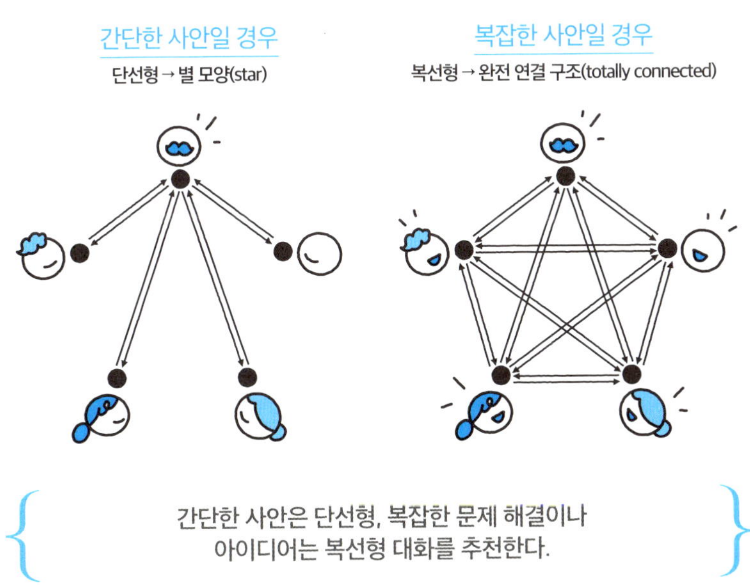

간단한 사안은 단선형, 복잡한 문제 해결이나
아이디어는 복선형 대화를 추천한다.

대화는 오프라인으로 하라

64

효과
인간관계

정보 전달은 온라인으로, 대화는 오프라인으로

온라인은 다수의 대화에는 맞지 않는다

말로 정보를 전달할 목적으로 커뮤니케이션을 한다면 원격 환경에서도 문제없다. 그러나 관계 구축이나 복잡한 문제 해결을 위해 대화해야 한다면 원격 환경은 적합하지 않을 수 있다.

인간은 소통할 때 말 이외의 정보뿐 아니라 표정, 몸짓, 목소리 톤 등 시각이나 청각을 통해 얻는 비언어 정보도 중요한 요소로 인식한다. 여러 가지 설이 있지만 대체로 공통으로 지적되는 점은 언어 정보 그 자체로 전해지는 정보는 30퍼센트 이하에 불과하고, 그 외는 비언어 정보로 구성된다는 것이다.

따라서 표정, 목소리 톤, 몸짓과 손짓 등이 전달되기 어려운 온라인에서는 커뮤니케이션이 어려워진다. 또한 온라인은 기록으로 남기 때문에 점잖게 있으려는 심리가 있고, 누군가 말해줄 것이라는 방관자 효과가 쉽게 작용한다는 점도 들 수 있다.

플로리다대학교의 마빈 쇼는 커뮤니케이션의 형태에 관한 연구를 진행했는데, 다대다의 형태는 ① 과제의 다각적인 검토가 뛰어나다, ② 복잡한 과제 해결에 적합하다, ③ 참가자의 사기가 오르고 만족도가 높다는 점이 우수하다고 말했다. 반면 원격 환경의 장점은 일대일 혹은 일대다 관계의 정보 전달이다. 그래서 복잡한 문제 해결을 도모할 경우는 가능한 한 대면하는 것이 좋다.

실제로 만나는 것이 호감도가 올라간다

예나 프리드리히실러대학교의 게자 게르게이 암브루스Géza Gergely Am-brus가 이끄는 연구팀은 스크린을 통하기보다 대면해서 실제로 만나는 편이 친숙함을 느끼는 뇌의 능력이 높아진다고 밝혔다. 흥미롭게도 뇌에서 개별을 인식하는 회로보다 친근감을 느끼는 회로가 빨리 작동하기 때문에 직접 대면해야 하는 이유가 많다는 것이다.

온라인은 어디까지나 정보 전달을 목적으로 한 커뮤니케이션으로 활용하고, 문제 해결이나 관계성 향상을 목적으로 할 경우에는 대면 커뮤니케이션을 하도록 하자.

온라인 대화 VS. 오프라인 대화

온라인은 일대일 대화나 정보 전달에 좋다.
문제 해결이나 커뮤니케이션 등은 오프라인이 바람직하다.

65

성과보다는 과정을 칭찬하라

인핸싱 효과로 동기부여하기

꾸중보다는 칭찬이 의욕을 유지시킨다

칭찬으로 동기부여를 높이는 효과를 인핸싱 효과enhancing effect라고 한다. 칭찬받으면 자신감이 생기고 새로운 성장과 노력으로 이어지는 심리적 효과는 과학적으로도 입증된 사실이다. '상벌 실험'이라고 불리는, 컬럼비아대학교의 엘리자베스 허록Elizabeth Hurlock이 수행한 연구가 있다. 이 실험에서는 아이들을 다음과 같은 세 그룹으로 나눠 산수 시험을 여러 번 치르게 했다.

① 시험 때마다 칭찬받는 그룹

② 시험 때마다 계속 혼나는 그룹

③ 아무 말도 하지 않는 그룹

그 결과 계속 칭찬받은 ①번 그룹은 서서히 의욕이 향상되어 성적이 올랐다. 반면에 계속 혼났던 ②번 그룹은 처음에는 꾸중을 듣지 않으려고 노력했지만 그 후에도 계속 꾸중을 듣자 의욕이 저하되었다. 이렇게 칭찬과 꾸중이라는 행위는 인간의 의욕을 직접적으로 좌우한다.

결과가 아니라 과정을 칭찬하라

칭찬에서 유의해야 할 것은 '결과'가 아니라 '과정'을 칭찬하는 것이다. 항저우 사범대학교의 리 자오Li Zhao가 이끄는 연구팀은 '칭찬을 받고 자란 아이는 어려운 상황일수록 편법을 택하는 경향이 강하다'라는 가설을 증명하는 연구를 진행했다.

연구에서는 아이 300명을 머리가 좋다고 칭찬받은 아이와 아무 칭찬도 받지 못한 아이로 나눠 숫자 카드로 추리 게임을 반복하게 했다. 도중에 연구자가 일부러 자리를 비우고 지켜봤는데, 칭찬을 받은 아이들은 카드의 숫자를 엿보는 행동을 했다. 칭찬을 받자 또 칭찬받고 싶다는 마음이 커져 수단을 가리지 않게 된 것이다. 따라서 단순히 결과만 칭찬하는 것은 역효과가 날 수 있다.

"시험에서 90점을 받다니 대단하구나!"가 아니라 "매일 열심히 공부하다니 대단하구나!"라는 식으로 과정을 칭찬하자. 이는 아이에게만 국한된 이야기가 아니다. 인간은 인핸싱 효과 덕분에 칭찬받는 것을 매우 좋아한다. 특히나 칭찬으로 의욕을 불러일으키고자 한다면 결과보다 과정을 중시하도록 하자.

{ 사람은 꾸중 들을 때보다 칭찬을 받을 때 의욕이 솟는다.
칭찬할 때는 결과가 아니라 과정을 칭찬하자. }

아이 콘택트는 70퍼센트까지만 하라

상대를 배려하는 아이 콘택트 기술

66

효과
호감도

아이 콘택트는 70~80퍼센트로, 3~10초마다 시선을 돌려라

아이 콘택트는 대인 커뮤니케이션에서 빼놓을 수 없는 행동이다. 시선으로 의도를 전달하거나 시선을 돌려서 상대의 주의를 끄는 등 아이 콘택트를 어떻게 하느냐에 따라 커뮤니케이션의 양상이 달라질 수 있다. 옥스퍼드대학교의 마이클 아가일Michael Argyle과 로저 잉햄Roger Ingham 은 다섯 가지 시선 패턴을 비교했을 때 사람의 평가는 어떻게 바뀌는지를 연구했다. 이들은 실험에서 피험자에게 이성과 대화하면서 다음과 같은 다섯 개의 다른 시선 패턴을 보이도록 지시했다.

① 상대의 눈을 본다

② 상대의 눈을 보지 않는다

③ 상대의 눈을 본 채 미소 짓는다

④ 상대의 눈을 계속 보면서 미소 짓는다

⑤ 상대의 눈을 본 채 웃지 않는다

그 결과 시선 분량이 많을수록 상대방의 호감도가 상승하는 것으로 나타났다. 한편 끊임없이 주시하고 있으면 호감도가 떨어지는 것도 확인되었다. 상대가 계속 쳐다보면 오히려 공포나 불안을 느끼는 사람이 적지 않을 것이다. 아가일과 잉햄에 따르면 자연스러운 아이 콘택트는 대화 전체의 70~80퍼센트로 하고 3~10초마다 시선을 돌리는 것이 효과적이라고 한다. 이렇게 보면 의도적으로 시선을 돌리는 것도 상대에게 안심과 호의를 주는 기술이라 할 수 있다.

상대가 눈을 맞추지 않아도 오해하지 마라

뉴잉글랜드 광장공포증 치료연구센터의 조앤 켈러먼Joan Kellerman이 이끄는 연구팀에 따르면 서로 시선을 주고받은 사람들은 열정적인 애정, 성격적인 애정, 호의의 감정이 증가한다고 한다. 이처럼 시선이나 아이 콘택트는 신뢰성과 호의와 깊이 관련되어 있다.

다만 대화 중에 눈을 맞추지 않는 사람이라고 해서 절대 신용할 수 없다고 단정할 수는 없다. 교토대학교의 가지무라 쇼고梶村昇吾와 노무라 미치오野村理朗의 연구에 따르면 아이 콘택트를 하고 있을 때는 뇌가 상대의 시선이라는 사회적 자극에도 주의를 기울여야 해서 그만큼 언어 처리에 영향이 나타난다고 한다. 즉 상대가 눈을 맞추지 않는 것은 자신의 말을 무시하는 것이 아니라 오히려 내용을 잘 이해하려 하고, 시선에 따르는 부하를 줄이며, 뇌의 자원을 언어 이해에 집중시켜 이야기의 내용을 열심히 처리하고 있다는 신호일 수 있다는 것이다.

{ 아이 콘택트는 대화 전체의 70~80퍼센트 정도로 하고,
3~10초마다 시선을 돌린다. }

본모습은 60퍼센트만 보여 주어라

67

효과
매력도

적당히 마음을 열어야 상대도 마음을 연다

내 모습을 얼마나 보여 줘야 매력적으로 보일까?

'오는 정이 있어야 가는 정이 있다'라는 식의 발상인데, 심리학의 세계에서는 상대의 마음을 끌어당기기 위해 자기 공개가 효과적이라고 한다. 자신의 개인적인 이야기나 본모습을 보이면 상대도 그에 따라 자기 공개를 한다. 즉 자신이 마음을 열면 상대도 열어 준다는 말이다.

나고야대학교의 나카무라 마사히코中村雅彦는 자기 공개를 얼마나 하는 것이 바람직한지 조사했다. 실험에서는 자신을 과시할 만한 내용과 자신을 비하할 만한 내용의 비율을 5단계로 조작해 듣는 사람인 피험자가 어떤 매력을 느끼는지 측정했다. 그 결과 자기를 과시하는 내용과 자기 비하적인 내용의 비율이 비슷한 조건(50~60퍼센트 조건)일 때 피험자가 가장 매력적으로 느꼈다는 결과가 나왔다.

또 어느 한쪽이 60퍼센트 조건을 넘기면 매력도가 떨어지는 것도 발견했다. 따라서 자기 공개를 할 때는 "저는 이런 사람입니다."라는 식의 대화는 50퍼센트 정도로 유지하는 편이 적절하다고 볼 수 있다.

낯가림이 있다고 밝히면 거리감만 넓힐 뿐

뉴욕 주립대학교의 아서 애런Arthur Aron이 이끄는 팀의 연구에 따르면 처음에는 낯가림이 있다는 사실을 굳이 밝히지 않는 편이 낫다고 한다. 연구팀은 초면의 남녀들을 짝지은 뒤 두 그룹으로 나눠 다음과 같은 조건을 붙였다.

> A 그룹: 가능한 한 상대와 친밀해지도록 신중히 자신을 드러낸다.
> B 그룹: 자신을 별로 드러내지 않는다.

그리고 대화한 뒤에 서로의 친밀도를 측정하는 심리테스트를 실시했더니 A 그룹이 친밀도가 높았다고 한다. 낯가림이 있다고 밝히면 상대와 거리가 생기고, 서로를 드러내지 않는 상황을 만들기 때문에 관계성을 쌓을 때는 좋지 않은 영향을 줄 수 있다. 흔히 대화를 캐치볼에 비유하는데, 서로 공을 던지기 때문에 관계성이 향상된다. 그러니 처음 만나는 사람과 관계를 쌓아 갈 때는 자랑이나 자학을 과도하게 하거나 자신이 대화 초보자라고 어필하는 것은 삼가자.

초면에 낯가림은 드러내지 마라

자기 공개는 50~60퍼센트만 하라.
지나친 자랑이나 자학, 낯가림은 매력을 떨어뜨린다.

68

효과
호감도

친해지려면 공포 영화를 보라

인기 없는 사람이 과학적으로 인기를 끄는 방법

좋아진다는 것은 조건 반사다

설레는 기분이 들거나 가슴이 두근거리거나 호의를 베푸는 사람을 만나면 가슴이 두근거린다. 그러나 과학적 측면에서 보면 누군가를 좋아하게 되는 건 이른바 조건 반사(레스폰던트 조건부의 하나)다. 말하자면 어떤 특정인에 대한 조건 반사처럼 감정적 반응을 일으킨다는 말이다. 예를 들어 '○○ 씨의 이야기는 즐겁다'가 계기인 경우, 이런 경험이 반복되면서 '○○ 씨는 즐거운 사람'이라고 느끼게 되고 '○○ 씨가 시야에 나타나기만 해도 설렌다'라는 조건 반사가 나타난다.

결과적으로 이 상황은 누군가를 사랑하는 상태가 된다. 따라서 이렇게 좋아한다는 감정이 조건 반사적인 반응이라면, 인기를 얻고 싶을 경우 사람들이 좋아하는 조건 반사를 일으키는 상태를 만드는 것이 중요하다.

가까이 있는 사람이 좋아지는 것은 연애의 대원칙이다. 이는 접근성이라는 조건으로서, 사람들 사이에는 대화하기에 적절한 거리가 있으며 퍼스널 스페이스는 그 좋은 예시다. 문화에 따라 그 거리는 다르지만 일리노이 공과대학교의 에드워드 홀Edward Hall에 따르면 일본인은 대략 1미터, 미국인은 40~50센티미터 정도라고 한다. 이 적절한 거리보다 가까워지면 사람은 긴장하거나 경계심을 품는다.

접근성과 현수교 효과를 이용하라

그런데 때때로 이 조건 반사가 오작동하는 경우가 있다. 브리티시 컬럼비아대학교의 도널드 더튼Donald Dutton과 아서 애런Arthur Aron이 검증한 것으로, 그 유명한 현수교 효과다.

이는 불안이나 공포로 인한 생리적 흥분 상태를 연애의 설렘으로 잘못 인식하는 심리 현상을 가리키는데, 말하자면 단순한 착각일 뿐이다. 그렇기 때문에 공포 영화를 보러 가거나 롤러코스터를 타는 것도 서로의 거리를 좁힐 때 효과적일 수 있다.

자신이 인기가 없다고 생각하는 사람은 위 과학적 사실들을 바탕으로 인기를 끌 방법을 생각해 보자. 먼저 접근성이 대전제다. 그리고 조건 반사로 과정을 키워 나가고, 때로는 현수교 효과를 이용하자. 그다음에는 청결을 유지하고 배려를 잊지 않는 등 최소한의 예의를 갖추도록 하자. 미남이 아니더라도 인기 있는 사람은 이런 일에 신경 쓰기 때문에 인기가 있는 것이다.

> 호감도를 높이려면 접근성 효과, 현수교 효과를 이용해 보자.
> 단, 청결과 배려 등 최소한의 매너는 갖추도록 하자.

69

술자리에 자주 나가라

술자리를 이용한 커뮤니케이션 기술

회식은 옥시토신을 활성화한다

술자리 커뮤니케이션은 찬반양론이 있지만 술자리에서는 행복 호르몬인 옥시토신이 쉽게 활성화된다고 알려져 있다. 시더스-시나이 메디컬센터의 와기 이샤크Waguih Ishak 팀의 연구에 따르면 타인과의 커뮤니케이션으로 옥시토신 등의 호르몬이 쉽게 활성화된다는 결과가 나왔다. 옥시토신은 친밀한 관계나 사회적인 결속을 강화하고 대인 관계의 긍정적인 감정을 촉진한다. 직장에서의 관계 강화에 안성맞춤이라는 말이다. 알코올이 꼭 있어야 하는 것은 아니지만 술자리나 회식처럼 다른 사람과 만나는 기회에 참여하는 데는 이런 이점이 있다.

거절할 땐 시간보다 돈을 이유로 들어라

그렇다고 해도 술자리에 참여하려면 돈도, 시간도 써야 하기 때문에 아무래도 신중해질 수밖에 없다. 그러면 술자리에 가자는 권유를 어떻게 거절해야 할까? 그럴 때는 시간을 이유로 들기보다 돈을 이유로 드는 편이 낫다는 연구 결과가 있다.

오하이오 주립대학교의 그랜트 도널리Grant Donnelly가 이끄는 연구팀은 약 200명을 대상으로 권유를 거절하는 이유를 조사했다. 시간이 없어서 거절하는 경우가, 돈이 없다는 이유로 거절할 때보다 상대에게 약 두 배의 부정적인 인상을 준다는 결과가 나왔다. 시간을 이유로 들면 "시간을 조정하면 되지 않아?"와 같이 상대가 몰아붙일 수 있는 여지를 남기기 때문이다.

우리는 누군가에게 권유를 받았을 때 무심코 시간을 이유로 드는 편이 낫다고 생각하는데, 이 실험 결과는 시간을 이유로 하면 오히려 상대방에게 나쁜 인상을 줄 수 있음을 알려 준다. 반면에 금전적인 문제를 거절의 이유로 꼽으면 권유하는 쪽은 아무 말도 할 수 없다. 돈을 이유로 드는 것은 조금 창피할 수도 있지만, 예를 들어 "해외여행을 가기 위해 돈을 모으고 있다." 또는 "부모님을 위해 돈을 모으고 있다."라는 이야기를 덧붙이면 다른 이미지를 줄 수 있다. 아무래도 내키지 않는 술자리는 돈을 이유로 거절하는 편이 낫다.

돈을 이유로 센스 있게 거절할 방법을 생각해 두어라

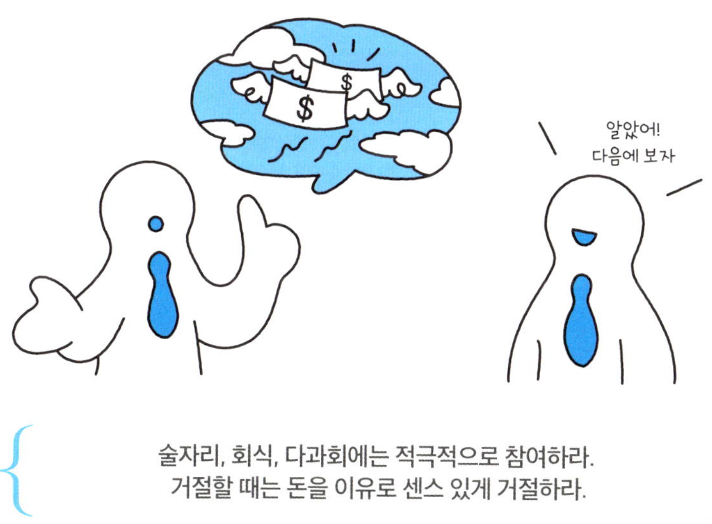

술자리, 회식, 다과회에는 적극적으로 참여하라.
거절할 때는 돈을 이유로 센스 있게 거절하라.

반말과 존댓말을 적절히 섞어라

코드 스위칭으로 마음의 거리 조절하기

70

효과
대인 관계

말투를 전환해서 거리감을 조절하라

말투를 의도적으로 전환해서 상대와의 거리감을 바꿀 수 있다. 예를 들어 아주 사이가 좋았던 커플이 싸워서 헤어지게 되었을 때 갑자기 "그동안 감사했습니다."라고 존댓말이 나오는 경우가 있다. 갑자기 존댓말을 쓰면 듣는 쪽은 어쩔 수 없이 마음의 거리감을 느낀다. 이런 식의 말투 바꾸기를 코드 스위칭code switching이라고 한다.

효과적인 반말로 상대와의 거리감 좁히기

사람들에게 호감을 얻기 쉬운 말투는 무엇일까? 의외로 느껴질 수도 있지만, 상황에 맞게 반말을 적절히 섞어 사용하는 것이 효과적인 방법이 될 수 있다. 반말은 자칫 평판이 떨어지거나 무례하게 보일 수 있다고 생각하기 쉽지만, 잘만 사용한다면 오히려 상대와의 거리감을 줄이고 더 호의적인 인상을 주는 도구가 된다.

실제로 나는 이 가설을 검증하기 위해 간단한 실험을 진행했다. 상사와 부하 직원이 대화를 나누는 상황을 설정해 총 세 가지 유형의 영상을 제작하여, 이를 본 제3자에게 각 대화가 얼마나 호감 있게 느껴졌는지를 10단계로 평가하도록 한 것이다. 영상은 각각 다음과 같은 패턴을 보였다.

① 모두 반말로 하는 패턴

② 모두 존댓말로 하는 패턴

③ 일부 반말로 하는 패턴

그 결과 가장 친밀감을 느꼈다고 대답한 경우가 ③ 일부 반말로 하는 영상이었다. 제3자의 평가는 ③ 59.5퍼센트, ② 40.5퍼센트, ① 0퍼센트로 약 60퍼센트가 ③을 좋게 평가했다. ③의 영상을 본 제3자의 의견에는 "의견이나 느낌은 존댓말을 사용하지 않고 본인 말투로 표현해서 전하기 때문에 본심으로 들린다."라는 의견이 많았다.

③의 영상에서는 부하직원이 "멋있어!", "센스가 좋다!", "기분 좋아!"라는 식으로 자신의 감정이나(감탄사) 감상 등을 말할 때만 반말을 사용했다. 원래대로라면 '…네요', '…라고 생각합니다' 같은 말투가 될 만한 부분을 반말로 바꾸는 코드 스위칭을 적용한 것이다.

반말처럼 꾸밈없는 말은 상대에게도 주변 사람에게도 거리감을 줄이는 데 효과적이다. 윗사람이나 호의를 베풀고 있는 사람과 거리감을 줄이고 싶을 때는 자신의 감정이나 감상은 반말로 전해 보자. 반대로 내 쪽에서 관심이 없다고 말하고 싶을 때는 존댓말 또는 딱딱한 말투로 전한다. 이런 코드 스위칭으로 다른 사람과의 거리감을 조절할 수 있다.

{ 격식을 차리는 말(=존댓말)과 일상의 말(=반말, 사투리) 등을
전략적으로 구분해 사용하자. }

71

효과
감정 조절

질투가 나면 하늘을 보라

위를 바라보면 기분이 좋아지는 이유

물건을 올리고 내리는 감각, 사람을 위로 보는 감각

'남의 떡이 더 커 보인다'라는 말이 있듯이 인간은 다른 사람이 가진 것을 부러워하는 성향이 있다. 그 감정은 때때로 질투로 변해서 자신의 감정을 무너뜨리기도 한다.

도쿄대학교의 다도오카 요시카田戸岡好香 팀의 연구에 따르면 사람이 자신과 타인을 파악하는 사고방식과 무언가를 올리고 내리는 신체의 감각은 뜻밖에 질투나 선망이라는 감정과 깊게 결부되어 있다고 한다. 이 연구에서는 실제로 물건을 들어 올리거나 내리는 동작을 했을 때의 감각과, 사람을 자기보다 위로 느끼거나 아래로 보는 기분 사이에 관련성이 있음을 입증했다.

실험에서는 '자신' 혹은 '타인'이라고 쓰인 카드의 위치를 올리는 동작과 내리는 동작을 비교했다. 그 결과 '타인' 카드를 올리는 동작은 좋은 질투라고 평가할 수 있는 '선망'의 감정이, '자신' 카드를 내리는 동작은 안 좋은 시샘의 상징이라고도 할 수 있는 '질투'의 감정이 더욱 두드러지는 결과가 나왔다고 한다. 또한 시선을 위로 올리면서 생각하면 긍정적인 사건, 시선을 아래로 내리면서 생각하면 부정적인 사건이 잘 떠오른다는 연구도 있다.

질투하는 마음이 솟아날 때는 하늘을 올려다보는 것도 효과적이다. 마음을 다스리는 데 도움이 될 것이다.

팔을 교차하면 통증이 줄어든다

밀라노 비코카대학교의 알베르토 갈라체Alberto Gallace와 연구진은 건강한 피험자 여덟 명에게 레이저 자극을 주어 의도적으로 통증을 느끼게 하는 실험을 진행했다. 일부 피험자에게는 자극의 강도와 관계없이 팔을 교차하게 했는데, 이 경우 자극으로 야기되는 감각의 강도가 줄어든다는 것이 밝혀졌다.

위를 올려보거나 팔을 교차하는 것은 언뜻 아무 의미 없는 사소한 행동으로 보일 수 있다. 하지만 기억해 두면 고통을 줄이는 유용한 방법으로 활용할 수 있다.

부정적인 기분이 들면 고개를 들어 위를 보자

몸의 감각과 감정은 서로 연결되어 있다.
질투 같은 부정적인 감정이 생기면 위를 보면서 감정을 조절하자.

72

효과
창의성 / 주의력

언제 어디서든 폭언은 금물

폭언은 주변 사람들의 창의성을 떨어뜨린다

폭언은 주변 사람에게도 악영향을 미친다

폭언은 백해무익하다. 서던캘리포니아대학교의 크리스틴 포러스Christine Porath와 플로리다대학교의 아미르 에레즈Amir Erez는 폭언이 다른 사람에게 어떤 영향을 주는지 연구하다가 다음과 같은 사실을 알게 되었다.

① 직접 폭언을 들은 사람은 문제 해결 능력이 61퍼센트, 창의성이 58퍼센트 떨어진다.

② 자신이 듣지 않아도 자신이 소속되어 있는 그룹에 관한 폭언을 들은 사람은 문제 해결 능력이 33퍼센트, 창조성이 39퍼센트 떨어진다.

③ 다른 사람이 폭언을 듣는 것을 목격한 제3자도 문제 해결 능력이 25퍼센트, 창조성이 45퍼센트 떨어진다.

이처럼 폭언은 상대에게 상처를 줄 뿐 아니라 그 사람의 생산성을 손상시키고 주위에도 악영향을 미치는 패착이다. 업무 중에 발끈해서 거친 말을 쏟아내고 싶은 마음도 있겠지만 위 사실들을 떠올리며 꾹 참도록 하자.

부정적인 마음은 뇌의 자원을 헛되이 소비한다

오사카대학교의 오사카 마리코苧阪満里子와 연구진은 부정적인 기분이 주의력을 떨어뜨린다는 사실을 뇌과학적 실험으로 증명했다. 부정적인 기분이 들면 긍정적인 기분으로 돌아가려고 뇌가 필요 이상으로 가동해서 뇌의 자원을 많이 소비한다. 그 결과 주의력을 위해 사용했던 뇌의 자원이 줄어들어 주의력이 떨어지는 악순환을 초래한다.

주의력이 떨어지면 당연히 업무나 학업에 지장을 일으켜 불필요한 스트레스를 만든다. 문제 해결 능력이나 창조성이 떨어진다는 앞 실험 내용과 연결되는 이야기다.

폭언은 똑같은 상처를 자신에게 주는 것

뇌는 부정적인 말을 자신과 관련 지어 처리하는 경향이 있다. 비록 타인을 향한 폭언이라도 자신의 뇌가 그 말에 반응해서 감정과 몸에 악영향을 미친다. 예를 들어 누군가에게 "너는 멍청해."라고 말하면 뇌는 '나는 멍청해'라고 받아들인다. 만약 그렇다면 폭언이나 부정적인 말만 해도 다른 사람에게 안 좋은 말을 들었을 때와 같은 상처를 스스로 입을 가능성이 있다.

폭언은 자신에게도 주위에도 영향을 미친다는 것을 잊지 말자. 그리고 폭언하는 사람을 보면 가능한 한 거리를 두고 슬며시 자리를 떠나도록 하자.

> 폭언은 들은 사람뿐 아니라 옆에서 보고 있던 사람,
> 폭언을 한 본인에게도 악영향을 미친다.

내게 상처 준 사람을 용서하라

73

효과
감정 조절

내가 양보하는 게 더 나은 이유

상대를 상냥하게 받아들이는 편이 낫다

만약 소중하게 여기는 사람과 싸움을 해서 사이가 안 좋아졌다면 어떻게 해야 할까? 효과적인 화해 방법은 욕을 하는 것이 아니라 상대를 용서하는 태도를 보이는 것이다.

마이애미대학교의 벤저민 터백Benjamin Tabak과 연구진은 145명의 학생을 대상으로 화해 시 어떤 태도가 상대의 감정에 어떻게 작용하는지 검증했다. 실험에서는 의도적으로 파트너로부터 배신당하도록 만들고, 다음으로 배신한 사람이 사과했을 때 배신당한 쪽에서 어떤 반응을 보이는 것이 바람직한지 조사했다.

그 결과 배신한 사람이 사과했을 때 배신당한 쪽이 부드럽게 받아들일수록 배신한 사람은 사죄의 감정과 우정을 잘 느낀다는 결과가 나왔다. 즉 사과할 때 배신당한 측이 양보적이고 협조적인 태도를 취하면 배신한 사람은 좀 더 용서를 구하고 싶어지고, 그 결과 원래의 관계로 쉽게 돌아간다는 것이다. 이처럼 화해하는 과정에서는 상대에게 다가가는 태도가 중요하다.

상대의 말을 무효화하라

상처가 되는 말을 들었을 때 홋카이도대학교의 오자키 이치로尾崎一郎가 이끄는 연구팀이 제안한 무효화라는 사고방식을 활용하면 부정적인 말과 능숙하게 마주할 수 있다.

무효화란 화자가 발언으로 실현하려는 공격적인 행위를 듣는 쪽에서 다른 의미로 바꿔 공격력을 무효로 만드는 것이다. 예를 들면 상대의 '질책'을 내게 보내는 '응원'으로 파악하는 식이다.

사람과 사람 사이의 대화는 상호 행위이며 누군가 한 말의 의미는 내뱉은 순간에 확정되는 것이 아니다. 어떤 말을 했을 때 자기 나름대로 생각하는 의미가 머릿속에 생겨나지만 이는 '상대가 이렇게 생각했으면 좋겠다'라는 생각이나 희망일 뿐 반드시 상대가 자신의 의도대로 받아들인다고는 할 수 없다.

대화에서 말의 의미는 어디까지나 상대에게 건너갔을 때 결정된다. 그렇다면 받아들일 때 자기 편한 대로 해석하면 된다. "요즘 살쪘어?"라는 말을 들으면 안 좋은 소리로 해석하지 말고 '슬슬 살을 뺄 타이밍인가'라고 해석해서 조언이라고 바꿔 보자.

잔소리나 싫은 소리를 액면 그대로 받아들여 매번 사소한 스트레스를 쌓아 두지 말고 무효화하면 정신적으로 편안해진다. 자신에게 중요하지 않은 사람의 말은 중요하게 여길 필요가 없다.

74

효과
인간관계

스트레스를 받을 땐
인형을 껴안아라

부정적 감정을 해소하는 포옹의 효과

포옹을 하면 인간관계의 부정적인 감정이 해소된다

포옹을 하면 행복 호르몬인 옥시토신이 증가해 스트레스 감소에 도움을 준다고 한다. 껴안는 행위는 과학적으로 마음을 바꾸는 효과가 있다. 카네기멜론대학교 마이클 머피Michael Murphy의 연구팀은 의견 차이나 말다툼으로 악화된 대인 관계를 완화하는 방법으로 포옹이 큰 역할을 한다는 것을 실험을 통해 보여 주었다.

연구팀은 건강한 성인 404명을 대상으로 14일간 매일 하루가 끝날 때 전화 인터뷰를 했다. 인터뷰에서는 인간관계의 긴장, 트러블 경험, 그리고 지난 24시간 이내에 누군가에게 포옹을 받았는지 물었다. 실제로 참가자의 93퍼센트가 인터뷰 기간 동안 적어도 하루는 포옹을 받았다고 보고했고, 69퍼센트가 대인 관계의 트러블도 있었다고 답했다.

데이터를 정리한 결과 대인 트러블을 경험한 날 포옹을 한 사람은 하지 않은 사람보다 부정적인 감정이 적고 긍정적인 감정이 많았다. 또한 포옹하지 않은 경우는 부정적인 감정이 다음 날까지 이어지는 경우도 나타났다.

인형이나 베개를 끌어안아도 효과가 있다

국제전기통신 기초기술연구소ATR 스미오카 히데노부住岡英信 팀의 연구에서는 멀리 떨어진 낯선 상대와 통화를 할 때 베개를 껴안고 이야기하면 스트레스 호르몬인 코르티솔 수치가 떨어지고 행복 호르몬인 옥시토신이 증가하는 결과가 관찰되었다. 뇌의 착각을 이용한 것이다.

　사람은 사회적 동물이다. 본능적으로 항상 마음속 어딘가에서 타인과의 접촉을 원하고 있다. 인형이나 베개라면 원하는 만큼 안고 있을 수 있다. 파트너가 있는 사람은 외출할 때 "다녀올게."라고 말하면서 가볍게 포옹을 하기만 해도 행복 호르몬이 증가한다. 일상에서 습관적으로 해보자.

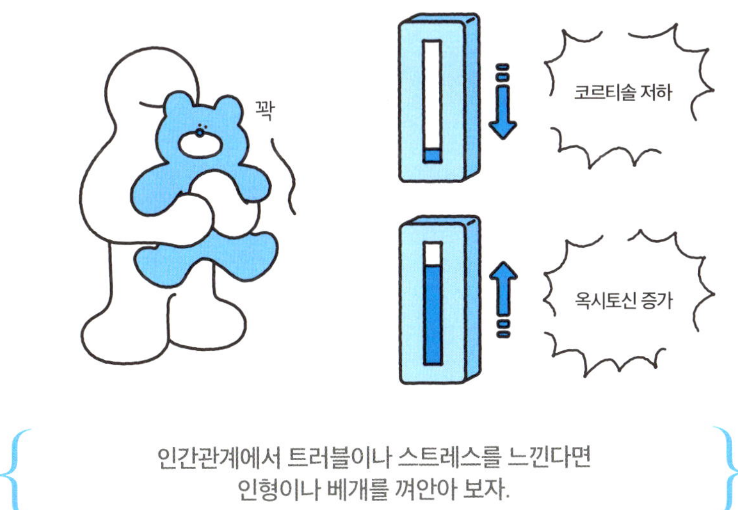

포옹을 일상생활에서 습관으로 만들자

인간관계에서 트러블이나 스트레스를 느낀다면
인형이나 베개를 껴안아 보자.

75

효과
관용 / 판단력

다양한 집단에 참여하라
편견은 다른 집단을 접하며 줄어든다

편향은 관용을 방해한다

다른 사람에게 관용을 베풀 수 없는 배경 중 하나로 '편견'이 있다. 한 번 실패한 사람에게 다시 기회를 주지 않는 것은 '저 사람은 실패한 사람이기 때문'이라는 편견 때문이다. 또한 사회적으로 약자인 사람에게 "어차피 모를 텐데."라며 단정하는 편견은 우리 주변 곳곳에 존재한다. 다시 말해 편견을 비롯해 우리가 자기도 모르게 보이는 다양한 편향을 줄일 수 있다면 좀 더 관용을 베풀 수 있다는 것이다. 이는 사회나 조직에서 매우 중요한 일이다.

다른 집단과의 접촉은 편견을 줄인다

서로 다른 집단 간의 접촉이 편견을 감소시키고 상호 이해를 촉진한다는 접촉 가설이라는 이론이 있다. 이는 1954년 심리학자 고든 올포트 Gordon Allport가 제창한 이론으로, 서로 다른 집단 간의 적절한 접촉이 서로에 대한 편견이나 적의를 감소시켜 좀 더 양호한 관계를 구축할 수 있다는 개념이다. 올포트는 집단 사이의 효과적인 접촉을 위해 다음 네 가지 조건이 중요하다고 주장했다.

① 평등한 지위: 접촉하는 집단 간에 평등성이 있을 것

② 공통의 목표: 집단끼리 공통의 목표를 갖고, 이를 위해 협력할 수 있는 관계

성이 있을 것

③ 협력 관계: 경쟁이 아니라 협력적인 상호작용이 있을 것

④ 권위 있는 영역의 지원: 집단 간의 접촉을 지지하는 법률, 관습, 환경 등이 있을 것

이런 조건이 충족되면 효과적으로 편견을 감소시킬 수 있다고 한다. 서로 양립할 수 없는 관계에 있을 때 사람은 편견 및 편향이 작용해서 정상적인 판단을 하기 어려워진다. 이를 해소하려면 위에서 언급한 네 가지, 전부는 힘들어도 ②번이나 ③번을 만들어 낼 수 있도록 정비하고 조정하는 것이 중요하다. 막연하게 뛰어들지 말고 하나의 팀이 될 수 있는 목표나 행동을 도입해 보자.

다른 집단과 접촉해 편향을 줄이고 관용을 늘려라

편견과 편향은 시야를 점점 좁힌다.
다른 집단과 접촉해 내 안의 편견을 제거하자.

76

너와 나의 공통점 발견하기
다양한 집단이 기능하기 위한 세 가지 조건

다양성을 인정하는 마음이 중요하다

업무 방식이 다양해지면서 각자의 개성을 존중하는 기업과 조직도 늘어났다. 그러나 다양한 집단이 능숙하게 기능하기 위해서는 엄격하고 일정한 조건이 필요하다는 연구 결과가 미시간대학교의 스테파니 드 올리베이라Stephanie de Oliveira와 연구진에 의해 밝혀졌다. 단순히 다양화하는 것만으로는 균일한 집단과 큰 차이가 없다. 다음 세 가지 조건을 충족해야 한다.

우선 '(사회적·성격적) 속성 차이에 따른 사고방식의 차이가 확립되어 있을 것'이다. '생각은 다양하고 이를 인정한다'라는 마음이 그 집단에 확립되어 있을 필요가 있다. 두 번째는 첫 번째의 연장선상이라고도 할 수 있는데, '차이가 크면 클수록 바람직하며 단체가 아니라 그룹 단위라고 부를 수 있는 규모로 차이가 있을 것'이다. 세 번째는 '그 안에서 서로가 중간에 있는 것을 발견할 수 있는지'다. 이런 요소들을 충족시켰을 때 조직이나 집단은 새로운 문을 열 수 있다.

차이가 크더라도 공통점을 찾아내면서 대화하라

일본에는 '세 사람이 모이면 문수보살 같은 좋은 지혜가 나온다'라는 말이 있다. 하지만 마음이 맞는 친구를 세 사람 모아도 이야기만 무르익다가 끝날 수 있다. 유형이 다른 사람을 모으는 편이 더 세련된 문수보

살의 지혜가 나올 가능성이 크다.

이는 무언가를 더 발전시키거나 끌어올리려면 진지한 논의가 불가피함을 보여 준다. 예를 들어 일본 아이돌을 좋아하는 사람들과 한류 배우를 좋아하는 사람들이 토론한다고 했을 때 단순히 서로 좋아하는 점이나 싫어하는 점을 이야기하는 것은 생산적이라고 할 수 없다. 그런데 앞서 세 번째 조건, 즉 '중간에 있는 것을 발견'할 수 있다면 매우 생산적인 시간과 관계성을 창출하게 된다.

사고방식이 다른 사람들과 마주할 때는 진지함과 관용이 중요하다. 일방통행의 커뮤니케이션이 아니라 중간점, 공통점, 타협점을 찾으면서 이야기를 나누면 좋을 것이다.

다양한 집단이 기능하기 위한 세 가지 조건

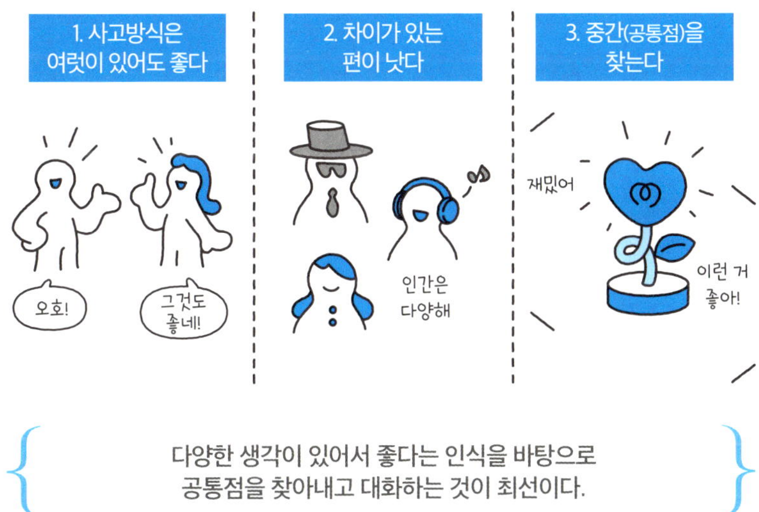

다양한 생각이 있어서 좋다는 인식을 바탕으로
공통점을 찾아내고 대화하는 것이 최선이다.

과학적으로 증명된 멘탈 습관

제5장에서는 멘탈을 유지하고 안정시키기 위해 익혀야 할 습관 19가지를 소개한다. 여러분 주위에도 늘 부정적인 사람이 있고 늘 긍정적인 사람도 있을 것이다. 이 차이를 만드는 건 사실 습관이라고 해도 과언이 아니다. 만약 여러분이 조금이라도 삶에 어려움을 안고 있다면 여기서 소개한 기술을 시도해 보길 바란다.

사람은 몸이 먼저, 멘탈이 나중

☑ 몸이 먼저, 의식은 나중에 움직인다

앞서 프롤로그에서 '먼저 움직이는' 것이 중요하다고 설명했다. 멘탈을 이해하기 전에 이 점에 대해 좀 더 깊이 파고들어 보자.

우리의 감각으로는 '이렇게 하자'라고 뇌가 생각한 다음 몸에 명령을 내려서 동작이 실현된다고 생각하기 쉽다. 그래서 어떤 행동을 할 기분이 들지 않아서 움직일 수 없다고 생각할 수도 있다. 하지만 사실은 그 반대다.

오늘날 뇌과학자와 심리학자들은 먼저 몸의 움직임이 있고 그다음에 의식이 작용한다고 입을 모아 말한다. 예를 들어 조깅을 시작할 때 뛰어나가려는 의식보다 먼저 몸이 움직이기 시작한다는 말이다. 뇌는 두개골이라는 캄캄한 밀실에 갇혀 있어서 몸의 기관에서 보내는 정보에 의지해 자신의 상황을 판단한다. 몸이 먼저, 사고가 나중이다.

갑작스럽고 믿기 어려운 이야기일지도 모르지만 수많은 실험으로 증명되고 있는 사실이다. 캘리포니아대학교의 벤저민 리벳Benjamin Libet과 연구진은 실험을 통해 어떤 동작을 하기 위한 준비 신호가 뇌로 보내지는 것은 그 동작을 하려는 의식의 신호보다 350밀리초 먼저라는 사실을 발견했다. 몸에서 '활기차게 움직이고 있다'는 신호가 뇌로 보내지면 뇌는 '나는 지금 활기차다'라고 판단하고, 그러면 더 그렇게 되도록 신경전달물질(도파민이나 아드레날린 등)을 보낸다.

☑ 멘탈이 가라앉았다면 몸부터 살펴보라

스포츠의 세계에서는 러너스 하이, 즉 고강도의 움직임을 지속할 때 일시적인 행복감과 도취감을 느끼는 현상이 있다. 그런 상태가 되는 것은 몸의 움직임에 뇌가 맞춰서 신경전달물질을 계속 보내기 때문이다.

× 의식한다 → 몸이 움직인다

○ 몸이 움직였다 → 그 의미는? → '아, 그렇구나'라고 뇌가 의식한다

이것이 행동과 의사의 관계성이다. 그렇다는 것은 억지로라도 웃음을 지으면 '나는 지금 즐겁구나'라고 뇌가 판단해 즐거워지고, 의욕이 없을 때 무리해서라도 몸을 움직이면 '오, 엔진이 켜져 있구나. 가솔린(의욕)을 계속 보내야겠어' 하는 상태가 되는 것이다. 또한 스마트폰을 무심코 계속 보게 되는 것은 스마트폰을 보기 시작하면 뇌가 '스마트폰 시청 모드'가 되기 때문이다. 따라서 먼저 움직여야 한다. 먼저 행동하면 뇌를 속여서 점점 의욕을 낼 수 있다.

우리가 상상하는 것 이상으로 뇌는 단순하다. 멘탈에 대해 생각할 때도 지나치게 깊이 생각하지 않도록 하자. 뇌는 속일 수 있는 존재다.

어떤 습관이 멘탈을 안정시킬까?

77

효과
우울감 감소

아침에 일어나면 즐거운 기억을 떠올려라

스트레스를 줄이고 상쾌한 하루를 시작하는 방법

즐거운 기억을 떠올리면 스트레스 호르몬이 줄어든다

하루를 기분 좋게 시작하고 싶다면 아침에 자고 일어나는 타이밍에 아름다운 기억이나 즐거웠던 기억을 떠올리도록 하자. 아침에는 스트레스 호르몬으로 알려진 코르티솔 수치가 하루에서 가장 높아지기 때문에 전력 질주하기가 힘들다. 케임브리지대학교의 아드리안 달 아스켈룬드 Adrian Dahl Askelund와 연구진은 이 방법으로 아침의 스트레스를 줄일 수 있음을 실증했다.

실험에서는 14세의 젊은이 427명에게 아침에 눈을 떴을 때 부정적인 기억과 긍정적인 기억을 각각 신호와 함께 생각나게 해서 1분 후에 그 반응을 조사하는 실험을 6회씩 실시했다. 그리고 1년 동안 이를 추적 조사했더니 긍정적인 기억을 떠올린 피험자 대부분이 코르티솔이 감소하고 장기적으로도 자신을 부정적으로 생각하는 것이 줄어들었다고 한다.

원래 이 연구는 우울증 대책을 위해 진행된 것이었다. 연구진은 코르티솔이 높아지는 아침에 긍정적인 인생 경험을 떠올리기만 해도 우울증 위험이 낮아진다고 밝혔다.

과거를 지나치게 떠올리면 기억 장애를 초래한다

이화학연구소의 기무라 데쓰야木村哲也 팀의 보고에 따르면 과거의 기억을 떠올리는 빈도가 증가하면 기억 장애를 일으키는 단백질이 뇌에 잘 쌓인다. 나이가 들면 뇌의 내후각피질이라는 부분에 타우 단백질이 쉽게 축적되는데, 타우 단백질은 기억 장애를 일으킨다고 알려져 있으며 치매와도 연관이 있다고 한다.

좋은 기억이든, 나쁜 기억이든 지나치게 추억에 빠지는 것은 좋지 않다. 그러니 아침에 일어날 때만 즐거웠던 기억을 떠올려 보자. 과거의 모든 일을 생각하면 역효과가 날 수 있으니 잠자리에서 일어나면 커튼을 열고 아침 햇살을 받으며 아주 잠시만 추억에 잠기도록 하자.

아침에 일어나면 즐거운 기억을 떠올리자

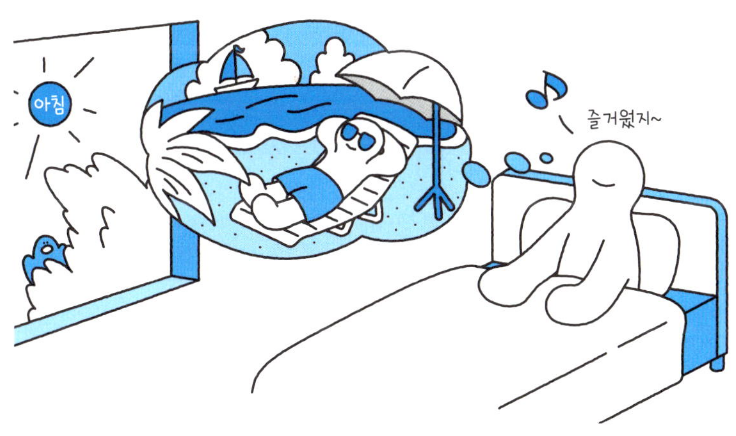

아침에 일어나 즐거운 기억을 떠올리면 스트레스 수치가 내려간다.
단, 밤에는 과거를 지나치게 추억하지 않도록 하자.

우울할 땐 깡충깡충 뛰어 보자

활기찬 움직임으로 감정을 조절하라

78
효과
활기 / 감정 조절

뇌는 몸의 움직임에 맞게 감정을 만든다

앞서도 말했지만 우리 인간은 '몸이 먼저, 사고가 나중'이다. 예를 들어 노래를 하면 뇌는 즐겁다고 느끼고 즐거운 마음을 더 효율적으로 만들기 위해 신경전달물질(도파민이나 아드레날린 등)을 보내기 시작한다. 이를 입증하는 실험이 '활기차게 움직이면 기분이 즐거워진다'라는 주제로 이뤄진 샌프란시스코 주립대학교의 에릭 페퍼Erik Peper와 아이메이 린I-Mei Lin 팀의 연구다.

실험에서는 110명의 대학생을 '등을 구부리고 움츠러든 자세로 걷는 그룹'과 '손발을 크게 움직이며 활기차게 걷는 그룹'으로 나눠 행동하게 한 후 활력도(행복감, 절망감, 즐겁거나 슬픈 기억의 상기 등)를 스스로 평가하게 했다. 그 결과 활기차게 움직인 팀은 활력도가 크게 향상되었고, 등을 구부리고 움츠러든 자세를 한 팀은 활력도가 크게 저하되었다. 심지어 실험 전 예비 조사에서 활력도가 높았던 사람들조차 그와 같은 결과를 보였다.

크고 빠른 움직임은 활기를 주는 반면 축 처진 움직임은 기운을 잃게 한다. 페퍼와 린은 활기의 생리적 요인으로 이런 움직임이 심박수를 높이기 때문이라고 분석한다. 실제로 심박수를 높이는 훈련은 우울증의 개선책으로 이용되기도 한다.

깡충깡충 뛰면 행복도가 증가한다

미시간대학교 앤아버의 탈 샤피르Tal Shafir가 이끄는 연구팀은 뇌과학의 다양한 선행 연구를 바탕으로 감정이 몸의 움직임을 통해 조절된다는 사실을 실험으로 증명했다. 연구팀은 피험자 22명에게 행복, 슬픔, 무서움, 중립적인 감정을 나타내는 동작을 하는 동영상을 보고 따라 하게 하고 이때 뇌 활동을 fMRI로 기록했다.

그 결과 뛰어오르는 것처럼 행복한 동작을 할 때는 행복한 감정이, 어깨를 떨어뜨리는 슬픈 동작을 할 때는 슬픈 감정이 된다는 것이 밝혀졌다. 연구팀은 이론과 실험 결과를 바탕으로 아이처럼 깡충깡충 뛰면 행복해진다고 보고했다. 몸을 움직이거나 무언가를 보거나 상상하기만 해도 감정을 어느 정도 조절할 수 있다. 즐거워질 만한 움직임을 하는 것만으로도 우리의 마음은 긍정적으로 바뀐다.

활기찬 움직임으로 뇌를 속이자

인간은 몸이 먼저, 마음이 나중이다.
활기차게 움직이기만 해도 즐겁고 행복한 기분이 된다.

셀카를 찍으면 기분이 좋은 이유

스마트폰 카메라로 마음을 건강하게

79
효과
긍정 마인드

셀카를 찍으면 정신 건강에 효과가 있다

셀카를 찍고 있는 사람들은 굉장히 즐거워 보이지 않는가? 사실 이것도 과학적인 근거가 있다. 캘리포니아대학교 어바인의 유 첸Yu Chen이 실시한 연구에 따르면 셀카를 찍으면 행복해진다고 한다. 실험에서는 4주 동안 피험자 41명에게 다음 세 가지 조건 중 하나로 매일 사진 한 장을 찍도록 지시했다.

① 웃고 있는 표정의 셀카 사진

② 자신을 행복하게 하는 것의 사진

③ 다른 사람을 행복하게 하는 것의 사진

그 결과 ①이 정신 건강상 가장 효과적인 것으로 나타났다. 이 실험의 흥미로운 점은 계속 ②를 찍은 사람은 3주 후 정도부터 사려 깊음이나 배려심이 향상되었고, 계속 ③을 찍은 사람은 세 그룹 중에서 가장 스트레스가 줄어들고 짜증이 덜 쌓인다는 결과가 나왔다는 것이다. 결과적으로 어떤 사진을 찍든 모두 효과가 있었던 셈이다. 따라서 스마트폰 카메라는 단순히 사진을 찍는 용도뿐 아니라 행복감을 높이는 도구로도 쓰일 수 있다.

스마트폰 카메라로 마음 다스리기

자신의 모습을 카메라에 담는 데 크게 저항감이 없다면 매일 웃는 자신의 모습을 셀카로 찍어 보자. 그리고 사려 깊음이나 배려라는 요소를 갈고닦고 싶다면 의식적으로 ②를, 짜증을 내지 않고 태평한 생활을 보내려면 ③을 찍는 식으로 구분해서 사용하면 삶을 풍요롭게 만들 수 있다. 또한 멀리 사는 가족을 위해 셀카를 찍어 보내면 ①과 ③을 모두 만족시킬 수도 있다.

스마트폰 카메라는 사용하기에 따라 나와 타인의 마음을 다스리는 도구가 될 수 있다. 쾌활한 사람이라서 셀카를 찍는 게 아니라 셀카를 찍어서 긍정적인 마인드가 되는 것이다.

스마트폰 카메라를 마음 건강 도구로 이용하라

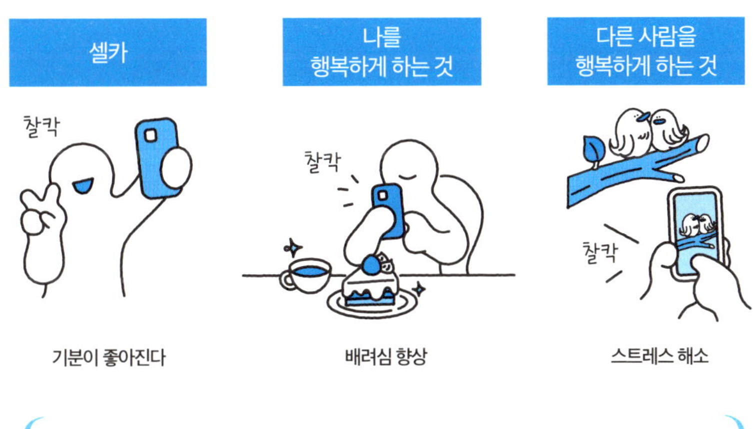

셀카 또는 좋아하는 것을 찍거나
다른 사람에게 보내기 위해 촬영하면 멘탈이 안정된다.

80

두려울 땐 등을 쭉 펴라

등을 곧게 펴기만 해도 의욕이 향상된다

등을 펴기만 했는데 불안이 줄어들었다?

우리의 자세와 정신 건강에는 의외로 큰 관계가 있다. 캘거리대학교 존 리스킨드John Riskind와 텍사스 A&M대학교 캐럴린 고테이Carolyn Gotay 의 연구에서는 등을 구부리고 있는 경우 무력감이나 스트레스를 쉽게 느끼는 경향이 있는 것으로 드러났다. 아래를 향하고 걷거나 스마트폰을 보면서 걸으면 등줄기는 굽은 상태가 된다. 그것만으로 의욕이나 스트레스에 안 좋은 영향을 줄 수 있다.

마드리드 자치대학교의 파블로 브리뇰Pablo Briñol 팀은 대학생 피험자 71명을 다음과 같이 두 그룹으로 나눠 실험을 진행했다.

① 가슴을 편 자세를 한 그룹
② 등을 움츠린 자세를 한 그룹

그런 다음 자신의 장단점을 목록으로 작성하게 했더니 ①의 가슴을 편 자세를 한 그룹은 강한 자신감을 드러내는 목록을 작성했다고 한다.

마찬가지로 오클랜드대학교의 카리사 윌크스Carissa Wilkes 팀의 연구에서도 등을 펴면 자기평가가 향상되고 기분이 개선되며 공포심도 줄어든다는 결과가 나왔다. 역시 오클랜드대학교의 슈웨타 나이르Shwetha Nair 팀의 연구에서도 경증 또는 중증도 우울증 환자 61명에게 가슴을 내밀게

했더니 어깨를 움츠린 사람들보다 말을 많이 하고 불안감도 감소했다고
한다.

등을 곧게 펴면 용기가 솟는다

컬럼비아대학교의 다나 카니_{Dana Carney}가 이끄는 연구팀은 한 실험에
서 피험자들을 다음과 같이 두 그룹으로 나눴다.

① 등을 쭉 펴거나 뒤로 젖히는 듯한 자세로 2분 동안 앉아 있는 그룹
② 등을 구부리거나 어깨를 움츠린 듯한 자세로 2분 동안 앉아 있는 그룹

그런 다음 모든 피험자 그룹에 갬블을 시켰더니 ①번 피험자의 86퍼
센트가 리스크가 따르는 내기에 나섰다고 한다. 자세를 단 2분 동안만
유지했는데도 대담하게 용기를 내어 뛰어든 것이다. 이렇게 행동한 배
경에는 결단력이나 적극성과 관련된 호르몬인 테스토스테론의 증가가 있
다. 등을 펴고 가슴을 펴는 자세를 하면 테스토스테론이 증가하고 스트레
스 호르몬인 코르티솔이 감소한다고 한다.

등을 펴고 곧은 자세를 유지하는 사람은 주위에서 봐도 멋있다. 단순
한 동작으로 효과를 낼 수 있으니 하지 않을 이유가 없다. 지금 당장이
라도 시작해 보자.

> 자세와 멘탈은 관계가 있음을 기억하라.
> 항상 등을 구부리지 말고 쭉 펴는 습관을 들이자.

81

효과
자존감 / 안정감

네일 케어로 자존감을 높이자
외모를 단정하게 가꾸면 마음도 정돈된다

메이크업을 하면 자존감이 오른다

몸가짐은 매우 중요하다. 몸가짐은 처음 만난 상대의 첫인상을 좌우할 뿐만 아니라 자신의 정신적인 측면에도 큰 영향을 미치기 때문이다. 도시샤대학교의 요고 마사오余語真夫와 연구진은 20대 여성 24명을 대상으로 한 연구에서 메이크업을 하면 자존감과 자기만족도가 올라가고, 전문가에게 화장을 받으면 불안감이 줄어들며 목소리 톤이 높아지는 것을 관찰했다.

나가사키대학교의 도이 히로카즈土居裕和가 진행한 '화장과 자존감에 관한 연구'에서는 젊은 여성들에게 다음 세 가지 모습을 보여 주고 뇌 활동을 측정하는 실험을 진행했다.

① 일반적인 자신의 얼굴

② 인공적으로 아름답게 만든 자신의 얼굴

③ 인공적으로 추하게 만든 자신의 얼굴

그 결과 후측두부에서 기록되는 N250이라는 뇌파 성분의 진폭이 ③에서 현저히 증대됨을 알 수 있었다. N250은 자극을 제시하고 나서 0.25초 후에 나타나는 뇌파로, 자존감이 낮을수록 이 뇌파가 증가한다. 즉 이 실험 결과는 '원래 자기 이미지보다 더 추하게 보이는 내 얼굴을 보여 주면 자존감이 떨어진다'는 사실을 증명한다. 자신의 외모와 자존감은 큰 관련이 있다는 이야기다.

손톱을 손질하면 자존감이 오른다

최근에는 남성도 메이크업을 하는 사람이 많아지고 있지만 아무래도 화장을 하는 건 장벽이 높을 수 있다. 그래서 추천하고 싶은 것이 손톱 손질이다. 교토대학교의 히라마쓰 류엔平松隆円 팀의 연구에 따르면 대학생 15명에게 손톱 매니큐어를 바르게 하고 어떤 감정 변화가 있었는지 조사한 결과 긴장, 피로, 우울감 등이 약간 감소하는 것으로 나타났다. 통계적으로 편안함 측면에서 큰 변화가 있었다는 보고도 있었다.

매니큐어는 거울을 보지 않아도 쉽게 눈에 들어온다. 눈에 띌 기회가 많기 때문에 이런 효과가 생길 가능성도 연구진은 지적한다. 자신의 몸을 관리하고 신경 쓰고 있다는 의식이 자존감으로 이어진다는 것을 잊지 말자.

손톱을 깨끗이 하면 마음도 정돈된다

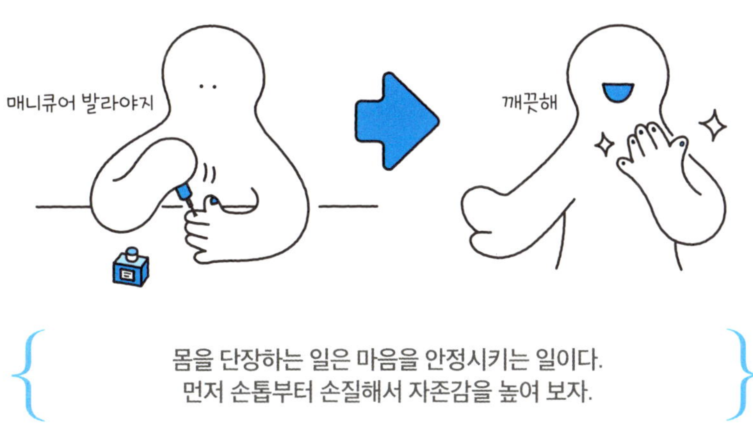

몸을 단장하는 일은 마음을 안정시키는 일이다.
먼저 손톱부터 손질해서 자존감을 높여 보자.

82

효과
스트레스 해소

노래방은 혼자라도 가라

노래를 부르면 행복 호르몬이 활성화된다

노래를 하면 행복 호르몬이 증가한다

노래를 부르면 몸과 마음에 이롭다는 연구 결과가 있다. 웨스턴 미시간대학교의 제이슨 킬러Jason Keeler와 연구진은 함께 노래하면 행복 호르몬이 증가하고 동료들과의 친밀함이 높아진다는 연구 결과를 보고했다. 그리고 큰 목소리로 부를수록 스트레스 호르몬인 코르티솔이 감소하고 행복 호르몬인 옥시토신이 증가하는 것으로 나타났다.

자신이 노래할 뿐 아니라 노랫소리를 듣고 있기만 해도 스트레스 호르몬이 감소한다는 요한 볼프강 괴테대학교 프랑크푸르트암마인의 군터 크로이츠Gunter Kreutz 팀의 연구 결과도 있다. 런던대학교 대니얼 와인스타인Daniel Weinstein 팀의 연구에서는 그룹으로 노래하면 '수용되는 느낌'이나 '연결되는 느낌'을 받고 심지어 통증도 잘 느끼지 않는 것으로 나타났다. 흔히 노래방을 좋아하는 고령자는 밝고 활기차다는 인상을 주는데, 이는 노래의 긍정적 효과라 할 수 있다.

혼자 노래해도 효과가 있다

물론 다 같이 노래하는 건 힘들다고 하는 사람도 있을 것이다. 혼자 노래를 불러도 효과가 있으니 안심하길 바란다. 왕립음악대학교의 데이지 팬코트Daisy Fancourt 팀의 연구에서는 (610명의) '관객 있음'과 '관객 없음' 상태로 피험자에게 노래를 부르게 한 뒤 각 경우에서 타액 채취와 질문지를 통해 스트레스의 수치를 측정하는 실험을 진행했다. 그 결과 관객이 있는 경우는 코르티솔 등의 수치와 불안감이 상승했고, 관객이 없는 경우는 반대로 내려가는 것으로 나타났다.

많은 사람 앞에서 노래하는 것에 거부감이 있는 사람은 혼자 마음껏 노래하는 것을 추천한다. 혼자 노래방에 가는 건 매우 효과적인 스트레스 해소법이다. 스트레스가 쌓였을 때는 혼자서 기분 좋게 노래를 불러 보자. 노래방에 가지 않고 욕실에서 해도 효과는 같다. 노래는 언제 어디서든 쉽게 할 수 있는 행복 호르몬 증가법이라고 할 수 있다.

노래는 몸과 마음에 이롭다.
혼자 노래방에 가거나 목욕을 하면서 노래를 불러 보자.

83

효과
감정 조절

손을 씻으면 마음이 가벼워지는 이유

손을 씻는 행위로 후회하는 마음 씻어 내기

손을 씻으면 후회도 씻긴다

윌리엄 셰익스피어의 희곡《맥베스》에서 맥베스 부인은 던컨 왕을 암살한 뒤 죄의식에 사로잡혀 피 냄새가 가시지 않는 손을 계속 씻는다. 여기서 손을 씻어 죄의식을 씻어 내려고 하는 것을 의미하는 맥베스 효과란 말이 나왔는데, 이와 관련해 미시간대학교 앤아버의 스파이크 리Spike Lee와 노르베르트 슈바르츠Norbert Schwarz는 다음과 같은 실험을 했다.

먼저 피험자인 학생 40명에게 10장의 음악 CD 순위를 취향대로 매기게 했다. 그런 다음 피험자끼리 5위, 6위로 순위를 매긴 CD를 서로 선물했다. 피험자 중에는 "좀 더 높은 순위로 매겼어야 했다."라는 사람도 있었다. 그 후 피험자들을 손을 씻는 그룹과 손을 씻지 않는 그룹으로 나눠 다시 순위를 매기게 했더니, 손을 씻은 그룹은 CD를 이전과 같은 순위에 둔 반면에 손을 씻지 않은 그룹은 선물받은 CD를 이전 순위보다 더 높게 평가했다. 이 결과를 통해 연구진은 손을 씻으면 과거의 결정에 대한 후회도 씻어 낸다는 가설을 세웠다.

이런 현상이 단순한 기분 문제라고 하면 그만일 수도 있다. 그러나 자책감에 사로잡힐 때 속는 셈 치고 한번 제대로 씻어 보자. 어쩌면 도움이 될 수도 있으니 말이다. 그리고 부정적인 감정이 생겼을 때는 미리 생각해 둔 특정 행동을 의식적으로 하는 것이 좋다고 한다.

감정을 조절하는 행동을 준비해 두자

같은 조건에서 같은 행동을 반복하면 뇌는 패턴화되는 성질이 있다. 이는 조건 형성(특히 오퍼런트 조건 형성과 고전적 조건 형성)이라는 심리학 구조에 근거한다. 예를 들어 '후회하는 마음이 들 때는 손을 씻는다＝기분이 편안해진다'라는 식으로 정해진 행동을 하면 뇌는 관련된 감정으로 자동으로 이끌린다. 그러니 감정을 조절하는 구체적인 행동, 즉 '감정이 흐트러졌을 때는 숫자를 6까지 센다'(＝냉정해질 수 있다)는 식으로 뇌가 의식하기 쉬운 행동을 준비해 두자. 어떻게 보면 운동선수가 경기할 때 하는 루틴과도 비슷해 보인다. 일상에서 부정적인 감정이 생길 때마다 정해진 행동을 시도해 감정을 조절하도록 하자.

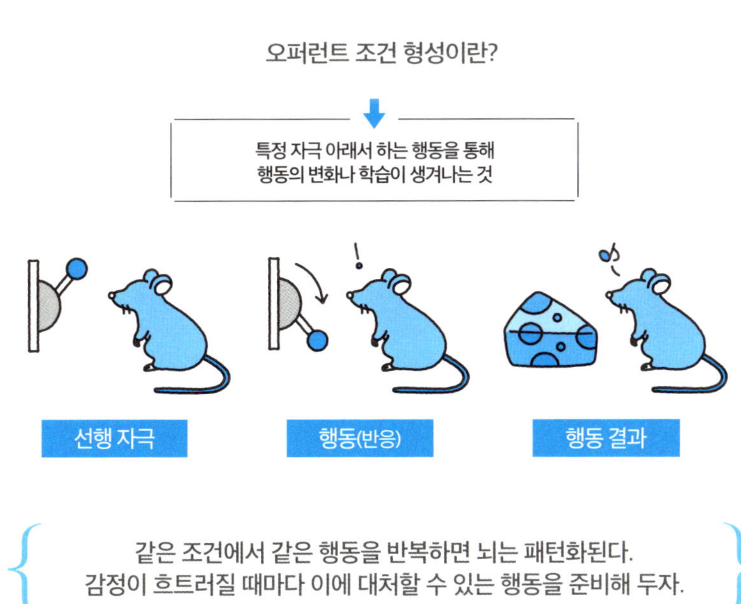

같은 조건에서 같은 행동을 반복하면 뇌는 패턴화된다.
감정이 흐트러질 때마다 이에 대처할 수 있는 행동을 준비해 두자.

84

효과
심리적 부담 개선

불안한 마음은 종이에 적어라
글로 적으면 심리적 부담이 줄어든다

불안을 글로 적으면 심리적 부담이 줄어든다

불안에 능숙하게 대처하는 방법으로 종이에 불안한 일과 마음을 적어 보는 것이 있다. 이와 관련해 서던메소디스트대학교의 제임스 페니베이커James Pennebaker 팀의 실험을 살펴보자. 여성 36명, 남성 14명으로 구성된 피험자들은 우선 10분간 안정을 취한 뒤 혈압, 심박수, 피부전도성(피부 표면이 얼마나 전기가 통하기 쉬운 상태인지)을 측정하고 혈액을 채취한 다음 설문에 답했다.

그런 다음 연구팀은 남녀의 성비가 같고 트라우마 체험을 한 적이 있는 그룹으로 피험자들을 나눠 한쪽 그룹은 하루에 15분, 나흘간 인생에서 가장 트라우마였고 고민거리였던 사건을 적도록 했다. 다른 그룹은 그날에 한 일이나 신고 있던 신발 등 일반적인 화제에 관해 20분 동안 적도록 했다. 나흘이 지난 후 혈압, 심박수, 피부전도성을 측정하고 채혈을 한 다음 6주 후에 다시 채혈했다. 이후에도 추적 조사를 위해 메일로 질문 항목을 보내어 회답을 받았다.

그 결과 고민거리가 되는 사건을 글로 적은 그룹은 실험 직후 부정적인 감정, 두통, 근육 긴장 등 신체적인 문제가 생기는 경향이 있었지만 장기적으로는 면역 개선, 정신적인 고통 개선, 진료센터 방문 횟수 감소, 자율신경 개선 등 다양한 점에서 이점을 볼 수 있었다. 두 그룹 모두 트라우마가 되는 과거를 안고 있었지만 불안과 걱정거리를 정기적으로 종이에 적은 그룹은 일반적인 화제에 대해 적은 그룹보다 심리적 부담이 줄어든 것으로 나타났다.

불안을 적으면 워킹 메모리가 개선된다

노스캐롤라이나 주립대학교의 키티 클라인Kitty Klein과 에이드리얼 볼즈Adriel Boals의 연구에서도 신입생에게 '대학에 온 기분과 감상'과 '대학과는 관계없는 일반적인 화제'를 적게 했다. 그 결과 전자를 쓴 학생은 멘탈 개선뿐만 아니라 워킹 메모리의 대폭적인 개선도 이뤄졌다고 한다.

워킹 메모리는 작업이나 동작에 필요한 정보를 일시적으로 기억 및 처리하는 전전두엽의 기능 중 하나다. 워킹 메모리가 과부하되면 그만큼 판단 능력이나 처리 능력이 둔해진다. 따라서 불안과 걱정거리를 글로 쓰기 시작하면 불필요한 것을 생각하지 않게 되어 워킹 메모리가 개선된다. 뭔가 새로운 것을 시작할 때나 생각이 막혀서 사고가 정지했을 때도 효과적이기 때문에 불안에 사로잡혔을 때는 글쓰기를 해보자.

> 불안을 글로 적으면 머릿속에서 불안이 제거되어
> 워킹 메모리가 개선되고 판단력과 처리 능력이 향상된다.

85

효과
안정 / 감정 조절

부정적인 뉴스는 건너뛰어라

나쁜 일은 나와 관계없다고 생각하기

부정적인 글을 보면 부정적인 감정이 생긴다

흔히 감정은 전염된다고 한다. 특히 눈에 직접 들어오는 영상을 볼 때는 그 전파력이 매우 높다고 한다. 이는 SNS에도 적용할 수 있는데, 캘리포니아대학교 샌프란시스코(UCSF)와 코넬대학교의 연구자들과 진행한 공동 연구에서는 페이스북 뉴스피드에 표시되는 게시물의 감정이 유저 게시물의 감정에 어떻게 영향을 미치는지 조사했다.

이 연구의 제1 저자 애덤 크레이머Adam Kramer는 페이스북의 데이터 사이언티스트로 근무하는 '내부 사람'으로 가장해 유저 약 70만 명의 뉴스피드를 해석했다. 긍정적인 말을 포함한 게시물의 표시를 줄이면 유저의 게시물에 부정적인 말이 증가할까? 그리고 그 반대도 일어날 수 있을까? 조사 결과 전자의 경우에는 부정적인 말이 포함될 기회가 늘어나고, 후자에서는 긍정적인 말이 포함될 기회가 늘어나는 것으로 나타났다. SNS에서도 감정이 전염된다는 사실이 드러난 것이다.

이 연구는 뉴스피드에 표시되는 친구나 지인의 부정적 또는 긍정적인 뉴스를 보는 것이 자신도 모르게 타인의 감정을 '도청'하는 것과 같은 효과가 있음을 지적한다. 현재 X(구 트위터)를 비롯해 SNS나 인터넷상에는 부정적인 말이 넘쳐나고 있다. 고작 SNS라며 얕봐서는 안 된다. 부정적인 글은 보면 볼수록 자신의 감정이나 행동에 악영향을 미칠 가능성이 있기 때문에 필요 이상으로 보지 않는 것이 중요하다.

나와 관계없다고 생각하기만 해도 된다

만약 우연히 그런 글이나 말을 접했다면 뉴욕대학교의 정아인 연구팀의 실험 결과를 참고하면 좋을 것이다. 이들은 '부정적인 뉴스는 자신과 관계없다고 생각하기만 해도 영향을 잘 받지 않는다'를 가설로 삼았다. 그리고 쥐를 이용한 실험을 진행한 결과, 인지 통제 훈련을 받은 쥐는 부정적인 정보를 무시하고 학습하는 능력이 향상되며 해마의 활동이 활발해지는 것으로 나타났다. 기억이 자신에게 불필요한 정보를 배제하는 과정에 관여하고 있음이 밝혀진 것이다.

해마는 기억을 담당하는 뇌 기관으로, 만일 어두운 뉴스를 본다고 해도 '나와는 관계없다'라고 인지하면 자신에게 필요 없다고 판단한다. 그러니 SNS의 글을 보고 불쾌한 기분이 들기 시작하면 '나와는 상관없다'고 생각하는 것을 습관화하자.

> SNS의 부정적인 뉴스나 글은 자신과 관계없다고 인지하면
> 악영향이 줄어든다.

86

효과
안정 / 상쾌함

슬플 때 억지로 웃지 마라
무리해서 웃으면 더 우울해진다

자신의 감정에 반해 억지로 웃으면 더 우울해진다

웃음에는 스트레스 호르몬이라고 불리는 코르티솔을 감소시키는 효과가 있다. 다만 슬플 때 무리해서 웃으면 역효과가 난다. 노스웨스턴대학교의 아파르나 라브루Aparna Labroo 팀의 연구에 따르면 감정에 반해 억지로 웃으면 기분이 더 우울해진다고 한다.

연구팀은 사람이 얼마나 자주 웃고, 웃음의 동기가 되는 감정은 무엇인지 조사하기 위해 3단계로 나눠 실험했다. 맨 처음 108명의 피험자에게 '오늘 하루 동안 얼마나 웃었는가?' 그리고 '기분이 좋을 때 웃는다고 생각하는가? 아니면 기분을 좋게 만들기 위해 웃는다고 생각하는가?'라는 두 가지 질문에 대답하도록 했다. 그런 다음 '자신의 인생에 얼마나 만족하고 있는가?'라는 질문에도 답하게 했다.

연구팀은 다른 피험자 63명에게 다양한 사진을 제시하고 "재미있는 사진을 발견하면 웃으세요."라고 말했다. 그리고 또 다른 피험자 85명에게는 "자신이 행복을 느끼고 웃는 상황을 목록으로 작성해 주세요."라고 한 뒤 각 피험자의 인생 만족도를 조사했다.

세 가지 실험을 분석한 결과 행복을 느끼지 않을 때 웃는 피험자는 오히려 기분이 우울해지는 것으로 나타났다. 반면에 행복을 느끼고 있을 때 웃는 피험자는 기분이 좋아졌다. 따라서 기쁠 때는 참지 말고 웃어야 기분이 좋아지고, 슬플 때는 무리해서 웃지 말고 솔직하게 울거나 침울

해하는 편이 낫다. 눈물을 흘리면 코르티솔도 함께 나오기 때문에 기분
전환에 도움이 된다. 마음껏 울면 이상하게 기분이 안정되는 것은 우연
이 아니다.

양파를 썰고 눈물을 흘려도 기분이 상쾌해지지 않는 이유

그렇다고 해서 기분을 나아지게 하기 위해 일부러 양파를 썰 필요는
없다. 야마구치 현립대학교 간호영양학부의 고로 나호高路奈保 팀의 연구
에 따르면 양파 자극에 대한 반응으로 나오는 눈물과 영상을 보고 흘리
는 눈물은 성분이 다른 것으로 나타났다. 양파를 자를 때 나오는 눈물에
는 코르티솔이 거의 들어 있지 않았다.

자연스러운 감정에 맡겨야 한다. 울고 싶을 때 울고, 웃고 싶을 때 웃
도록 하자.

{ 기쁠 때는 참지 말고 웃고, 슬플 때는 억지로 웃지 말고 그냥 울자.
솔직하게 행동해야 멘탈에 이롭다. }

87

자기 자신에게
중요한 것을 말하라

자기긍정감을 높이는 셀프어퍼메이션

자신에게 중요한 것을 말로 하는 효과

셀프어퍼메이션self-affirmation은 목표 달성 또는 자기긍정감을 높이는 방법이다. 이 말은 자기긍정이라는 의미의 영어로, 효과가 입증된 마음 다스리기 방법이다. 단순히 자기를 긍정하는 것이 아니라 일정한 틀에 따라 자신에 관해 이야기해 나가는 것인데, 다양한 효과가 있으며 질투심을 줄이는 효과도 있다고 보고되고 있다.

스탠퍼드대학교의 제프리 코언Geoffrey Cohen과 캘리포니아대학교 샌타바버라의 데이비드 셔먼David Sherman이 진행한 연구에 따르면 자신에 관해 말할 때 자신에게 중요한 것과 자신이 좋아하는 것을 설명하면 더 효과적이다. 예를 들어 "노래하는 건 제게 중요한 일입니다. 노래는 제 열정이자 인생입니다. 노래방은 제게 빼놓을 수 없는 제2의 집과 같은 존재이고, 다 함께 노래하고 있을 때는 매우 편안하고 즐겁습니다. 친구는 제 인생을 지탱해 주는 최고의 존재입니다."라는 식으로 이야기하거나 종이에 쓰는 것이다. 연구에서는 자신에게 중요한 것을 되짚어 나가면 좋다고 설명한다.

긍정적으로 표현하고 현재진행형으로 나타낸다

방법은 다소 다르지만 셀프어퍼메이션을 할 때 대체로 일치하는 부분이 있다. 질병처럼 부정적인 내용은 쓰지 않고 스스로 되고 싶은 모습을 떠올려서 긍정적인 현상만 쓴다는 것이다. 그리고 가능한 한 현재진행형이나 현재 상태를 나타내는 것이 포인트다.

자신이 이상적으로 생각하는 멋진 40대가 되고 싶다면 "나는 주 3회 러닝을 하고 몸매를 유지하려고 노력한다. 오늘도 움직일 수 있다. 40대는 아직 발전 가능성이 무궁무진하다.", "나이가 아니라 지성으로 승부하는 말에 깊이가 있는 사람이 되고 싶다. 그래서 오늘도 독서를 한다."라는 식으로 긍정적인 내용을 글로 쓰고 말로 해보자. 나에게 중요하고 긍정적인 요소가 무엇인지 확인하는 것만으로도 자기긍정감은 올라간다.

자신에게 중요한 것을 긍정적으로 말해 보자

88

효과
불안감 / 긴장 완화

나쁜 경험은 시간을 두고 재평가하라

부정적인 감정을 줄이는 리어프레이즐

안 좋았던 경험을 긍정적으로 재평가하면 성적이 오른다

자신의 감정에 대한 해석을 바꿔 부정적인 감정을 줄이는 방법으로 리어프레이즐reappraisal이라는 것이 있다. 이는 're＝다시', 'appraisal＝평가'가 합쳐진 말이다. 지금 느끼는 감정을 재평가하고 새로운 의미를 부여하는 인지적 재평가를 의미한다. 실제로 리어프레이즐은 현대 스포츠 과학계에서도 주목하는 접근법으로 선수들의 불안과 긴장 해소에 효과적이라고 알려져 있다.

안 좋은 체험을 긍정적으로 파악하면 부정적인 감정(공포, 불안, 슬픔, 분노 등)의 처리와 기억에서 중요한 역할을 하는 편도체의 활동이 감소한다고 한다. 이와 관련해 하버드대학교의 앨리슨 브룩스Alison Brooks는 300명의 피험자를 대상으로 실험을 진행했다. '점수가 나오는 노래방', '사람들 앞에서 2분 이상 연설', '수학 시험'과 같은 테스트 실험인데, 각 그룹별로 다음 ①~⑤를 말한 뒤에 테스트했다.

① "나는 불안하다."

② "나는 설렌다."

③ "나는 침착하다."

④ "나는 화가 난다."

⑤ "나는 슬프다."

그러자 ② "나는 설렌다."라고 말한 그룹이 노래방에서 정확성이 올랐고 연설에서는 설득력, 능력, 자신감, 지속성 등의 평가가 올랐으며 수학 시험에서는 가장 좋은 성적을 남겼다. 구체적으로 자신의 스트레스 반응(긴장)을 즐겁다로 전환해 긍정적으로 해석하자, 17~22퍼센트 정도 테스트 성적이 올랐다.

해석을 바꾸면 뇌가 좋은 쪽으로 신체를 조절한다

우리의 뇌는 평소 두개골 속에 갇혀 있어서 바깥 세계를 직접 보거나 듣거나 닿을 수 없다. 그래서 뇌는 몸에서 보내는 다양한 신호(심박이나 근육의 긴장, 호흡의 속도 등)에 의지해 '지금 나는 어떤 상태인가?'를 판단한다. 그리고 그 판단에 따라 몸이 최적의 상태가 되도록 지령을 내린다.

리어프레이즐은 이런 뇌의 특성을 이용한 기술이다. 즉 뇌가 몸 상태를 '어떻게 해석하는지' 의도적으로 바꾸는 것이다. 위의 실험을 예로 들어 보자. 사람들 앞에 나가기 직전에 심장이 두근거리고 손이 떨릴 때 이를 뇌가 불안이라고 해석하면 몸은 잔뜩 움츠러들고 제 실력을 발휘하지 못하게 된다. 하지만 '나는 설렌다'라고 해석을 바꾸면 달라진다. 뇌는 '흥분해서 에너지가 가득한 상태'로 인식해 몸을 효율적으로 움직일 수 있도록 조절해 준다.

{ 안 좋은 체험을 그대로 두지 말고
재평가해서 뇌의 기억을 다시 쓰면 성과가 개선된다. }

89

매일 감사 일기를 써라
감사하는 마음을 적기만 해도 행복해진다

감사 일기를 쓰기만 해도 행복감이 25퍼센트 증가한다

우리의 상상 이상으로 '감사'라는 행위는 큰 효력을 발휘한다. 캘리포니아대학교 데이비스의 로버트 에몬스Robert Emmons와 마이애미대학교의 마이클 맥컬러프Michael McCullough가 진행한 실험에 따르면 감사하는 마음을 적는 '감사 일기'를 쓰기만 해도 행복감이 25퍼센트 상승한다. 실험에서는 피험자들을 다음과 같이 나눠 10주 동안 비교했다.

① 매주 감사한 것을 다섯 개 적는 그룹
② 사소한 다툼이나 좋지도 나쁘지도 않은 사건을 적는 그룹

그룹 ①의 피험자들이 기록한 내용은 "따사로운 햇빛에 감사한다.", "아침에 눈을 뜬 것에 감사한다."라는 일상 속의 사소한 감사부터 "증조할아버지가 되는 것에 감사한다."라는 기념적인 감사까지 다양했다고 한다. 그리고 이들은 행복감이 25퍼센트 증가했을 뿐 아니라 에너지가 넘치고 긍정적인 기분이 되었다. 놀랍게도 다른 사람에게 친절해지거나 수면의 질이 개선된 피험자도 있었다고 한다.

운동 기회가 늘어나고 수면의 질이 좋아진다

감사를 시각화한 그룹 ①은 장래에 대해 더 낙관적으로 생각하거나

자신의 생활을 긍정적으로 파악하는 버릇이 생겼기 때문에 그룹 ②보다 운동할 기회가 1주일에 약 1.5시간이나 늘었다고 한다. 이 연구를 통해서도 사소한 감사든, 진심으로 우러나오는 감사든 그 마음을 적어서 기록하기만 해도 큰 효과가 있음을 알 수 있다.

맨체스터대학교의 알렉스 우드Alex Wood와 연구진이 401명을 대상으로 한 설문조사에서는 감사를 느끼기 쉬운 사람일수록 수면의 질이 좋은 경향이 있다고 밝혀졌다. 감사 일기는 누구나 쉽게 실천할 수 있는 습관이다. 그러니 평소 잠을 잘 자지 못하고 긍정적인 기분이 들지 않는 사람은 감사할 수 있는 일을 하루에 다섯 개 정도 적는 감사 일기를 꼭 써보길 바란다.

하루를 마무리하며 감사 일기를 쓰자

하루에 다섯 개 정도 감사한 일을 적으면
행복해지고 건강해진다.

90

효과
감정 조절

3인칭으로 말하면
흥분이 가라앉는다

자신을 객관적으로 보고 감정을 조절하는 기술

3인칭 말하기로 감정을 조절하라

'왜 내가 해야 하지?' 이런 생각이 드는 일이나 상황에 놓인 적이 있는가? 이럴 때 감정을 억제하고 냉정함을 되찾으려면 자신을 객관적으로 봐야 한다. 미시간 주립대학교 제이슨 모저Jason Moser의 연구팀은 피험자들에게 혐오감을 느끼는 동영상을 보여 준 뒤 다음과 같이 두 그룹으로 나눠 실험을 진행했다.

그룹 1: '지금 나는 어떻게 느끼고 있는가?'라고 마음속에서 1인칭으로 자문자답한 그룹

그룹 2: '지금 그는 어떻게 느끼고 있는가?'라고 3인칭을 주어로 해서 객관적 시점으로 자신에게 질문한 그룹

그리고 뇌파계나 fMRI를 이용해 뇌의 활동을 측정한 결과 '그'나 '그녀'처럼 3인칭을 주어로 말한 경우 감정과 관련된 뇌 부위인 편도체의 활동이 급격히 감소해서 감정을 억제할 수 있는 것으로 나왔다. 자신을 3인칭으로 말하기만 해도 상황을 객관적으로 볼 수 있고 감정을 억제할 수 있다는 것이다. 3인칭 어휘가 지닌 편향을 이용해 아주 간편하게 감정을 조절하는 방법이라고 할 수 있다.

3인칭으로 이야기하면 괴로운 생각도 완화된다

모저의 연구팀은 피험자들에게 과거의 괴로웠던 경험을 떠올리게 하는 다른 실험도 진행했는데, 역시 3인칭을 주어로 해서 자신을 돌아보게 한 그룹이 감정의 억제 효과를 볼 수 있었다고 한다. 연구팀은 "자신을 3인칭으로 부르면 자기 체험에서 심리적으로 조금 거리를 둘 수 있어 감정을 조절하는 데 도움이 된다."라고 설명했다.

3인칭으로 생각하기만 해도 기분이 가벼워진다

붐비는 전철을 타야 할 때 '(나는) 사람이 꽉 찬 전철이 정말 싫어'라며 '나는 지금 어떻게 느끼고 있는가?'를 생각하지 말자. 대신 '그는 사람이 꽉 찬 전철이 싫은 듯해' 하면서 '그는 지금 어떻게 느끼고 있는가?'를 생각하면 짜증 나는 기분이 상당히 완화된다. 또한 혼란스럽거나 화가 날 때 '나는 침착해야 한다'라고 생각하기보다 '그는 침착해야 한다'라고 생각해 보자. 단지 그렇게 생각하는 것만으로도 지금의 상황이 남의 일처럼 여겨지고 기분이 가벼워진다.

{ 안 좋은 일이 있으면 3인칭으로 이야기해서
자신을 객관적으로 보고 감정을 조절하라. }

91

효과
내성 강화

생각이 안 되면 말이라도 긍정적으로 바꿔라

생각이 아닌 말을 바꿔야 마음이 단단해진다

자기평가가 높은 사람일수록 우울해하지 않는다

긍정적으로 생각하자고 맘먹어도 본래 성격이 어둡다면 긍정적인 생각이 오히려 스트레스가 될 수 있다. 이런 현상을 역화 효과backfire effect라고 한다. 따라서 자신의 성격을 이해하고 적당히 긍정적인 시점을 갖는 것이 스트레스를 없애는 지름길이다.

워싱턴대학교의 키스 더튼Keith Dutton과 조너선 브라운Jonathon Brown은 한 실험에서 먼저 피험자에게 세 개의 단어를 주고, 이와 관련된 네 번째 단어를 피험자에게 추리하게 하는 수수께끼 같은 테스트를 했다. 그리고 테스트 전에 '자신이 어느 정도 풀 수 있다고 생각하는가?', '다른 피험자와 비교해서 자신의 능력이 어느 정도라고 생각하는가?'를 묻는 설문조사를 했고, 테스트 후에도 동일하게 자기평가에 관한 설문조사를 했다. 그 결과 자기평가가 높은 사람일수록 문제를 맞히지 못해도 우울감이 적은 것으로 나타났다.

연구진에 따르면 답이 틀릴 때도 자기평가가 높았던 사람은 '이 문제는 나와 궁합이 안 맞다'라는 식으로 편리하게 해석하기 때문에 우울해지지 않았다고 한다.

말을 긍정적으로 하기만 해도 고통에 강해진다

남덴마크대학교의 헨리크 비야르케 베그터Henrik Bjarke Vaegter와 연구진이 발표한 연구에 따르면 긍정적인 말은 통증이나 어려움에 대한 내성을 강화한다고 한다. 연구진은 실험에서 피험자 83명을 다음과 같이 세 그룹으로 나눈 뒤 각각 스쿼트 등 몸에 부하가 걸리는 운동을 하도록 했다.

① 긍정적인 말을 사용해 실험 내용을 들은 그룹

② 부정적인 말을 사용해 실험 내용을 들은 그룹

③ 중립적인 말로 실험 내용을 들은 그룹

그러자 그룹 ①은 대퇴근 내성이 22퍼센트 증가했고 그룹 ②는 내성이 4퍼센트 감소했을 뿐 아니라 통증도 강하게 느끼는 것으로 나타났다. 이처럼 설명할 때 사용한 말이 긍정적인지 부정적인지에 따라 경험하는 쪽은 기분이 바뀌고 몸과 통각에도 영향을 미친다. 여러분도 피곤하다고 느끼면 '열심히 했다', 어렵다고 느끼면 '보람이 있다'는 식으로 자신에게 유리하게 해석하자. 자신에게 도움이 되는 말로 바꾸기만 해도 내성과 감각이 바뀐다.

{ 부정적인 사람이 긍정적으로 생각하려고 하면 역효과가 난다.
이럴 땐 말을 긍정적으로 바꾸기만 해도 효과가 있다. }

92

우울해지면 일어나 움직여라

몸이 움직이면 마음도 따라 움직인다

아침 체조를 하는 것은 과학적으로 이치에 맞는다

야마구치대학교의 사사키 미쓰루佐々木光流와 시오타 마사토시塩田正俊는 피험자에게 아침에 라디오에서 나오는 체조를 하도록 하고, 이어서 공을 드리블하거나 조깅을 하게 해서 심박수를 분당 120~140으로 높인 뒤 계산을 하도록 했다. 그러자 정답을 맞히는 비율이 올랐다고 한다. 반복해서 말하지만 몸을 움직이는 것은 신체 건강뿐 아니라 뇌 건강에도 좋은 영향을 준다. 아침부터 머리를 맑게 한다는 측면에서도 라디오 체조는 효과가 있어 보인다.

조깅은 기분을 안정시키는 효과도 있다

굉장히 기본적인 이야기지만 운동 중에서도 조깅을 추천한다. 하버드대학교의 에밀리 번스타인Emily Bernstein과 리처드 맥널리Richard McNally의 연구에 따르면 안 좋은 일이나 스트레스가 쌓여 있을 때는 조깅을 하면 기분이 좋아진다고 한다.

이들은 피험자를 조깅을 하는 그룹과 스트레칭을 하는 그룹으로 나눠 각각 30분 정도 실시한 뒤 눈물을 자아내는 영화를 감상하게 했다. 영화를 보고 슬픈 감정이 드는 것은 어느 그룹이나 마찬가지였지만 그 후의 회복은 조깅한 팀이 훨씬 빨랐다. 게다가 1주일 동안 지속하면 마지막 운동부터 72시간 이상, 1주일까지 효과가 지속되었다. 조깅에는 자율신경 조절 기능이 있어 건강한 체질이 되는 효과가 있다고 알려져 있는데, 앞의 실험을 보면 효과도 오래 지속되는 것으로 보인다.

같은 연구자들의 다른 논문에서는 실내 자전거의 효과에 관해서도 검증하고 있다. 스트레스를 받기 전에 실내 자전거에서 유산소 운동을 한 경우 부정적인 감정이 빨리 회복되는 것으로 나타났다.

기분이 우울하거나 스트레스를 느낄수록 몸을 움직여라

아침 체조, 조깅, 실내 자전거 같은 운동은 아주 적은 시간이라도 여러분의 몸과 마음에 확실한 변화를 가져다준다. 그러니 기분이 가라앉거나 스트레스를 느끼고 있을 때일수록 몸을 움직여 보자. '그럴 기력조차 없어…'라고 생각해도 괜찮다. 간단한 체조처럼 짧고 쉬운 것도 괜찮다. 무리하지 않고 계속할 수 있는 범위에서 시작해 보자. 몸을 움직이면 마음도 움직이기 시작한다. 오늘의 자신을 조금 건강하게 해주는, 그 첫걸음이 여러분의 매일을 조금씩 바꿀 것이다.

운동은 신체뿐만 아니라 마음에도 좋은 영향을 준다.
기분이 우울하거나 스트레스를 느낄수록 몸을 움직이자.

93

화풀이는 건강의 적

분노는 표출할수록 지속된다

짜증이 날 때 물건에 표출하면 분노가 지속된다

스트레스를 느끼면 저도 모르게 주변의 사람이나 물건에 화풀이하는 사람이 적지 않을 것이다. 화풀이는 주위 사람들에게 민폐만 끼친다. 그런데 오하이오 주립대학교 브래드 부시먼 팀의 연구에 따르면 화를 내는 본인에게도 좋은 영향이 없다고 한다.

연구팀은 먼저 피험자들에게 '분노는 남에게 표출하기보다 베개나 펀칭백 같은 물건에 표출할 때 제대로 발산할 수 있다'라는 거짓 정보를 제공했다. 이후 피험자에게 쓰게 한 에세이를 실험 조력자가 혹평해서 피험자들을 짜증 나게 했다. 그리고 피험자들에게 스트레스 해소 방법을 목록 중에서 고르게 했더니 대부분이 허위 정보였던 펀칭백을 선택했다. 그런데 펀칭백을 때린 피험자들은 분노가 가라앉기는커녕 더 공격적이 되고 분노가 지속되는 경향이 있어서 혹평한 실험 조력자는 물론이고 상관없는 사람에게까지 분노를 표출하는 모습을 보였다고 한다.

이처럼 짜증이 났을 때 물건에 표출하는 것은 스트레스 발산은커녕 오히려 역효과를 부른다.

화풀이는 안 좋은 상황을 더 악화한다

공격적인 태도는 분노의 원인에 반격할 수 없거나 목표를 달성할 수 없다는 좌절에서 일어난다고 한다. 그렇기에 분노에 내몰려 화풀이하는 것은 문제 해결로 이어지는 게 아니라 오히려 더 깊은 좌절로 이어질 가능성이 커진다. 그리고 화풀이 대상은 가까운 사람을 향하는 경우가 종종 있는데, 이런 행동은 나중에 내 편이 되어 줄지도 모르는 사람들을 오히려 멀어지게 만들 뿐이다.

화풀이는 도리에 어긋나는 행동이다. 짜증을 느낄 때는 다른 대상에게 화풀이하지 말고 자신에게 도움이 되는 자극을 받도록 마인드를 전환하자. 자신이 좋아하는 것을 보거나 떠올리면 마음을 안정시키는 호르몬인 세로토닌이 증가한다고 한다. 그러니 짜증이 나거나 화가 치밀 땐 기분이 좋아지는 것을 찾아 스스로 진정하도록 하자.

물건이나 사람에게 화를 내면 분노는 더 커질 뿐이다

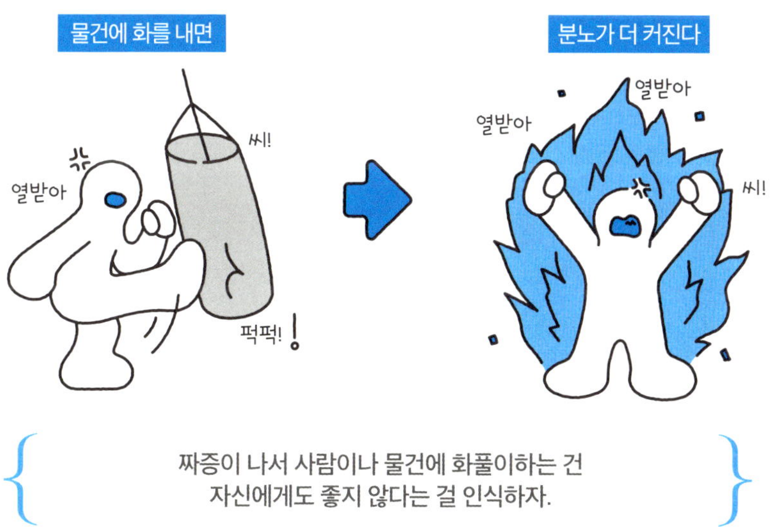

짜증이 나서 사람이나 물건에 화풀이하는 건
자신에게도 좋지 않다는 걸 인식하자.

94

효과
행복감 / 공감 능력

가능하면 타인의 행복을 빌어 주어라

뇌는 이타적인 행동에 반드시 보상한다

타인의 행복을 바라면 내가 행복해진다

타인의 행복을 바라면 나도 행복해질 수 있다. 언뜻 단순해 보이는 이 생각을 미국 아이오와 주립대학교 더글러스 젠타일Douglas Gentile의 연구팀이 입증했다. 연구에서는 대학생 496명에게 12분간 캠퍼스 안을 걷도록 하고, 스쳐 가는 사람에 대해 마음속에서 특정 생각을 품도록 지시했다. 그 내용에 따라 연구팀은 피험자들을 다음 네 그룹으로 나누었다.

① '그 사람이 행복해지기를'이라며 따뜻한 마음을 보내도록 유도된 그룹

② '자신과 어떤 공통점이 있는지' 생각하도록 유도된 그룹

③ '자신이 상대보다 뛰어날 것 같은 점'에 주목하도록 유도된 그룹

④ 상대방의 복장이나 물건에 대해 관찰하도록 유도된 그룹

그 후 참가자들의 행복감, 불안, 공감도, 타인과의 유대 등을 측정했더니 ① 타인의 행복을 바랐던 그룹이 가장 행복감이 높았고 불안이 감소했으며 공감도와 사회적 유대감에서도 좋은 수치를 보였다. 흥미로운 점은 원래의 성향, 즉 자기중심적인 사람인지, 협조적인 사람인지의 차이가 결과에 거의 영향을 주지 않았다는 것이다. 결국 누구에게나 효과가 있다는 말이다.

인간은 이타적인 행동에 보상을 받도록 설계되어 있다

그러면 왜 다른 사람을 위해 행동하면 결국 자신에게도 좋은 영향이 돌아올까? 그 이유는 인간이 본질적으로 사회적인 동물이기 때문이다. 인간은 다른 동물들에 비해 신체적으로 그리 강한 존재가 아니다. 그럼에도 인간이 지금까지 살아남아 번성할 수 있었던 것은 집단을 이루고 서로 협력해 왔기 때문이다.

이러한 협력 관계는 개인의 생존 가능성을 높이고, 장기적으로는 집단 전체의 안정성을 강화한다. 집단 속에서 협력하는 사람은 자연스럽게 신뢰를 얻고, 필요할 때 도움을 받을 수 있는 동료를 확보하게 된다. 우리의 뇌가 그런 이타적인 행동에 보상을 주도록 설계된 것이다.

인간은 기본적으로 쾌락이 따르는 행동을 반복하고, 고통이 수반되는 행동은 피하려는 경향을 지닌다. 예를 들어 자손을 남기기 위한 생식 행동에는 강한 쾌락이 동반되는 반면, 생명을 위협하는 행동에는 불쾌감이나 고통이 따른다. 이는 개인의 선택을 넘어 종의 존속을 가능하게 한 구조적 결과다. 마찬가지로 타인을 배려하고 돕는 행동이 심리적 만족감이나 행복감으로 이어지도록 설계된 것 역시 결코 우연이 아니다. 그것은 인간이 살아남아 온 긴 역사 속에서 형성된, 매우 정교한 생존의 구조다.

> 누군가의 행복을 바라면 뇌가 그 이타적인 행동에 보상을 주어
> 나의 행복감이 올라간다.

95

효과
행운

자신은 늘 운이 좋다고 믿어라

운이 좋다고 생각하면 운이 좋아지는 이유

행운이라는 말을 들으면 성과가 35퍼센트 오른다

생각하는 힘을 얕잡아 봐서는 안 된다. 쾰른대학교 리잔 다미슈Lysann Damisch의 연구팀이 진행한 실험은 생각의 중요성을 보여 준다. 이들은 피험자 전원에게 퍼터 골프를 치게 하고, 절반에게만 "여러분이 치는 공은 행운의 공입니다."라고 알려 주었다. 그러자 행운의 공이라는 말을 들은 사람들의 퍼트 성공률은 10구 중 평균 6.75회, 듣지 못한 사람들은 평균 4.75회를 기록했다. 행운의 공이라는 말을 들은 쪽의 퍼트 성공률이 35퍼센트나 높게 나타난 것이다.

믿음의 힘으로 운을 내 편으로 만들 수 있다

행운 연구의 1인자로 불리는 하트퍼드셔대학교의 리처드 와이즈먼Richard Wiseman의 연구에서도 스스로 운이 좋다고 믿는 사람은 행운을 불러들이는 경향이 있다고 한다. 이 연구에서는 운이 좋다고 믿는 사람과 불운하다고 믿는 사람을 모아 양쪽에 신문을 주고, 그 안에 사진이 몇 장 있는지를 찾아보게 하는 실험을 진행했다.

사실 이 신문에는 페이지의 절반을 차지하는 공간에 2인치가 넘는 큰 활자로, "이것을 봤다고 실험자에게 말하면 250파운드(=약 50만 원)를 받을 수 있다."라는 메시지가 적혀 있었다. 실험의 의도는 사진을 찾는 게 아니라 이 메시지를 발견할 수 있느냐는 것이었다. 실험 결과 스스로 불운하다고 생각하는 사람일수록 메시지를 발견하지 못했다는 결과가 나왔다.

와이즈먼은 "운이 좋은 사람과 불운한 사람은 자신이 운이 좋거나 운이 나쁜 진짜 원인이 무엇인지 거의 인식하지 않지만, 그들의 사고방식과 행동이 그들의 운명 대부분을 좌우한다."라고 설명했다. 시야가 좁고 행동력이 부족하면 있었을지도 모르는 행운을 간과하게 된다. "나는 운이 정말 없어."라고 한탄하기 전에 스스로 바꿀 수 있는 것이 많다는 사실을 떠올리자. 태어나면서부터 운이 나쁜 사람은 없다. 중요한 것은 믿는 힘이다.

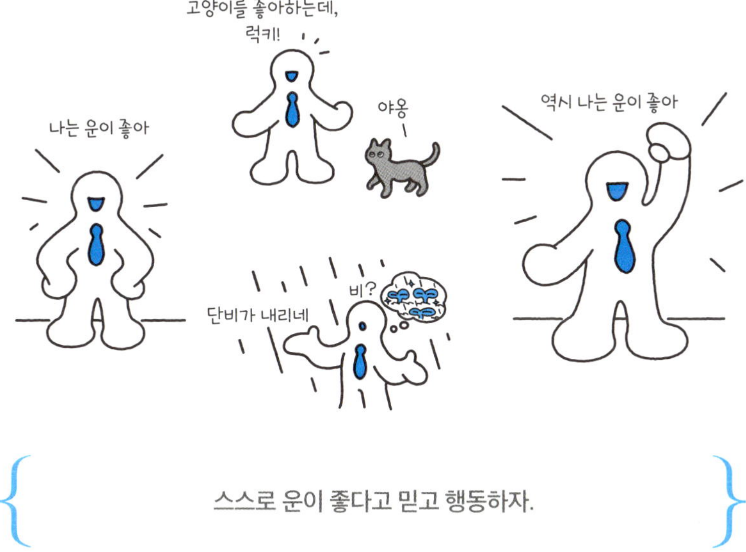

과학적으로 증명된 생활 습관

제6장에서는 우리의 생활과 인생을 더 나은 방향으로 바꾸기 위한 습관 17가지를 소개한다. 습관은 우리 생활의 많은 부분을 차지하고 있다. 따라서 나쁜 습관을 버리고 좋은 습관을 들이는 것은 인생을 바꾸는 것과 다름없다. 여러분의 인생을 위해 하나씩 시작해 보자.

나에게 꼭 맞는 생활 습관이 성과를 높인다

☑ 성과를 떨어뜨리는 사회적 시차 적응

2006년 뮌헨대학교의 틸 뢰네베르크Till Roenneberg가 제창한 사회적 시차 social jetlag라는 말이 있다. 이는 개인의 체내 시계와 일이나 학교 등 사회적 스케줄의 차이가 일반적인 시차와 마찬가지로 정신적인 부조화를 초래할 가능성이 있다는 학설이다.

이에 따르면 우리 몸에는 체내 시계라는 것이 있어서 '지금은 활동할 시간이야', '슬슬 잘 시간이야' 등 신체 리듬을 결정한다. 이 리듬에는 개인차가 있어서 아침형 인간이나 저녁형 인간이 존재하는데, 대체로 일이나 학교의 일정에 맞춰야 하므로 많은 사람이 아침에 일어난다.

만약 여러분이 아침형이라면 사회의 시간과 몸의 리듬이 자연스럽게 맞기 때문에 비교적 편하게 생활할 수 있다. 그러나 저녁형의 경우 사회적인 아침형의 시간에 맞추려 하면 몸에 무리가 생긴다. 체내 시계는 아직 자는 시간이라고 인식하고 있는데 억지로 일어나 일하러 가야 해서 몸에 부하가 걸리는 것이다. 이 상태가 사회적 시차다.

☑ 사회적 시간과 자신의 체내 시간 조정하기

사회적 시차가 크면 몸이 항상 피곤하거나 집중이 안 되거나 건강이 악화되기 쉽다. 그러니 유연한 근무나 비교적 자유로운 학습 일정을 세워야 한다. 일례로 저녁형 인간이 아침 일찍 시작하는 일을 하려고 하면 힘들지만, 재택근무를 하면서 자신의 신체 리듬에 맞는 시간으로 일정을 조정하면 체내 시계에 사회적 시간을 맞출 수 있다. 이렇게 하면 체내 시계와 사회적 시간의 어긋남이 감소하고, 몸에 가해지는 부담이 줄어들어 성과를 유지할 수 있다.

주의해야 할 점은 자신이 저녁형 인간임을 자각하고 있음에도 억지로 아침형으로 교정하려는 시도다. 사람에 따라 아침형, 저녁형의 체질이 정해져 있다고 한다. 이를 강제로 바꾸는 것은 역효과를 낸다. 어디까지나 사회적인 시간을 자신에게 맞게 유연하게 조절해야 한다.

장기 연휴 등 평일과는 다른 기간이 이어지면 무심코 평소와 다른 일정으로 보내는 사람이 많다. 이때도 체내 시계에 어긋남이 생겨 사회적 시차가 생길 수 있다. 평소와 다른 일정을 소화하게 될 때는 본래 자신의 체내 시간에 맞춰 생활 시간을 조정하는 습관을 기르자.

내게는 어떤 생활 습관이 맞을까?

96
效과
행복감

개와 함께 시간을 보내라

동물과 교감하면 행복 호르몬이 증가한다

동물과의 교감은 스트레스를 줄여 준다

사람들과 관계를 맺고 유지하는 일에 스트레스를 느끼는 사람에게 '동물과 교감하면 행복 호르몬인 세로토닌과 옥시토신이 증가한다'라는 연구 결과는 든든한 처방전이 될 것이다. 요즘에는 직장에서 고양이를 기르기도 하는데, 고양이의 사랑스러움으로 일에서 받는 스트레스를 줄이고 심신을 치유하는 것이다.

그러나 고양이 이상으로 큰 효력이 있는 존재가 바로 개다. 카롤린스카 연구소의 마리아 페테르손Maria Petersson과 연구진은 피험자 10명에게 자신이 키우는 강아지와 60분 동안 교감하게 하고, 그 전후와 중간에 혈액에서 세로토닌과 코르티솔(스트레스 호르몬)의 반응을 조사했다. 그 결과 처음에 옥시토신이 적었던 피험자일수록 개를 자주 만지고 싶어 했고 만진 후에는 큰 반응이 있었다. 다만 안타깝게도 만지는 빈도가 높을수록 개의 코르티솔 수치가 올라가는 경향이 있었다. 인간은 치유되는 반면 개는 과도한 접촉으로 스트레스가 쌓일 가능성이 있다는 말이다.

개를 기르면 세로토닌 분비가 증가한다

아자부대학교의 나가사와 미호永澤美保 팀의 연구에 따르면 개는 옥시토신의 분비를 활성화한다. 또한 개의 건강을 위해서는 아침과 저녁 산책이 필수이기 때문에 주인이 야외에 나가 햇빛을 받게 되고, 이로써 세로토닌의 분비량이 증가한다고 한다. 개를 기르면 주인도 규칙적인 생활이 몸에 배어 세로토닌이 잘 나오는 환경이 갖춰지는 것이다.

미국에서는 '애니멀 어시스티드 액티비티즈'Animal Assisted Activities, AAA, '펫 테라피' 등 동물과 교감하는 활동을 적극적으로 도입하는 의료 현장도 늘고 있다. 독일에서도 90퍼센트 이상의 의료 종사자가 동물이 가져오는 효과를 인정한다는 조사 결과가 있을 정도다. 동물은 인간에게 긍정적인 효과를 주는 중요한 존재다. 동물, 특히 개와 교감할 때 스트레스가 줄고 행복을 쉽게 느낄 수 있다.

개를 기르면 규칙적인 생활을 하고 행복도가 증가한다

동물과 교감하면 세로토닌과 옥시토신이 증가한다.
다만 지나치게 만지지 않도록 주의하자.

매주 삼림욕을 하라

자연과 접하면 스트레스가 줄어든다

97

효과
문제 해결력

1주일에 사흘, 30분 삼림욕을 하자

미시간대학교의 메리캐럴 헌터MaryCarol Hunter와 연구진은 도시에 사는 피험자 36명에게 8주 동안 1주일에 최소 3회, 10분 이상 자연과 접할 기회를 만들어 보내게 한 뒤 어떤 영향을 받았는지 조사했다. 장소는 피험자 각자가 '자연'이라고 느끼는 장소(근처 공원이나 낮은 산도 포함)를 선택하고, 그곳에서 1주일에 3회, 10분 이상을 보내도록 한 뒤 네 번에 걸쳐 각 피험자의 코르티솔 분비량(스트레스 정도)을 체크했다.

그 결과 20~30분 동안 자연과 접하면 가장 효과가 있는 것으로 나타났고 스트레스 수치가 시간당 28.1퍼센트나 떨어졌다고 한다. 또한 30분이 지나면 스트레스 자체는 감소하는 반면 감소하는 속도는 느려지는 것으로 나타났다. 20~30분 정도 자연을 느낄 수 있는 장소에 가서 삼림욕을 하는 것만으로도 스트레스가 감소한다는 이야기다.

자연과 잘 접하지 않았던 사람보다 1주일에 120분 이상 자연과 접한 사람은 전자보다 건강 상태도 양호하고 행복감을 느끼는 경우가 많다고 한다. 걷기도 상관없으니 평소에 자연을 느낄 수 있는 운동을 하는 것이 중요하다.

자연 속에서 사흘을 보내면 문제 해결력이 상승한다

휴일에는 캠핑을 가거나 숲속을 산책하는 것도 효과적이다. 캔자스대학교의 루스 앤 애칠리Ruth Ann Atchley와 연구진은 자연 속에서 사흘 동안 있으면 문제 해결력이 상승한다는 조사 결과를 내놓았다. 실험에서는 학생 22명에게 유타주의 협곡에서 캠프를 하게 했다. 그리고 사흘 동안 캠핑하면서 돌아다닌 그룹과 그렇지 않은 그룹으로 나눠 비교했다. 그러자 전자 쪽이 문제를 해결하는 능력이 50퍼센트나 올라갔고, 논리적 사고력과 지적 능력도 향상되었다고 한다. 이처럼 자연은 우리에게 실질적으로 좋은 영향을 준다.

바쁜 사람은 책상 위에 작은 관엽 식물을 두어라

물론 그런 장소에 갈 여유가 없는 사람도 있을 것이고 걷기를 싫어하는 사람도 있을 것이다. 그런 사람에게는 원예를 추천한다. 원예라고 하면 거창해 보이지만, 실은 책상이나 테이블 위에 자연을 느낄 수 있는 작은 관엽 식물이나 분재 식물을 놓아 두기만 해도 된다. 지바대학교의 연구에 따르면 그렇게만 해도 스트레스와 피로가 줄어든다고 한다.

> 1주일에 사흘, 30분 삼림욕을 하고 자연 속에서 시간을 보내라.
> 바쁜 사람은 책상 위에 관엽 식물을 놓아 두기만 해도 된다.

손수 음식을 만들어 식사하라

건강, 자기긍정감, 생존율을 모두 잡는 법

직접 음식을 만들어 먹는 사람은 아닌 사람보다 생존율이 높다

기본적으로 식사는 밥과 메인 반찬, 밑반찬이 균형을 이루는 것이 바람직하다. 일본 후생노동성의 조사를 보면 외식을 하거나 포장해 가서 식사하는 경우가 많은 사람일수록 밥과 반찬들의 균형이 맞지 않는다는 보고가 있다.

대만 국립위생연구소의 로잘린드 치아유 첸Rosalind Chia-Yu Chen과 연구진은 대만에 사는 65세 이상 남녀 1,888명을 대상으로 10년에 걸쳐 식사를 직접 만드는 일에 관해 조사를 시행했다. 그 결과 주 5회 집에서 요리하는 사람은 하지 않는 사람보다 10년 후 생존율이 47퍼센트나 높은 것으로 나타났다.

외식하는 사람은 하루 200킬로칼로리 더 먹는다

미국암협회의 빈 응우옌Binh Nguyen과 일리노이대학교 시카고 캠퍼스의 리사 파월Lisa Powell의 연구에 따르면 외식을 하는 사람은 음식을 직접 만들어 먹는 사람보다 하루 평균 200킬로칼로리 정도 많이 섭취한다. 잦은 외식은 체중 증가와 비만의 위험을 높인다.

스스로 만들어 먹으면 자기긍정감이 상승한다

직접 만들어 먹는 일에는 생각지도 못한 장점이 있다. 도호쿠대학교의 다시로 아이田代藍와 연구진은 2011년 10월 이후 아지노모토 그룹이 동일본 대지진의 피해를 입은 도호쿠의 각 현에서 개최한 '만남의 빨간 앞치마 프로젝트'의 효과를 조사했는데, 그 결과 매우 흥미로운 사실이 드러났다.

당시 피해를 입어 임시 주택에 입주한 사람들은 주방이 좁아서 요리를 마음대로 할 수 없었기 때문에 영양 불균형을 보였다고 한다. 또한 이웃과의 관계가 사라지자 고립이나 은둔형 외톨이가 발생하는 등 다양한 건강 위험이 발생했다. 그래서 아지노모토 그룹은 '만남의 빨간 앞치마 프로젝트'를 기획해 임시 주택의 집회장에서 요리 교실을 개최하는 등 다양한 활동을 진행했다. 그 결과 요리 교실에 다닌 사람들은 직접 요리를 만들려는 동기부여가 되었을 뿐 아니라 영양 불균형이 개선되었고 사교적으로 바뀌었다. 이렇게 식사 하나에만 신경 써도 자기긍정감이 오를 수 있다.

지출은 늘어나도 외식은 기분을 풍요롭게 해주기 때문에 외식을 삼가라는 의미는 아니다. 다만 직접 만들어 먹는 일은 자신을 풍요롭게 해주는 행위이기도 하다. 일상이 공허하거나 사는 보람이 없다고 느껴진다면 조금 수고스럽더라도 직접 음식을 만들어 자기 자신을 풍요롭게 해주자.

> 음식을 직접 만들어 먹는 일은
> 절약, 건강, 멘탈을 위해서 매우 좋다.

99

효과
정보력 / 식별력

집중할 때는 눈을 가늘게 떠라

정보에 따라 효과적인 눈 뜨는 방법

눈을 얼마나 크게 뜨느냐에 따라 시각 성능이 달라진다

우리는 일상생활 속에서 무의식중에 표정을 바꾸면서 사물을 보거나 생각한다. 예를 들어 어두운 밤길에서 무언가가 움직였다고 느낄 때 무심코 눈을 크게 뜨는 경우가 있다. 반면에 작은 글자나 세세한 무늬를 가만히 들여다보려고 할 때는 자연스럽게 눈을 가늘게 뜨게 된다. 이런 표정의 변화는 그저 버릇이 아니라 사실 보는 힘을 최대한 끌어내기 위한 행동일지도 모른다.

토론토대학교의 대니얼 리Daniel Lee가 이끄는 연구팀은 공포와 혐오라는 대조적인 감정이 시각에 어떻게 영향을 주는지를 알아보기 위해 실험을 진행했다. 피험자 28명은 각기 다른 표정(공포, 중립, 혐오)을 한 상태에서 글을 읽는 작업에 임했는데, 그 결과 눈을 뜨는 정도에 따라 시각의 성능이 변화하는 것으로 나타났다.

놀랍게도 공포의 표정, 눈을 크게 뜬 상태에서는 주변 시야의 감도가 높아져 넓은 범위에서 오는 정보를 재빨리 포착할 수 있었다고 한다. 반대로 혐오의 표정, 눈을 가늘게 뜬 상태에서는 시각의 식별력이 높아져 작은 차이나 세세한 디테일을 놓치지 않았다.

눈을 크게 뜨거나 가늘게 떠서 보는 힘을 높여라

표정은 단순한 감정의 신호가 아니라 상황에 따라 시각 처리를 최적화하는 도구다. 우리의 몸은 생각 이상으로 지혜롭고 환경에 맞게 기능을 조정한다. 그리고 몸의 움직임에 맞춰 뇌는 최적화를 해준다.

이 기능을 우리의 일상에 응용해 보면 어떨까? 예를 들어 밖을 걷다가 주변에 화재가 발생하거나 공사 현장이 있을 때처럼 위험을 감지해야 하는 상황에서는 눈을 크게 뜨고 주위를 경계하는 것이다.

반면 세세한 작업을 할 때, 예를 들어 매니큐어를 바르거나 계약서를 확인하거나 아이의 숙제를 봐줄 때는 일부러 눈을 가늘게 뜨고 집중하면 좋을 것이다.

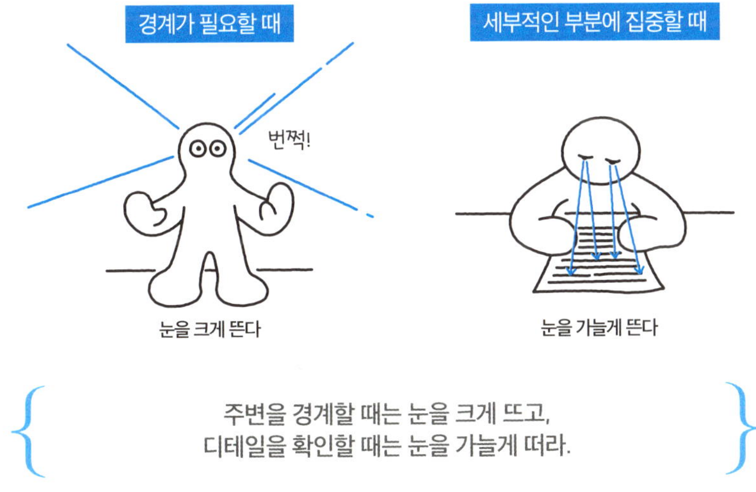

주변을 경계할 때는 눈을 크게 뜨고,
디테일을 확인할 때는 눈을 가늘게 떠라.

저축 잔고를 기록하라

100

효과
저축 습관

잔고를 기록하면 저축을 더 많이 하게 된다

저축의 의사결정에는 심리적인 요소가 관여한다

돈을 모으려면 어떻게 해야 할까? 듀크대학교의 메르베 아크바스Merve Akbas와 댄 애리얼리Dan Ariely는 케냐의 저축상품 제공 기업과 제휴해서 심리적 고민과 금전적 인센티브가 수입이 적고 불안정한 사람들의 저축률을 얼마나 높일 수 있는지 실험했다. 실험은 6개월 동안 진행되었으며, 다양한 조건에서 조사한 결과 흥미로운 사실이 드러났다. 조건 중 하나에 매주 저축 잔고를 보고하고 리마인드(주의 환기) 텍스트 메시지를 보내는 것이 있었는데, 그때 다음 조건 중 하나를 추가했다고 한다.

① 아이에게서 온 것처럼 보이게 하는 리마인드 메시지

② 실험 기간 중 각 주에 금색 동전을 보내고, 참가자는 이 동전에 매주 예금을 기록한다

③ 주마다 저축액에 대해 10퍼센트 또는 20퍼센트의 인센티브(주말에 가산되는 패턴과 미리 최대액이 주초에 지급되고 나중에 조정되는 패턴) 제공

그 결과 가장 효과가 높았던 것은 ②번으로 판명되었다. 참가자의 평균 저축액도 가장 높아서 다른 조건보다 두 배 이상의 저축률을 기록했을 정도였다고 한다. 실험을 주도한 애리얼리는 동전이 눈에 보이는 형태로 기록을 남길 수 있는 물체였기 때문에 참가자들이 더 자주 저축을

떠올리는 계기가 된 것이라고 분석했다. 이처럼 저축의 의사결정에는 심리적인 영향이 쉽게 반영되는데, 특히 눈에 보이는 것이 의지를 굳힌 다는 사실을 알 수 있다.

돈을 의인화하면 돈을 지키고 싶어진다

중국 저장대학교의 릴리 왕Lili Wang 팀이 진행한 연구에 따르면 돈에 인간의 특징을 부여하면(＝의인화) 사람들은 돈을 상처받기 쉬운 존재로 취급하고 '지키자＝저축하자'라는 의지를 보였다고 한다.

이 연구에서는 돈의 일러스트에 눈을 붙이거나 '나를 안전한 장소에 넣어 주세요'라고 돈이 말을 걸어오는 듯한 문장을 일부러 쓰게 한 뒤에 저축률을 조사했다. 그 결과 의인화된 돈을 보거나 읽은 사람은 실제 저축하는 행동이 평균 18퍼센트 증가했다고 한다.

연구팀은 돈에 감정이 있다고 생각하면 돈이 상처받기 쉬운 존재로 보여서 지켜주고 싶다(＝저축하자)는 심리가 작용했다고 설명한다. 쉽게 저금하지 못하는 사람은 눈이 그려진 돈이나 말하는 돈 등 사소한 디자인이나 표현을 활용하기만 해도 심리가 바뀐다는 것을 기억해 두자.

잔고를 기록하고 자주 확인하는 행동은 저축을 부추긴다.
돈을 의인화하면 자연스럽게 저축하고 싶어진다.

101

효과
저축 습관

저축도 성격에 맞춰 하라

빅 파이브 성격 특성에 따라 저축 전략을 세워라

빅 파이브 성격 특성에 맞는 저축 전략이란

컬럼비아대학교 비즈니스스쿨의 산드라 마츠Sandra Matz가 이끄는 연구 팀은 영국의 2,400명 이상을 대상으로 연구를 진행했는데, 저축의 목표가 그 사람의 빅 파이브 성격 특성(개방성, 성실성, 외향성, 우호성, 신경성)과 일치하는 사람일수록 저축액이 많다고 보고했다. 이 결과는 개인의 성격에 맞는 저축 목표를 설정하면 저축 의욕과 성공률을 높일 수 있다는 가능성을 보여 준다. 마찬가지로 저소득자를 위한 비영리 핀테크 앱을 사용한 실험에서도 성격에 맞는 저축 목표를 설정하면 목표를 달성할 확률이 높아졌다는 결과를 얻을 수 있었다. 즉 자신의 성격에 맞는 저축 방법을 하는 것이 핵심이다.

빅 파이브 성격 특성은 다음 다섯 가지다.

① **개방성**

특징: 호기심이 강하고 창의적이며 새로운 체험을 선호하는 유형

저축 전략: 여행이나 새로운 체험을 위해 돈을 모으는 식으로 설레는 목적을 설정한다. 게임처럼 저축할 수 있는 앱이나 독특한 저축 챌린지를 추천.

② **성실성**

특징: 계획적이고 책임감이 있으며 꼼꼼한 유형

저축 전략: 자동이체나 가계 관리 앱을 이용해 정기적인 저축을 습관화하라. '매월 ○○원 모으기' 같은 식으로 명확하고 측정 가능한 목표가 좋다.

③ 외향성

특징: 사교적이며 사람들과의 교류를 좋아하는 유형

저축 전략: 공통된 취미가 있는 친구와 함께 저축에 도전하는 등 사람 사이의 유대감을 살려 저축을 해본다.

④ 우호성

특징: 부드럽고 자상하며 타인을 배려하는 유형

저축 전략: 기부나 지역 활동을 위한 저축 등 누군가에게 도움이 되는 목표를 세워 의욕을 높이고 저축을 유도한다.

⑤ 신경성

특징: 불안감을 쉽게 느끼고 스트레스를 잘 받는 유형

저축 전략: 쇼핑할 때마다 거스름돈을 자동으로 저금하는 식의, 스트레스가 적은 간단한 방법을 추천한다.

이처럼 아무 생각 없이 저축하기보다는 자신의 성격을 이해하는 것이 효과적이며 지속 가능한 저축 계획을 세울 수 있다. 나는 위의 다섯 가지 중 어디에 해당하는지 파악한 뒤에 특성에 맞게 활용해 보자.

> 자신이 빅 파이브 성격 특성 중 어떤 성격인지 파악하고
> 특성에 맞는 저축 전략을 세워라.

102

작고 새로운 일을 하라

반보 앞에 있는 새로운 일로 뇌를 리프레시하라

새로운 일을 시작하면 뇌가 활성화된다

유니버시티 칼리지 런던의 니코 분첵Nico Bunzeck과 오토 폰 게리케대학교의 엠라흐 뒤젤Emrah Duzel은 연구를 통해 새로운 자극은 학습 능력을 향상시킬 뿐 아니라 기억력도 높인다고 보고했다.

새로운 것을 보게 되면 우리는 어떤 형태로든 보상을 받을 가능성이 있다고 생각해 뇌가 쉽게 활성화된다. 반대로 자극에 익숙해지면 뇌는 더 이상 보상과 연결되지 않는 것으로 학습하고 활성화로 이어지지 않는다.

"그 시절은 즐거웠지. 예전에 비하면 지금은 재미가 없어."

사람은 나이가 들면 아무래도 과거를 돌아보는 경향이 있다. 물론 즐거운 추억을 떠올리고 그리워하는 것은 나쁜 일이 아니다. 과거의 자기 모습에서 영감을 받아 "좋아, 다시 한번 열심히 해보자!"라며 의욕을 끌어올리기도 한다.

그러나 과거를 그리워하기만 해서는 쉽사리 활력이 생기지 않는다. 정기적으로 새로운 자극을 주어야 뇌는 빛을 되찾는다. 개중에는 '새로운 일을 시작하면 오히려 뇌가 지치는 건 아닐까?'라고 생각하는 사람도 있을 테지만 그렇지 않다.

앞의 연구에서 피험자에게 익숙한 경치나 사람 얼굴 이미지와 익숙하지 않은 새로운 이미지를 보여 주었는데 후자 쪽이 뇌의 흑질/복측피개영

역(중뇌에 있는 신경핵으로 도파민 신경계의 중요한 부위)이 활성화되었다는 보고가 있다. 익숙한 이미지가 안정감이 있기 때문에 더 민감하게 반응할 것 같지만 새로운 이미지를 보여 준 쪽이 뇌에 자극을 받은 것이다.

스몰 스텝이 딱 좋다

하지만 새로운 자극이라고 해도 유별난 일을 할 필요는 없다. 목표가 높은 자극이 아니라 반보 앞에 있는 새로운 일을 시작하는 정도로 장벽이 낮은 자극이 딱 좋다. 걷기를 잘하는 사람이 등산이 하고 싶다고 해서 갑자기 높은 산을 오르는 것은 무모하다. 마찬가지로 한계를 뛰어넘은 새로운 자극이나 챌린지가 주어지면 뇌가 쉽게 피로해진다.

걷기를 좋아하는 사람은 먼저 낮은 산에 올라가 보자. 한류 드라마를 좋아하는 사람은 일단 한국 여행 서적부터 구입하자. 이런 점진적 단계 상승이 뇌가 녹스는 것을 방지해 준다.

0에서 1을 만들 필요는 없다. 이미 좋아하는 A라는 취미가 있다면 여기서 파생된 A´에 돌진해도 충분하다. 가볍게 할 수 있는 반보 앞의 새로운 일을 발견하는 것이 중요하다.

새로운 일을 하면 뇌가 활성화된다.
장벽이 낮은 새로운 일을 시작해 보자.

선택지는 반드시 세 가지를 준비하라

103 효과
행동력 / 결단력

쉽게 움직이지 않는 뇌에 행동을 유도하는 장치

인간은 항상 자신의 선택을 정당화할 이유를 생각한다

인간은 하지 않는 것에 관해 변명하는 천재다. 저명한 행동경제학자인 프리스턴대학교의 엘다르 샤피르Eldar Shafir에 따르면 인간은 무언가를 선택할 때 자신이 선택한 이유를 납득할 수 있는지를 중시한다. 즉 단순히 가장 이득을 보는 선택을 하는 것이 아니라 선택한 것을 스스로에게 설명할 수 있는 이유를 찾는다는 것이다.

우리는 늘 자신의 선택을 정당화하는 이유를 생각하면서 결정을 내린다. 예를 들어 선택지가 있고, 어느 쪽을 구매할지 망설이고 있을 때 한쪽을 선택한다면 그 선택 방법에 납득할 수 있는 이유가 있어야 한다. 가령 휴일에 아무것도 하지 않고 빈둥거린다는 선택은 '빈둥거리는 편이 휴식에 좋다'는 이유를 찾았기 때문에 그런 판단을 한 것이다.

인간은 현상 유지를 선택하도록 되어 있다

샤피르의 연구팀은 의사결정에 관한 다양한 실험을 진행했다. 예를 들어 소비자가 리피트(계속 같은 선택을 하는 것)와 스위칭(새로운 선택지로 전환하는 것)을 할 때 후회를 어떻게 경험하는지 조사했는데, 그중 스위칭은 부정적인 결과가 생겼을 때 후회가 강해지는 것으로 나타났다. 이처럼 인간은 현상 유지를 선호하며 어지간한 이유가 없는 한 새로운 선택지를 고르지 않는다.

또한 샤피르의 연구팀은 강력한 이유가 있는 경우와 이유가 부족한 경우의 의사결정도 비교했는데, 강한 이유가 있는 경우는 리피트가 후회를 일으키는 일이 적었다. 즉 자신을 정당화할 이유가 있는 이상, 현상 유지를 선택하는 의사결정은 강철처럼 단단한 것으로 나타났다.

선택지는 세 가지를 준비하라

어떻게 보면 인간은 자신을 정당화할 수 있는지 아닌지로 '선택'과 '제외'를 고른다고도 할 수 있다. 자신을 정당화할 이유를 선택하기 때문에 두 가지 선택지만으로는 좀처럼 자신의 행동을 바꾸는 것이 어렵다. 샤피르의 연구팀도 선택지는 세 가지가 바람직하다고 했다.

아무 예정도 없는 휴일을 보낼 때 '빈둥거린다' 혹은 '어딘가로 외출한다'라는 선택지뿐이라면 의사결정은 과거의 경험상 선택을 정당화할 수 있는 것으로 미리 정해진다. 그러니 '조금 멀리 떨어져서 가 본 적 없는 가게까지 산책한다'는 선택지를 더해 보자. 여러분의 행동 반경이 좀 더 넓어질 것이다.

{ 인간은 대체로 현상 유지를 선택하는 경향이 있다.
행동하길 바란다면 선택지를 세 가지로 늘려 보자. }

104

효과
감수성 / 표현력

소통을 잘하려면 어휘력을 길러라

말을 늘리는 것은 가능성을 늘리는 것

어휘력이 올라가면 마음을 제대로 전달할 수 있다

어휘가 늘어날수록 감정 표현이 풍부해진다는 연구가 있다. 2017년 하버드대학교의 에릭 누크Erik Nook와 연구진이 발표한 논문을 보면 6세부터 25세까지의 성장 과정을 장기간 추적한 결과 어휘력의 증가는 개인이 자신의 기분과 감정을 인식하고 구분하는 방식의 발달과 밀접하게 연관되어 있는 것으로 나타났다. 즉 단어를 많이 안다는 사실 자체가 단순한 지식의 축적을 넘어 감정을 이해하고 표현하는 능력의 확장으로 이어진다는 것이다.

이 연구에서는 어휘력의 증가가 두뇌의 명석함이나 사고 속도, 혹은 하나의 문제를 여러 관점에서 바라보는 능력, 과제에 착수하는 방식과 같은 다른 인지적 요인들보다도 감정 인식과 표현에 더 강한 영향을 미치는 것으로 보고되었다. 특히 유년기에는 감정이 '좋다'거나 '싫다'와 같은 긍정과 부정의 양극단으로 단순하게 인식되지만, 성장하면서 아는 어휘가 늘어날수록 비슷해 보이는 감정을 점차 더 세분화하고 다차원적으로 표현할 수 있게 된다.

어휘력 증가는 감수성의 풍부함으로 이어진다

오키나와현 우루마시의 한 중학교 교사가 학생들에게 '말 노트'를 작성하고 이를 표현 활동에 활용하면 언어 감각, 배움을 향한 힘 등에 어떤 변화가 생기는지를 조사했다. 실험은 아쿠타가와 류노스케芥川龍之介의 《밀감》을 읽고 '인상적인 부분과 궁금한 표현을 인용하기', '말 노트의 단어 사용하기'를 수행하게 한 다음 처음 떠오른 감상을 정리하게 했다. 학생들은 각각 '이상하다', '슬프다', '다정하다'라는 표현을 써서 낸 다음 그룹으로 모여 함께 논의하면서 '이상하다→괴상하다, 기묘하다', '불쌍하다→비참하다'라는 식으로 이전 표현과는 다른 표현을 도출하도록 토론을 진행했다.

그런 다음 같은 조건으로 아쿠타가와 류노스케의 《광차》를 읽고 감상을 정리했는데, 첫 번째《밀감》에서는 말 노트를 활용해 정리할 수 있던 학생이 전체의 약 31퍼센트였던 것에 비해《광차》에서는 약 45퍼센트까지 증가한 것으로 나타났다. 이처럼 말을 아는 일, 어휘를 늘리는 일은 확실히 표현과 감수성을 풍부하게 해준다.

종합하면 어휘력과 표현 수단의 풍부함은 감정을 섬세하게 드러내는 능력으로 이어질 뿐 아니라, 자신의 마음을 상대에게 더욱 정확하고 깊이 전달하는 기반이 된다고 볼 수 있다.

{ 어휘력을 늘리면 감정이 풍부해지고
이를 잘 전달하는 표현력도 좋아진다. }

105

자주 쓰는 말을 바꿀 때 일어나는 일

말은 우리의 정신을 지배한다

뇌가 아니라 말이 우리를 지배한다

우리가 생각하는 것 이상으로 뇌는 우리의 몸에 지령을 내리지 않는다. 사실 어느 쪽이냐면 뇌는 이끌기 위해 지령을 내리는 존재다. 즉 "나는 ○○한 사람이다."라고 말하면 뇌는 "당신은 ○○한 사람이군요."라며 우리를 이끈다. 예를 들어 "나는 게으름을 피우는 형편없는 인간이다."라고 말로 내뱉으면 뇌는 우리를 나쁜 방향으로 이끌어 더 게으르고 형편없는 인간으로 만든다. 이처럼 선행하는 정보에 이끌려 행동이 변하는 경향을 플로리다 효과Florida effect라고 한다.

뉴욕대학교의 존 바그와 연구진은 30명의 학생을 대상으로 '언어 발상 실험'이라는 제목 아래 다음과 같은 실험을 실시했다. 연구진은 피험자를 두 그룹으로 나눈 뒤 다음과 같은 작업을 하게 했다.

A 그룹: '오래되다', '은퇴', '주름', '혼자' 등 고령자 또는 나이 듦을 연상시키는 말들을 늘어놓고 이를 문법으로 올바르게 배열하게 했다.

B 그룹: 중립적인 단어만을 늘어놓고 올바르게 배열하게 했다.

사실 이 실험에서 '언어 발상 실험'이라는 명목은 위장이었고, 실제로는 말이 피험자들에게 어떤 효과가 있는지 조사한 것이었다. 실험 종료 후 연구진은 두 그룹이 어느 정도의 속도로 엘리베이터까지 향하는지

스톱워치로 측정했다. 그랬더니 A 그룹의 보행 속도는 평균 8.28초였고, B 그룹은 평균 7.30초가 나왔다. 다른 피험자 30명으로 추가 실험을 했으나 결과는 거의 비슷했다. 고령자나 나이 듦을 연상하자 보행 속도가 느려진 것이다.

말을 바꾸면 뇌가 마음을 바꾼다

주변에 "더워." 혹은 "피곤해."라는 말을 반복해서 하는 친구나 동료가 있으면, 어느 순간부터 나 역시 피로가 밀려오는 느낌을 받곤 한다. 실제로 몸이 더 지치거나 온도가 더 올라간 것은 아닌데도, 말 한마디가 분위기와 감각을 바꿔 놓는 것이다. 이는 말이 단순한 표현 수단을 넘어 우리의 인식과 신체 감각에까지 영향을 미친다는 점을 보여 준다.

선행하는 정보가 주어지면 뇌는 그것을 중요한 신호로 받아들이고, 그 방향에 맞춰 주의를 기울인다. 그러는 사이 우리는 의식하지 못한 채 그 상태에 가까워지도록 스스로를 이끈다.

그만큼 말은 사람의 인식에 강한 영향을 미친다. 우리가 어떤 말을 자주 하느냐에 따라 뇌가 주의를 기울이는 지점도 달라진다. 그렇다면 뇌가 부담을 키우는 말이 아니라, 좋은 방향으로 도움을 주는 말을 하도록 의식적으로 선택해 볼 필요가 있다. 작은 말의 선택이 하루의 컨디션과 에너지를 바꾸는 출발점이 될 수 있기 때문이다.

> 사용하는 말을 바꾸면 뇌는 그 정보에 이끌려 행동을 변화시킨다.
> 좋은 행동으로 이끄는 말을 사용하자.

106

효과
판단력 / 기억력

말의 서브리미널 효과에 주의하라

전제를 포함한 말은 기억과 판단에 영향을 미친다

단어 하나가 인상을 바꾼다

말 하나로 다른 사람에게 주는 기억, 인상, 판단이 바뀐다. 일리노이 대학교의 리처드 해리스Richard Harris는 실험 참가자들에게 농구 선수를 보고 그 사람의 키가 어느 정도였는지 답해 달라는 단순한 실험을 진행했다. 다만 질문할 때의 단어 선택을 그룹에 따라 다음과 같이 바꿨다.

· A 그룹 사람들에게는 "선수의 키가 얼마나 되었나요?"라고 묻는다
· B 그룹 사람들에게는 "선수의 키가 얼마나 작았나요?"라고 묻는다

그 결과 두 그룹 사이에 무려 평균 30센티미터나 차이가 발생했다. 같은 사람을 보고도 A 그룹은 2미터의 큰 남성이라는 인상을 받았고, B 그룹은 170센티미터라는 인상을 기억했다는 것이다. 다른 사람인가 착각할 정도로 양측의 인상은 크게 달랐다.

듣기에 따라 원하는 대답을 유도할 수 있다

이것이 만약 사건이라면 어떻게 될까? 만약 어떤 사건의 수사 도중에 누군가 의도적으로 특정 표현을 사용해 질문한다면 범인에 관한 목격자의 인상도 달라질 수 있다. 목격자가 사건의 범인을 "범인은 170센티미터 정도였습니다."라고 말했는데 실제로는 2미터인 피고인이 법정에 있

을 수도 있다. 여러분이 재판관이라면 '목격자가 본 범인'과 '법정에 있는 피고인'은 다른 사람이라고 생각하지 않을까?

이런 말의 속임수는 전제에 있다. '높이'는 일반적으로 묻는 방식이고, "키의 높이가 얼마나 됩니까?"라고 묻는 것은 키가 작은 사람에게도 큰 사람에게도 해당하는 표현이다. 그러나 얼마나 작은지 물으면 키가 작다는 것이 전제가 된다.

이처럼 전제를 포함한 말은 저도 모르는 사이에 사람의 기억이나 판단, 인상을 형성하는 데 큰 영향을 준다. 이를 서브리미널 효과subliminal effect라고 한다.

이 효과를 응용하면 표현을 달리해 상대의 대답을 유도할 수도 있다. "어느 정도의 길이야?"라고 물을 때보다 "어느 정도로 짧아?"라고 물으면 이상하게 '짧다'고 생각하게 된다. 특히 '높이의 낮음', '길이의 짧음', '속도의 느림'과 같은 막연한 기준을 물을 때 말의 영향을 쉽게 받는다고 한다.

{ 질문을 받았을 때는 질문에 포함된 전제에 주의한다.
말의 속임수에 속지 말자. }

107

내발적 동기부여를 의식하라
내적 보상과 화이트 엔진의 중요성

사람을 움직이는 것은 금전적 보상보다 보람

새롭게 시작하고 싶은 무언가가 생겼을 때는 스스로 결정을 할 수 있느냐 없느냐가 중요하다. 즉 '이 정도면 나도 할 수 있을 것 같아'라는 태도가 중요한데, '이 사람이 이렇게 말하니까 해봐야지'라는 것은 다른 사람의 언행에 몸을 맡기는 것이기 때문에 행복감을 느끼거나 성실하게 지속하기 어렵다고 한다.

동기부여 이론에서 내발적 동기부여의 연구를 오랜 세월 계속한 심리학자 에드워드 데시Edward Deci는 소마 퍼즐(입체 퍼즐)을 사용해 외적·내적 보상에 관한 심리 실험을 했다. 외적 보상이란 급여나 지위처럼 외부에서 주어지는 보상이며 내적 보상이란 일에서 큰 성과를 올렸을 때의 성취감이나 충실감이라는 내면으로부터 우러나오는 보상이다. 실험에서는 소마 퍼즐을 푸는 피험자들을 다음과 같이 나누었다.

① 퍼즐을 풀면 금전적 보상(1달러)을 받을 수 있다.
② 퍼즐을 풀어도 금전적 보상(1달러)은 받지 못한다.

그리고 퍼즐 풀이에 착수한 뒤 30분이 지나면 피험자들을 지켜보던 연구원이 퇴실하고 자유 시간을 주었다. 퍼즐을 마음대로 중단해도 되는 조건을 만든 것이다. 그 결과 보상을 받을 수 없는 그룹 ②는 퍼즐에 더 오랫동안 몰두했고, 반대로 보상을 받을 수 있는 그룹 ①은 퍼즐에 더 몰두하지 못하는 것으로 나타났다.

실험을 주도한 데시는 그룹 ②는 금전이라는 외적 보상이 발생하지 않았기 때문에 퍼즐을 맞추는 일 자체에서 재미와 보람을 발견했다고 했다. 즉 내적 보상이 생겨났다는 말이다. 이는 우리 인간에게는 내적 보상에 대한 기대감이 있기 때문에 '더 해보자', '열심히 해보자'라고 생각한다는 것을 보여 준다.

블랙 엔진과 화이트 엔진

사람의 동기부여에는 두 종류가 있다고 알려져 있다. 하나는 '○○이 말했으니까 해본다', '노력하지 않으면 가족을 부양할 수 없다'와 같이 두려움과 부담감에 의한 동기에서 촉발된 블랙 엔진이라는 동기부여다. 다른 하나는 '나를 위해서 해보자', '가족이 행복하도록 노력하자'와 같이 긍정적 동기에서 촉발된 화이트 엔진이라는 동기부여다. 둘 다 상황은 같다. 그러나 동기의 지점을 어디에 두느냐에 따라 블랙 엔진이 될 수도, 화이트 엔진이 될 수도 있다.

무언가를 시작하려고 할 때 외적 보상에 현혹되지 말고 화이트 엔진을 돌리도록 하자.

{ 두려움과 압박보다 긍정적인 동기로 보람 있는 일을 하는 것이
더 오래 지속할 수 있고 성과도 크다. }

108

효과
만족도 / 행복감

프로 만족러가 되어라
선택한 결과에 최고의 결과를 바라지 마라

촉진형 맥시마이저와 평가형 맥시마이저

스와스모어대학교의 배리 슈워츠Barry Schwartz는 의사결정 스타일에서 사람들은 두 가지 패턴을 보인다고 주장했다. 첫 번째는 여러 선택지 중에서 항상 최고의 결과를 추구하려는 경향이 있는 맥시마이저maximizer 유형이다.

이 구별을 발전시킨 워털루대학교의 제프리 휴즈Jeffrey Hughes에 따르면 맥시마이저는 많은 선택지를 철저히 조사한 뒤에 다른 선택지가 좋았을 것이라고 생각하면서도 자신의 선택에 긍정적인 면을 찾아내는 촉진형 맥시마이저와, 항상 최고를 계속 찾아 선택한 결과에 만족하지 못하는 평가형 맥시마이저가 있다고 한다.

레스토랑에 가서 다채로운 메뉴 중에 햄버그를 골랐고, 음식이 나왔는데 '생각했던 것과 다르지만 맛있어 보이니까 괜찮아'라고 생각하는 것이 촉진형 맥시마이저다. 반면에 '뭔가 기대와 다르네. 다음 기회에 재도전해야지'라고 생각하는 것이 평가형 맥시마이저다.

이렇게 받아들이는 방식이 다르기 때문에 결과에 대한 만족도도 달라서, 당연히 촉진형 맥시마이저보다 평가형 맥시마이저가 스트레스를 잘 받는다고 한다.

자기 나름대로 만족할 줄 아는 새티스파이어

또 하나, 자기만의 기준에서 만족할 줄 아는 새티스파이어satisficer 유형
이 있다. 예를 들어 상품을 구입할 때나 음식점에 들어갈 때 철저하게 따
지거나 고르지 않고 '이런 걸 찾고 있었던 거구나' 하고 자신이 요구하는
기준을 클리어하면 크게 구애받지 않고 만족하는 유형이다. 만약 더 좋
은 것을 찾았다고 해도 자신은 만족하기 때문에 필요 이상으로 부정적인
감정에 빠지지 않고 만족도가 높으며 스트레스도 쌓이지 않는다.

매사에 완벽이란 없다. 매일 기분 좋게 보내려면 새티스파이어 같은 마
인드나 촉진형 맥시마이저 같은 마인드로 전환이 필요하다. 뒤집어 말하
면 최고의 결과를 내려고 집착하지 않으면 스트레스는 잘 쌓이지 않는
다는 말이다. 선택한 결과에 대해 너무 깊이 파고드는 일은 그만두자.

만족할 줄 아는 '새티스파이어'가 되려면

자기 나름대로 만족할 수 있는 기준과 마인드를 지녀야
기분 좋은 매일을 보낼 수 있다.

109

효과
안정 / 긍정감

항상 누군가를 생각하며 기도하라

기도는 인생의 만족도를 높인다

기도를 받은 사람은 마음이 안정된다

기도는 형식이나 양식은 다르지만 전 세계에서 이뤄지는 공통된 행동이다. 사실 기도에 마음을 안정시키고 건강에 효과가 있다는 것은 잘 알려져 있다.

샌프란시스코 종합 메디컬 센터의 의사 랜돌프 버드Randolph Byrd는 심장 치료를 위해 입원 중인 환자 393명을 대상으로 '기도'에 관한 실험을 10개월 이상 진행했다. 그는 환자들을 무작위로 나눈 후, 중증이 되거나 사망에 이르지 않고 빠르게 회복할 수 있도록 타인에게 기도를 받는 그룹과 아무것도 하지 않는 그룹으로 나누었다. 기도를 하는 사람들은 전국의 여러 교회에서 모집해 한 명의 환자에게 3~7명을 배정했는데, 기도를 받은 그룹의 환자들은 기도를 받지 않은 그룹의 환자들보다 호흡 보조, 항생제, 이뇨제를 필요로 하지 않았고 질병의 중증도가 낮았다고 한다.

물론 각 사람의 질병 차이나 개체 차이도 있기 때문에 절대적인 효과가 나타난다고는 단언할 수 없다. 또한 플라시보 효과처럼 기도를 받아서 안심을 얻고, 믿음의 힘을 통해 일시적으로 컨디션이 양호해진 경우도 있을 수 있다. 하지만 기도가 환자들에게 좋은 영향을 주었다는 것도 사실이다.

기도하는 사람은 인생의 만족도가 높다

하버드대학교 잉 첸Ying Chen과 타일러 밴더월Tyler VanderWeele이 5,000명 이상을 대상으로 진행한 연구에서는 8년에서 14년에 걸친 추적조사를 바탕으로 했다. 연구 결과 최소 주 1회라도 기도하는 사람들은 삶의 만족도가 높고 긍정적이며 강인해서 약물 사용 가능성이 적었고 웰빙 측면에서 매우 좋은 수치를 보였다고 한다. 텍사스 주립대학교 샌안토니오의 엘리슨과 연구진이 1,500명 이상을 대상으로 한 연구에서도 신앙심이 깊고 기도하는 사람은 걱정, 공포, 사회불안, 강박증 등 불안장애를 겪는 비율이 낮다고 밝혀졌다.

사람은 마음을 기댈 만한 곳을 찾아서 감사하는 마음으로 살아가는 것이 중요하다. 소중한 사람을 생각하며 기도해 보자. 손을 모으고 마음속으로 외쳐 보기만 해도 분명 큰 변화가 생겨나기 시작할 것이다.

소중한 사람을 생각하며 기도하자

1주일에 한 번은 소중한 사람을 생각하면서
기도하는 습관을 들여 보자.

스스로 결정하는 일의 힘

소득이나 학력보다 자기결정이 행복감을 높인다

효과
행복감

110

자기결정은 소득이나 학력보다 행복도를 올린다

인간의 행복에서 여러분은 무엇이 중요하다고 생각하는가? 경제산업 연구소의 니시무라 가즈오西村和雄와 도시샤대학교의 야기 다다시八木匡가 일본 내 2만 명을 대상으로 설문조사를 실시한 결과, 소득이나 학력보다 자기결정이 행복감에 강한 영향을 미치는 것으로 나타났다.

설문조사에서는 전국의 20세 이상 70세 미만 남녀를 대상으로 소득, 학력, 자기결정, 건강, 인간관계라는 다섯 가지가 행복감과 상관관계가 있는지를 분석했다. 그 결과 행복감에 미치는 영향력은 '건강 〉 인간관계 〉 자기결정 〉 소득 〉 학력' 순으로 나타났다. 또한 소득이 증가함에 따라 행복감도 비례하는 경향을 보였는데 1,100만 엔(약 1억 원)이 상한선인 것으로 판명되었다. 이 결과처럼 우리가 살면서 돈 이상으로 중시해야 할 것은 건강, 인간관계, 자기결정이다.

스스로 진로를 정한 사람은 행복하다

특히 흥미로운 것은 자기결정이다. 자기결정으로 진로를 결정한 사람은 성과에 대한 노력을 아끼지 않기 때문에 책임감과 긍지를 갖고, 달성한 일에 따르는 행복감이 높다고 한다. 이는 작은 자기결정에서도 마찬가지다.

이제 막 업무를 시작하려고 하는데 "빨리 일해."라고 상사가 말하면 의욕이 사그라진다. 이처럼 인간은 태어날 때부터 자신의 행동과 선택을 스스로 결정하고 싶은 욕구가 있다. 그러나 그 욕구를 강요받거나 빼앗기면 아무리 긍정적인 제안이라고 해도 무의식적으로 반발적인 행동을 한다. 이런 현상을 리액턴스 효과reactance effect라고 한다.

차를 운전하고 있을 때 옆에서 "더 빨리 브레이크를 밟는 게 좋겠어."라는 식으로 말하면 기분이 안 좋아지는 것은 바로 이 리액턴스 때문이다. 이와 반대로 혼자만의 의지대로 기분 좋게 운전할 수 있다면 '최고의 드라이브였어'라고 느끼고 자기긍정감이 올라간다. 이것이야말로 리액턴스와 자기결정의 차이다. 뒤집어 말하면 리액턴스가 일어나기 전에 '내가 이 선택을 했구나'라고 생각할 수 있다면 행복감을 높일 수 있다.

주문한 요리가 '상상과 다르네'라고 생각하면서 먹는 것보다는 '상상하지 못했던 요리가 나왔는데, 나는 이것과 만나기 위해 선택한 거야'라고 생각하면서 먹는 편이 행복하다. 그러니 매사를 자기결정으로 해석하는 버릇을 들이도록 하자.

누군가가 결정하게 하는 것이 아니라 스스로 결정하라.
스스로 결정했다고 생각하면 노력하게 되고 행복해진다.

111

넛지를 기억하라
환경을 바꾸면 행동이 바뀐다

환경을 정리해서 행동을 변화시키는 넛지 이론

넛지는 행동과학의 지식을 이용해 사람들의 선택의 자유를 해치지 않고, 환경을 정돈해 본인이나 사회에 바람직한 행동을 실현시키는 방법을 말한다. 프롤로그에서도 설명했지만 넛지는 미국의 행동경제학자 리처드 탈러가 2017년 노벨경제학상을 받으면서 널리 알려진 행동경제학 용어다. 인간은 완전히 의식적이고 합리적인 판단만으로 움직이지 않는다. 주변 환경이 만들어 놓은 작은 신호들에 영향을 받으며 선택을 하는 경우가 많다. 실제로 우리 주위에는 넛지가 곳곳에 도입되어 있다.

넛지를 이용해 건강을 증진시킨다?

인간의 의사결정이나 행동이 환경에 비교적 쉽게 좌우되는 성질을 지닌다면 이를 컨트롤할 수도 있지 않을까? 라 트로브대학교의 그레그 맥그래스Greg McGrath가 진행한 연구는 이를 잘 보여준다. 이 연구에서는 슈퍼마켓을 실험 무대로 삼아 쇼핑 카트 바닥에 '우리 매장에서는 열 명 중 아홉 명이 채소와 과일을 구입합니다'라는 메시지를 제시했다. 그 결과 별도의 할인 혜택 없이도 채소와 과일의 매출이 눈에 띄게 증가했다. 다수의 선택을 암시하는 간단한 문구 하나가 소비자의 행동을 바꾼 것이다.

물론 이러한 개입은 채소 섭취가 부족한 사람들에게 건강 증진이라는 긍정적인 결과로 이어질 수도 있다. 하지만 동시에 특정한 선택을 하도록 방향을 유도한다는 점에서 개인의 자율성을 저해할 가능성이 있는 조작적인 행위라고 볼 여지도 있다. 그럼에도 이런 메커니즘이 실제로 효과를 발휘한다는 사실 자체는 부정하기 어렵다. 중요한 점은 그것을 타인이 아니라 스스로를 위해 활용할 수 있다는 데 있다.

일상생활에 넛지를 도입하라

예를 들어 집에서 집중해서 작업을 해야 한다고 해보자. 이때 스마트폰을 책상 위나 손이 닿는 곳에 두는 대신, 아예 다른 방에 충전 전용 장소를 만들어 작업을 시작하기 전 그곳에 두어 보자. 물리적인 거리만으로도 주의가 분산되는 빈도를 크게 줄일 수 있다. 더 나아가 마음에 쏙 드는 스마트폰 홀더를 마련한다면 '스마트폰을 멀리 두는 행위' 자체를 기분 좋은 경험으로 인식하게 만들 수도 있다.

여기에 스마트폰 홀더 옆에 저금통을 두고, 스마트폰을 거기 둘 때마다 500원을 저금하는 식의 보상 체계를 더하면 효과는 더욱 커진다. 뇌는 불편함보다 보상에 먼저 반응하기 때문이다. 이렇게 넛지를 의식적으로 활용해, 특별한 결심이나 의지력을 소모하지 않아도 자연스럽게 원하는 행동을 하게 만드는 환경을 설계해 보자. 작은 환경의 차이가 반복적인 행동을 만들고, 그 행동은 결국 습관으로 굳어진다.

> 일상생활에서 개선하고 싶은 것이 있으면
> 넛지를 의식해서 환경을 바꿔 보자.

112

효과
충족감 / 행복감

불편함 속에서도 좋은 것을 찾아라

어떤 선택도 즐기겠다는 마음으로 임하라

작업자 한 명이 한 대의 자동차를 조립하는 셀 생산방식

불편익이라는 사고방식이 있다. 교토대학교의 가와카미 히로시川上浩司 팀이 주장한 '불편하기 때문에 얻을 수 있는 이익'이 있다는 생각이다. 가와카미는 셀cell 생산 방식이라는 공산품의 조립 방법을 연구하고 있었는데, 셀 생산 방식에서는 작업자가 한 대의 자동차를 혼자 조립하는 방법을 채택한다. 언뜻 보면 비효율적인 작업으로 느껴질 수도 있지만 셀 생산 방식의 작업자들은 이 방법으로 보람을 느끼고 실력의 증가를 실감한다고 한다. 불편한 방법을 채택하기 때문에 오히려 동기부여가 더 잘 되고 실력이 향상된다는 이점을 얻을 수 있는 것이다.

불편함 속에서 이익을 찾아내면 풍경이 달라진다

우리는 무심코 최고의 효율이나 최적의 해답을 원하기 쉽다. 그러나 이를 지나치게 원한 나머지 고민하고 망설이다가 좌절을 겪는다. 그렇다면 최적의 해답이 아니어도 된다는 마인드를 가진다면 마음이 훨씬 편해질 것이다. 그런 사고방식에 받침대가 되어 주는 것이 불편함 속에서 이익을 찾을 수 있다는 불편익이라는 생각이다.

애초에 잘못된 선택이었다고 느꼈던 것도 그 후 자신이 행동하기에 따라 결과적으로 좋은 판단이었다고 생각할 수 있다. 예를 들어 근무 중인 회사가 자동판매기를 일부러 사내에 두지 않는다는 오피스 디자인으로 변경했다고 하자. 그때 귀찮다고 짜증을 내기보다 '의자에서 일어나 밖에 나가면 기분 전환과 운동이 된다'는 쪽으로 생각할 수도 있다. 이렇게 불편 속에서도 이익을 발견하면 같은 상황에서도 받아들이는 감각과 머릿속에 남는 풍경이 달라진다.

불편익을 찾아내는 사람은 어떤 선택도 즐길 수 있다

불편익은 단순히 과거의 향수를 찾는 것이 아니다. 불편함을 통해 얻을 수 있는 새로운 시각이나 가능성을 찾는 데 의의가 있다. '플러스'보다 '마이너스'로 기울어져 있는 상황에서도 무언가 기회나 이익을 찾을 수 있는 사람은 어떤 선택을 해도 즐길 수 있다. 상상했던 것보다 험난했던 여정이 '고행'이 될지 '진귀한 여정'이 될지는 우리 자신이 어떻게 하느냐에 달렸다.

{ 불편함을 한탄만 할 게 아니라 그 안에서 좋은 점을 찾아보자.
기분이 편안해질 것이다. }

지금까지 쉽고 간단하게 습관을 만드는 방법 112가지를 살펴봤다. 하나씩 배우고 익히는 여정이 어땠는가? 끝까지 이 책을 읽어 준 데에 감사의 마음을 전한다. 여기까지 읽은 여러분은 분명히 일상생활 속에서 '나를 더 바꾸고 싶다', '더 좋아지고 싶다'라고 바라며 한 발 한 발 앞으로 나아가고 있을 것이다.

우리는 목표를 세우고 노력해도 쉽게 달라지지 않는 자신에게 자칫 엄격해지기 쉽다. 하지만 비록 작은 한 걸음이라도 무언가를 계속하려고 생각한 순간 이미 큰 변화가 시작된 것이다. 습관화는 인생을 한 방에 바꿔 주는 마법은 아니다. 하지만 조용하고도 확실하게 인생을 움직이는 힘을 가지고 있다. 이 책이 그 작은 엔진 중 하나가 된다면 더할 나위 없이 기쁠 것이다.

이 책이 세상에 나오기까지 많은 사람의 도움을 받았다. 우선 최초 기획 단계부터 따뜻하게 지켜보고 조언해 준 편집자 스기모토 가노코에게 감사의 말을 전한다. 그는 내가 교편을 잡는 메이지대학교 출신으로, 인연을 맺은 지 어느새 10년이 넘었는데 항상 기분 좋게 일하게 해주는 훌륭한 편집자다. 그리고 내 분신과도 같은 파트너로서 책을 만들어 주고 있는 아즈마 히로타카에겐 이번에도 정말 여러모로 신세 많이 졌다. 이 두 사람이 없었다면 이 책은 분명 세상에 나오지 못했을 것이다.

또한 집필 활동을 응원해 주는 가족과 동료, 친구, '호리타구미'의 동료들, 그리고 나의 부족한 말에도 귀를 기울여 페이지를 계속 넘겨 준 소중한 독자 여러분에게 이 자리를 빌려 고마운 마음을 전하고자 한다.

여러분은 이미 습관을 만들고 꾸준히 지속할 힘을 가지고 있다. 조급해하지 않아도 괜찮다. 잘 안 되는 날이 있어도 괜찮다. 내일, 다음 주, 다음 달에 조금씩 앞으로 나아가면 된다. 여러분 앞에 펼쳐질 매일이 더 자유롭고 더 자기답게 조금씩 빛나기를 바란다.

따뜻한 응원을 담아서

홋타 슈고

부록

용어 사전

에 깊이 관여한다.

동조 편향 P142
주위 사람들의 의견이나 행동에 맞게 자신도 똑같이 행동하려는 심리적 경향. 이 편향이 작용하면 자신의 본래 생각과 판단보다 집단이나 많은 사람의 의견에 쉽게 휩쓸린다.

디폴트 모드 네트워크 P36, P37
멍하니 있을 때처럼 사고가 활발하지 않을 때 다수의 뇌 영역으로 구성되는 네트워크. 자동차에 비유하자면 공회전 같은 상태다.

ㄹ

랜덤 학습 P80, P81
여러 가지 주제나 과목, 다른 유형의 문제와 기술을 순서에 구애받지 않고 무작위로 섞어 학습하는 방법.

러너스 하이 P195
장시간 러닝이나 지구적인 운동을 계속하다가 갑자기 찾아오는 강한 고양감, 행복감, 피로감 감소, 도취감 등을 느끼는 현상. 운동을 통해 뇌에서 분비되는 엔도르핀이나 내인성 칸나비노이드라는 신경전달물질은 뇌 내 마약이라고도 하며, 통증을 완화하고 행복감과 편안함을 주는 작용이 있다고 알려져 있다.

레스폰던트 조건부 P174
본래 생리적인 반사를 일으키는 자극과,

본래 반응을 일으키지 않는 다른 자극을 반복해서 한 쌍으로 제시하면 이윽고 그 다른 자극만으로도 같은 반사가 일어나게 되는 학습 구조. 대표적인 예로 파블로프의 개 실험이 있다.

리액턴스 효과 P267
자신의 자유나 선택이 제한되었다고 느낄 때 생기는 반발이나 저항의 감정·행동을 말한다. "○○하면 안 돼."라고 강하게 말할수록 오히려 하고 싶어지는 심리 현상.

리어프레이즐(인지적 재평가) P218, P219
인지적 재평가라고도 하며 사건이나 상황, 거기서 생긴 감정을 다른 시점에서 다시 파악해 의미 부여를 바꾸는 일로 감정을 조절하는 심리적 기법.

ㅁ

마인드풀니스 P114, P115
지금 이 순간의 자기 체험과 감각, 사고, 감정에 의식을 돌리고 평가나 판단을 하지 않으며, 있는 그대로 받아들이는 마음 상태나 이를 위한 실천법.

맥시마이저(촉진형 맥시마이저/평가형 맥시마이저) P262, P263
일반적으로는 '최대화하는 사람 또는 물건'이라는 의미로 쓰이지만, 심리학이나 의사결정 이론 분야에서는 어떤 상황에서도 최적 혹은 최선의 선택지를 추구하는 사람을 뜻한다.

메타 분석 P111

특정 주제나 가설에 관해 행해진 다수의 독립된 연구 결과를 통계적 기법을 이용해 통합·분석하고, 전체적인 경향이나 효과를 명확히 하는 방법.

모차르트 효과 P54

모차르트로 대표되는 클래식 음악을 들으면 뇌가 활성화되어 지능, 집중력, 업무 및 학습 효율이 향상된다고 일컬어지는 현상 혹은 그런 주장.

무효화 P184, P185

상대방의 공격적인 발언이나 부정적인 언행의 효과를 자신의 사고나 태도로 부정하는 것.

미소 우위 효과 P154

화난 얼굴 같은 부정적인 표정보다 웃는 쪽이 인간의 지각이나 기억에서 우위로 다뤄지기 쉽다고 하는 심리학적 효과.

ㅂ

부호화 특수성 원리 P87

기억할 때와 떠올릴 때의 문맥과 단서가 일치할수록 떠올리기 쉬워진다는 원리.

불편익 P270, P271

불편하기 때문에 얻을 수 있는 효용이나 가치를 가리키는 개념. 불편하지만 참겠다는 수동적 발상이 아니라 불편하기 때문에 얻을 수 있는 긍정적인 가치에 적극적으로 눈을 돌리는 긍정적인 사고방식.

블랙 엔진/화이트 엔진 P261

사람의 의욕이나 행동을 만들어 내는 동기부여의 원천을 두 가지 타입으로 나눠 표현한 말. 블랙 엔진은 두려움과 불안, 위기감, 압박 등 부정적인 감정에서 나오는 동기이며 화이트 엔진은 감사나 공헌, 신뢰, 진취적인 목표 등 긍정적인 감정에서 나오는 동기다.

블록 학습 P80, P81

어떤 기술이나 지식을 한꺼번에 정해진 시간에 집중적으로 배우는 학습 스타일.

빅 파이브 성격 특성 P248, P249

인간의 성격은 다섯 가지 주요 인자(특성)의 조합으로 설명할 수 있다는 심리학 이론. 세계적으로 가장 신뢰성이 높은 성격 분석 모델 중 하나로 꼽힌다.

ㅅ

사회적 시차 P236

실제 시차로 체내 시계가 어긋나는 것이 아니라 생활 리듬이나 사회적인 일정이 어긋나 생기는 체내 시계의 흐트러짐이나 피로감.

상기 노력 가설 P104, P105

기억을 떠올릴 때 더 큰 심적 노력이 필요할수록 그 기억이 더 강화되어 장기 기억으로 보존이 촉진된다는 심리학 가설.

상기 연습 효과 P104

배운 내용을 적극적으로 떠올리면 기억

의 정착이나 장기 기억으로 보존이 촉진되는 것을 말함. '테스트 효과'라고도 불리며, 단순히 교과서나 노트를 반복해서 읽기보다는 테스트, 퀴즈, 자기 테스트 등으로 떠올리는 연습을 활용하면 기억이 강화된다는 것이 많은 연구를 통해 증명되고 있다.

상대의 태도에 대해 자신도 같은 태도로 돌려주려는 심리적 작용을 말한다. 호의, 적의, 양보, 자기 공개 등에서 이런 작용이 일어난다.

자신만의 기준을 충족하면 충분히 만족하는 사람 혹은 충분히 좋은 선택지가 발견된 시점에서 의사결정을 하는 사람을 가리키는 심리학·행동경제학 용어.

아주 짧은 시간이나 아주 약한 강도로 제시된 자극이 인간의 의식에 확실히 인식되지 않은 채 잠재의식에 영향을 준다고 하는 심리 현상.

감정이나 정신의 안정, 기분 조절 등에 깊이 관여하는, 뇌에서 작용하는 신경전달물질의 하나. 세로토닌이 부족하면 뇌기능이 저하되어 마음의 균형을 유지하기 어려워진다고 한다.

자기 자신에 관해 긍정적인 말이나 신념을 반복적으로 주장해서 자기긍정감이나 자신감을 높이는 심리 수법.

'자기 자신에게 말 걸기'와 '내적인 대화'를 말한다. '나라면 할 수 있어', '위험할지도 몰라', '괜찮아, 괜찮아' 등 일상적으로 머릿속에 자연히 떠오르는 말이나 생각, 혼잣말도 셀프 토크에 포함된다.

사람은 이익을 얻는 것보다 손실을 피하는 것을 더 우선한다는 심리적 경향.

자극이 여러 번 반복적으로 제시되어 그 자극에 대한 뇌의 반응이 저하되는 현상. 경보음을 여러 번 들으면 점점 놀라지 않게 되는 것도 순화의 한 예시다.

심리학자 찰스 스필버거_{Charles Spielberger}가 개발한, 불안 정도를 측정하기 위한 심리 검사.

신경세포(뉴런) 사이의 정보 전달을 담당하는 화학물질. 주요 신경전달물질로는 도파민, 세로토닌, 노르아드레날린 등이 있으며 기분, 감정, 운동, 학습, 기억 등 뇌와 신체의 다양한 기능에 관여한다.

주로 부신수질에서 분비되는 호르몬. 교감신경이 우위를 점할 때 분비되어 신체를 '투쟁할 것인지, 도주할 것인지' 상태로 이끄는 중요한 역할을 한다.

진통 효과나 기분의 고양·행복감 등을 얻을 수 있는, 뇌 내 마약이라고도 불리는 신경전달물질.

자신의 의견이나 감정을 부정당하거나 잘못을 지적받으면 오히려 자기 생각을 고집하게 되는 심리.

다수의 정보나 개념이 서로 연관되어 기억되는 구조나 현상을 말한다. 어떤 단어를 들었을 때 그와 관련된 다른 단어나 이미지가 떠오르는 건 기억이 네트워크 형태로 연합(매듭)되어 있기 때문이다.

미국의 심리학자 버러스 스키너*Burrhus Skinner*가 제창한 학습 이론. 자발적인 행동에 보상(강화)이나 처벌이라는 결과를 줘서 그 행동의 발생 빈도를 증감시키는 구조를 말한다.

'행복 호르몬', '애정 호르몬'이라고도 불리는, 뇌에서 분비되는 신경전달물질. 기분 좋은 감각 자극 또는 기분 좋은 심리적 자극으로 분비가 촉진된다.

외적 보상이란 급여, 보너스, 승진, 사회적 지위, 선물 등 외부에서 주어지는 가시적 보상을 말한다. 내적 보상이란 일의 보람이나 성취감, 성장 실감, 자부심, 자아실현, 타인에 공헌한다는 감각, 승인이나 감사의 말 등 본인의 내면에서 얻는 심리적 보상을 말한다.

작업이나 동작에 필요한 정보를 일시적으로 기억하거나 처리하는 뇌의 기능·능력으로 전두엽과 깊은 연관이 있다. 작업 기억.

'만약(if) ○○○하면 그때는(then) △△△ 한다'라고 미리 정해 두는 수법. 미리 플래닝하면 뇌에서 *if*가 계기가 되어 자연스럽게 *then*이라는 행동으로 연결되므로 목표 달성이 쉬워진다고 알려져 있다.

외발적 동기부여(보상이나 칭찬 등 외부로부터 오는 자극)로 내발적 동기부여(자기 자신의 흥미나 보람)를 높여 의욕을 북돋는 심리 현상을 말한다.

사람이 자신이나 타인의 행동·태도·의견에 대해 '과거·현재·미래를 통틀어 일관하고 있을 것이다'라고 무의식적으로 생각하는 인지 편향.

ㅈ

자기 공개 P172, P173
자신에 관한 정보나 생각, 가치관, 감정, 경험 등을 있는 그대로 솔직하게 다른 사람에게 전달하는 행위.

자기긍정감 ....
.... P216, P217, P242, P243, P267
있는 그대로의 자신을 긍정하는 감각이나 자기 자신을 가치 있는 존재로 인식하는 심리 상태를 가리킨다. 타인과 비교하지 않고 지금의 자신을 인정하고 존중하며, 자신의 장단점까지 포함해 받아들일 수 있는 감각.

자기효능감 P78, P129
본인이 목표를 달성하기 위한 능력과 행동을 충분히 가지고 있다고 스스로 인식하는 심리 상태를 말한다. '나라면 할 수 있다', '분명히 잘될 것이다'라고 생각하는 감각.

자이가르닉 효과 P34, P35
미완의 사건이 기억에 뚜렷이 남는다는 심리적 현상. 무언가를 달성하지 못했을 때 서투르다는 의식이 싹트기 쉬운 건, 하지 못했던 과거의 경험이 자이가르닉 효과에 의해 기억에 강하게 남아 있기 때문이라고 한다. 만화나 소설의 첫머리 부분만 읽게 해서 뒷부분이 궁금한 미달성

상태를 만들어 의욕을 환기하는 일에도 사용된다.

접근성 P174, P175
심리학이나 사회심리학 분야에서 '물리적인 거리가 가까운 사람일수록 친밀감을 느끼거나 친밀한 관계를 쌓기 쉽다'고 말하는 심리적 경향.

접촉 가설 P188
미국의 사회심리학자인 고든 올포트가 1954년에 제창한 이론으로 '다른 집단 사이에 적극적인 접촉이 있으면 서로에 대한 편견이나 차별이 감소한다'는 사고방식을 말한다.

ㅊ

초두 효과 P162, P163
다른 사람이나 사물을 평가할 때 '최초로 얻은 정보나 인상'이 특히 강하게 기억에 남아 이후 전체적인 평가나 인상에 큰 영향을 미치는 심리 현상.

친사회적 행동 P40
다른 사람을 돕거나 다른 사람에게 적극적으로 호의의 태도를 보이는 행동을 말한다. 다른 사람에게 혜택을 주기 위해 스스로 하는 행동이기도 하다.

카멜레온 효과 P158
다른 사람의 몸짓, 버릇, 표정, 동작 등을 무의식적으로 모방하는 현상 또는 심리적 효과를 가리킨다. 이 모방은 의도적이지 않고 반사적·무의식적으로 일어난다는 특징이 있다.

코드 스위칭............................ P178, P179
바이링구얼이나 멀티링구얼(다언어 사용자)이 대화나 문장 속에서 두 개 이상의 언어나 언어 변종(사투리 등)을 상황에 따라 전환해 사용하는 현상을 가리킨다.

코르티솔 ....
P53, P126, P154, P187, P194, P203, P206, P207, P214, P215, P238, P240
부신피질에서 분비되며 스트레스에 대응하기 위한 호르몬 중 하나. 스트레스 호르몬으로도 불리며 스트레스 정도에 따라 분비량이 달라진다.

테스토스테론 P203
근육이나 뼈의 형성을 촉진해서 생식 기능에도 큰 역할을 하는 남성 호르몬의 하나. 우울증 환자의 70퍼센트 이상에서 테스토스테론의 부족이 나타난다는 데이터도 있다.

테크노퍼런스 P150
스마트폰이나 태블릿 등 디지털 디바이스 이용이 가족이나 친구 등 사람들과의 커뮤니케이션이나 일상의 교류를 방해하는 현상.

편향(인지 편향) ....
.... P56, P142, P188, P189, P222
사물을 판단하거나 의사결정을 할 때 경험이나 선입견, 고정관념 등의 영향을 받아 합리적·객관적이라고 할 수 없는 편향된 판단이나 인식을 하게 되는 심리적 경향을 말한다.

포모도로 기법 P32
작업이나 공부를 할 때 '25분간의 집중 작업'과 '5분간의 휴식'을 반복해서 집중력과 생산성을 높이는 시간 관리 기술. 25분+5분의 1 사이클을 '포모도로'라고 부른다. 이를 네 번 반복하며 15~30분 동안 길게 휴식하는 것이 기본적인 흐름이다.

표정 피드백 가설................................P155
표정이 감정에 영향을 준다는 심리학 이론으로 감정이 표정을 만들어 내는 것이 아니라 표정이 감정을 만들어 냄을 가정한다.

프레이밍 효과 P66
같은 내용의 정보라도 제시 방법(틀=프레임)에 따라 사람들의 판단과 의사결정이 크게 변화하는 심리 현상이다. 마케팅이나 광고, 정치, 일상의 커뮤니케이션 등

폭넓은 분야에서 활용되고 있는 인지 편향의 하나.

프로스펙트 이론..........................P66
인간이 불확실한 상황에서 의사결정을 할 때 합리적인 경제이론으로는 설명할 수 없는 인지 편향을 적용해서 인간의 실제 행동을 설명하는 행동경제학의 대표적인 이론.

플라시보 효과 P264
원래는 유효 성분이 포함되지 않은 가짜 약을 진짜 약이라고 속여 환자에게 사용했을 때 진짜 약처럼 효과가 있는 현상을 가리킨다. 그 의미가 널리 퍼지면서 효과가 있을 수 없는 조건의 실험에서도 효과가 있다고 피험자에게 믿게 해서 실제로 효과가 나타나는 것을 가리킨다.

플로리다 효과 P256
특정한 말이나 이미지(선행 정보)에 접하면 이후 자신의 행동이 무의식중에 영향을 받아서 선행 정보에 관련된 행동을 취하기 쉬워진다는 심리 현상.

ㅎ

항목기억..........................P39
기억심리학이나 인지과학에서 사용되는 용어로, 기억해야 할 개별적 항목(아이템)에 관한 기억을 가리킨다. 가령 단어 목록, 숫자 열, 도형 등 개별적인 요소를 외울 때의 기억이 여기에 해당된다.

해빗 스태킹..........................P9, P11, P12
이미 정착된 일상의 습관에 새로운 습관을 붙여서 무리 없이 새로운 행동을 정착시키는 방법.

현수교 효과..........................P175
공포나 불안 등으로 심박수가 올라가 두근거릴 때 생리적인 흥분의 원인을 함께 있는 이성에게 느끼는 연애 감정이라고 착각하는 심리 현상. '착오 귀속'이라고도 부른다.

현재 편향 P142
눈앞에 있는 것을 과대평가하는 심리 현상. 이런 편향이 작용하면 사람은 장차 얻을 수 있는 큰 이익보다 당장 얻을 수 있는 작은 이익을 우선시하는 경향이 강해진다.

확장 분산 학습/균등 분산 학습..........................P104, P105
학습한 내용을 복습할 때 횟수를 거듭할 때마다 복습의 간격을 서서히 늘리는 학습 일정을 말한다(예: 1일 후→1주 후→2주 후→4주 후 등). 균등 분산 학습은 복습의 간격을 일정하게 유지하는 방법(예: 2주마다 복습).

참고 문헌

* Achtziger, A., Gollwitzer, P. M., & Sheeran, P. (2008). Implementation intentions and shielding goal striving from unwanted thoughts and feelings. Personality and Social Psychology Bulletin, 34(3), 381-393.

* Akbas, M., Ariely, D., Robalino, D. A., & Weber, M. (2016). How to help the poor to save a bit: Evidence from a field experiment in Kenya, IZA Discussion Paper No. 10024, Institute for the Study of Labor (IZA), Bonn.

* Allport, G. W. (1954). The Nature of Prejudice. Cambridge: Perseus Books.

* Analytis, P. P., Barkoczi, D., & Herzog, S. M. (2018). Social learning strategies for matters of taste. Nature. Human Behavior, 2, 415-424.

* Anderson, C., & Kilduff, G. J. (2009). Why do dominant personalities attain influence in face-to-face groups? The competence-signaling effects of trait dominance. Journal of Personality and Social Psychology, 96(2), 491-503.

* Andrade, J. (2010). What does doodling do? Applied Cognitive Psychology, 24(1), 100-106.

* Angelov, V. (2019). Study of the relaxing effect of slow-dynamic gymnastic exercises. Journal of Applied Sports Sciences, 3(1), 13-25.

* Antony, J. W., Gobel, E. W., O'Hare, J. K., Reber, P. J., & Paller, K. A. (2012). Cued memory reactivation during sleep influences skill learning. Nature Neuroscience, 15(8), 1114-1116.

* Arch, J. J., Brown, K. W., & et al. (2016). Mindfulness and eating: The effects of brief mindfulness instructions on a pleasurable food experience. Behaviour Research and Therapy, 79, 23-34.

* Argyle, M. & Ingham, R (1972). Gaze, mutual gaze, proximity. Semiotica, 6, 32-49.

* Ariga, A., & Lleras, A. (2011). Brief and rare mental "breaks" keep you focused: deactivation and reactivation of task goals preempt vigilance decrements. Cognition, 118(3), 439-443.

* Aron, A., Melinat, E., Aron, E. N., Vallone, R. D., & Bator, R. J. (1997). The experimental generation of interpersonal closeness: A procedure and some

preliminary findings. Personality and Social Psychology Bulletin, 23(4), 363-377.

* Asch, S. E. (1946). Forming impressions of personality. Journal of Abnormal and Social Psychology, 41, 258-290.

* Askelund, A. J., Schweizer, S., Goodyer, I. M., & van Harmelen, A. L. (2019). Positive memory specificity reduces adolescent vulnerability to depression. Nature Human Behaviour, 3, 265-273.

* Atchley R. A., Strayer D. L., & Atchley P. (2012). Creativity in the Wild: Improving Creative Reasoning through Immersion in Natural Settings. PLoS ONE, 7(12): e51474.

* Bargh, J. A., Chen, M., & Burrows, L. (1996). Automaticity of Social Behavior: Direct Effects of Trait Construct and Stereotype Activation on Action. Journal of Personality and Social Psychology, 71, 230-244.

* Baron, R. A. (1997). The sweet smell of···helping: Effects of pleasant ambient fragrance on prosocial behavior in shopping malls. Personality and Social Psychology Bulletin, 23(5), 498-503.

* Bavelas, A. (1950). Communication patterns in task-oriented groups. Journal of Acoustical Society in America, 22, 725-730.

* Benedek, M., Panzierer, L., Jauk, E., & Neubauer, A. C. (2017). Creativity on tap? Effects of alcohol intoxication on creative cognition. Consciousness and Cognition, 56, 128-134.

* Bernstein, E. E., & McNally, R. J. (2017). Acute aerobic exercise hastens emotional recovery from a subsequent stressor. Health Psychology, 36, 560-567.

* Bernstein, E. E., & McNally, R. J. (2017). Acute aerobic exercise helps overcome emotion regulation deficits. Cognition & Emotion, 31, 834-843.

* Briñol, Pablo, Richard E. Petty, & Benjamin Wagner. (2009). Body posture effects on self-evaluation: A self-validation approach. European Journal of Social Psychology, 39(6), 1053-1064.

* Brooks, A. W. (2013). Get Excited: Reappraising Pre-Performance Anxi-

ety as Excitement. Journal of Experimental Psychology: General, 143 (3), 1144-58.

* Buch, E. R., Claudino, L., Quentin, R., Bönstrup, M., & Cohen, L. G. (2021). Consolidation of human skill linked to waking hippocampo-neocortical replay. Cell reports, 35(10), 109193.

* Bunzeck, N. & Duzel, E. (2006). Absolute Coding of Stimulus Novelty in the Human Substantia Nigra/VTA. Neuron, 51(3), 369-379.

* Bushman, B. J., Bonacci, A. M., Pedersen, W. C., Vasquez, E. A., and Miller, N. (2005). Chewing on it can chew you up: Effects of rumination on triggered displaced aggression. Journal of Personality and Social Psychology, 88, 969-983.

* Bushman, B. J., DeWall, C. N., Pond, R. S. Jr., & Hanus, M. D. (2014). Low glucose relates to greater aggression in married couples. Proceedings of the National Academy of Sciences, 111, 6254-6257.

* Byrd R. C. (1988). Positive therapeutic effects of intercessory prayer in a coronary care unit population. Southern medical journal, 81(7), 826-829.

* 반 유키, 사쿠라이 쇼, 나루미 다쿠지, 다니카와 도모히로, 히로세 미치타카 (2016), 〈시계의 표시 시간 속도 제어에 따른 단순 작업 처리 속도 향상 기법〉, 일본 버추얼 리얼리티 학회 논문지, 21(1), 109-120.

* Carmichael, K. E., O'Connor, P. J., & Gay, J. L. (2022, August). Stair walking effects on feelings of energy and fatigue: Is 4-min enough for benefits? Frontiers in Psychology, 13, 895446.

* Carney, D. R., Cuddy, A. J., & Yap, A. J. (2010). Power posing: Brief nonverbal displays affect neuroendocrine levels and risk tolerance. Psychological Science, 21, 1363-1368.

* Carpenter, S. K., Pashler, H., & Cepeda, N. J. (2009). Using tests to enhance 8th grade students' retention of U.S. history facts. Applied Cognitive Psychology, 23, 760-771.

* Cepeda, N. J., Vul, E., Rohrer, D., Wixted, J. T., & Pashler, H. (2008). Spacing effects in learning: a temporal ridgeline of optimal retention. Psychological

science, 19(11), 1095-1102.

* Chaddock-Heyman, L., Erickson, K. I., Kienzler, C., Drollette, E. S., Raine, L. B., Kao, S. C., Bensken, J., Weisshappel, R., Castelli, D. M., Hillman, C. H., & Kramer, A. F. (2018). Physical activity increases white matter microstructure in children. Frontiers in Neuroscience, 12: 950.

* Chartrand, T. L., & Bargh, J. A. (1999). The chameleon effect: The perception-behavior link and social interaction. Journal of Personality and Social Psychology, 76(6), 893-910.

* Chen, R. C.-Y., Lee, M.-S., Chang, Y.-H., & Wahlqvist, M. L. (2012). Cooking frequency may enhance survival in Taiwanese elderly. Public Health Nutrition, 15(7), 1142-1149.

* Chen, Y., & VanderWeele, T. J. (2018). Associations of Religious Upbringing With Subsequent Health and Well-Being From Adolescence to Young Adulthood: An Outcome-Wide Analysis. American journal of epidemiology, 187(11), 2355-2364.

* Chen, Y., Mark, G., & Ali, S. (2016). Promoting positive affect through smartphone photography. Psychology of Well-Being, 6(8), 1-16.

* Christie, L. S. (1954). Organization and information handling in task groups. Journal of the Operations Research Society of America, 2, 188-196.

* Clark, B. C., Mahato, N. K., Nakazawa, M., Law, T. D., and Thomas, J. S. (2014). The power of the mind: the cortex as a critical determinant of muscle strength/weakness. Journal of Neurophysiology, 112, 3219-3226.

* Clond, M. (2016). Emotional Freedom Techniques for Anxiety: A Systematic Review With Meta-analysis. The Journal of Nervous and Mental Disease. 204 (5), 388-395.

* Cohen, G. L., & Sherman, D. K. (2014). The psychology of change: self-affirmation and social psychological intervention. Annual Review of Psychology, 65, 333-371.

* Damisch, L., Stoberock, B., & Mussweiler, T. (2010). Keep your fingers crossed!: How superstition improves performance. Psychological Science,

21, 1014-1020.

* Danziger, S., Levav, J., & Avnaim-Pesso, L. (2011). Extraneous factors in judicial decisions. Proceedings of the National Academy of Sciences of the United States of America, 108(17), 6889-6892.

* de Oliveira, S., & Nisbett, R. E. (2018). Demographically diverse crowds are typically not much wiser than homogeneous crowds.

* Deci, E. L. (1971). Effects of externally mediated rewards on intrinsic motivation. Journal of Personality and Social Psychology, 18(1), 105-115.

* Donnelly, G. E., Wilson, A. V., Whillans, A. V., & Norton, M. I. (2019). Communicating Resource Scarcity. Harvard Working Paper, January 2019.

* Dutton, K. A., & Brown, J. D. (1997). Global self-esteem and specific self-views as determinants of people's reactions to success and failure. Journal of Personality and Social Psychology, 73(1), 139-148.

* 독서 활동과 학습 상황의 관계에 관련된 조사 연구(시즈오카대학교), https://www.mext.go.jp/b_menu/shingi/chousa/shotou/045/shiryo/attach/__ics-Files/aeldle/2011/03/02/1302195_01.pdf.

* Edmonds, C. J., Crombie, R., & Gardner, M. R. (2013). Subjective thirst moderates changes in speed of responding associated with water consumption. Frontiers in Human Neuroscience, 7, 363.

* Ellison CG, Bradshaw M, Flannelly KJ, Galek KC. Prayer, attachment to God, and symptoms of anxiety-related disorders among US adults. Sociology of Religion. 2014;75(2):208-233.

* Emmons, R. A. & McCullough, M. E. (2003). Counting blessings versus burdens: An experimental investigation of gratitude and subjective well-being in daily life. Journal of Personality and Social Psychology, 84, 377-389.

* Ericsson, K. A., Krampe, R., & Tesch-Römer, C. (1993). The role of deliberate practice in the acquisition of expert performance. Psychological Review, 100(3), 363-406.

* Eskreis-Winkler, L., Milkman, K. L., Gromet, D. M., & Duckworth, A. L. (2019). A largescale field experiment shows giving advice improves aca-

demic outcomes for the advisor. Proceedings of the National Academy of Sciences, 116(30), 14808-14810.

* Fancourt, D., Aufegger, L., & Williamon, A. (2015). Low-stress and high-stress singing have contrasting effects on glucocorticoid response. Frontiers in Psychology, 6(1242), 1-5.

* Fröber, K., & Thomaschke, R. (2021). In the dark cube: Movie theater context enhances the valuation and aesthetic experience of watching films. Psychology of Aesthetics, Creativity, and the Arts, 15(3), 528-544.

* Gallace, A., Torta, D. M. E., Moseley, G. L., & Iannetti, G. D. (2011). The analgesic effect of crossing the arms. Pain, 152(6), 1418-1423.

* Gentile, D.A., Sweet, D.M., & He, L. (2020). Caring for Others Cares for the Self:An Experimental Test of Brief Downward Social Comparison, Loving-Kindness, and Interconnectedness Contemplations. Journal of Happiness Studies, 21, 765-778.

* Glass, A. L., & Kang, M. (2018). Dividing attention in the classroom reduces exam performance. Educational Psychology, 39(3), 395-408.

* Glocker, M. L., Langleben, D. D., Ruparel, K., Loughead, J. W., Valdez, J. N., Griffin, M.D., Sachser, N., & Gur, R. C. (2009). Baby schema modulates the brain reward system in nulliparous women. Proceedings of the National Academy of Sciences of the United States of America, 106, 9115-9119.

* Habit Stacking Makes New Habits Last-Here's How It Works https://www.realsimple.com/work-life/life-strategies/inspiration-motivation/habit-stacking.

* Hall, E. T. (1966). The hidden dimension (1st ed.). Doubleday & Co.

* Harris, R. J. (1973). Answering questions containing marked and unmarked adjectives and adverbs. Journal of Experimental Psychology. 97, 399-401.

* Holmes, A., Fitzgerald, P. J., MacPherson, K. P., DeBrouse, L., Colacicco, G., Flynn, S. M., Masneuf, S., Pleil, K. E., Li, C., Marcinkiewcz, C. A., Kash, T. L., Gunduz-Cinar, O.,& Camp, M. (2012). Chronic alcohol remodels prefrontal neurons and disrupts NMDARmediated fear extinction encoding. Nature

Neuroscience, 15 (10): 1359-61.

* Hötting, K., Schickert, N., Kaiser, J., Röder, B., & Schmidt-Kassow, M. (2016). The effects of acute physical exercise on memory, peripheral bdnf, and cortisol in young adults. Neural Plasticity. 1-12.

* Hughes, J. (2018). Adaptive and Maladaptive Maximizing: Identifying the Correlates, Processes, and Outcomes of Maximizing in Decision-Making (Doctoral thesis, University of Waterloo).

* Hughes, J., & Scholer, A. A. (2017). When wanting the best goes right or wrong:Distinguishing between adaptive and maladaptive maximization. Personality and Social Psychology Bulletin.

* Hunter, M. R., Gillespie, B. W., & Chen, S. Y. (2019). Urban Nature Experiences Reduce Stress in the Context of Daily Life Based on Salivary Biomarkers. Frontiers in Psychology, 10.doi:10.3389/fpsyg.2019.00722.

* Hurlock, E. B. (1925). An Evaluation of Certain Incentives Used in School Work. Journal of Educational Psychology, 16(3), 145-159.

* 히데 미사오 (2017),《과자가 집단에 따른 창조적 성과에 미치는 효과》, 후쿠시마 대학 인간발달문화 학류논집, 38-48.

* 히라마쓰 류엔 (2011),《남성의 화장 행동으로 매니큐어 도포가 가져오는 감정 상태의 변화에 관한 연구》, 불교대학 교육학부 학회기요, 불교대학 교육학부학회, 10, 175-181.

* 히로세 후미코, 나가사키 아키히코 (2006),《단시간 휴식 후 각성도 상승 방법에 관한 실험적 검토》, 전력중앙연구소 보고, 연구보고: Y05012, 1-27, 권두 1-4.

* Ishak, W. W., Kahloon, M., & Fakhry, H. (2011). Oxytocin role in enhancing well-being: a literature review. Journal of aective disorders, 130(1-2), 1-9.

* James, L. J., Maher, T., Biddle, J., & Broom, D. R. (2018). Eating with a smaller spoon decreases bite size, eating rate and ad libitum food intake in healthy young males. British Journal of Nutrition, 120(7), 830-837.

* Ji, H. Z., Bai, C. J., Yang, Y., Dong, W. X., Yi, Q. Z., Ping, W. D., Yi, T., Xia, Z. H., Min, Z. Z., Long, X. J., Fei, Z. T., Ji, W. J., Zhen, L., Zhuang, G., & Ke, L. Y. (2023). Relationships between athletic ability and academic performance

in primary school students: A 3-year follow up study. Frontiers in Public Health, 10, 1012757.

* Kahneman, D., & Tversky, A. (1979) Prospect Theory: An Analysis of Decision under Risk, Econometrica, XLVII (1979), 263-291.

* Kanarek RB, D'Anci KE, Jurdak N, Mathes WF. Running and addiction: precipitated withdrawal in a rat model of activity-based anorexia. Behav Neurosci. 2009 Aug;123(4):905-12.

* Keeler, J. R., Roth, E. A., Neuser, B. L., Spitsbergen, J. M., Waters, D. J., & Vianney, J. M. (2015). The neurochemistry and social flow of singing: bonding and oxytocin. Frontiers in Human Neuroscience, 9, 518.

* Kellerman, J., Lewis, J., & Laird, J. D. (1989). Looking and loving: The effects of mutual gaze on feelings of romantic love. Journal of Research in Personality, 23(2), 145-161.

* Keysar, B., Hayakawa, S. L., & An, S. G. (2012). The Foreign-Language Effect: Thinking in a Foreign Tongue Reduces Decision Biases. Psychological Science, 23(6), 661-668.

* 고로 나호, 나카노 유카리, 미쓰이 마나미, 아가리 나오코, 아리야스 에리나, 요시무라 고이치 (2015),《정동성 눈물의 스트레스 완화 작용에 관한 연구》, 스트레스 과학 연구, 30, 138-144.

* Kim, J., Son, W. M., Headid Iii, R. J., Pekas, E. J., Noble, J. M., & Park, S. Y. (2020). The effects of a 12-week jump rope exercise program on body composition, insulin sensitivity, and academic self-efficacy in obese adolescent girls. Journal of pediatric endocrinology & metabolism : JPEM, 33(1), 129-137.

* Kim, S., Park, Y., & Niu, Q. (2016). Micro-break activities at work to recover from daily work demands. Journal of. Organizational Behavior, 38, 28-44.

* Kimura T., Yamashita S., Nakao S., Park J. M., Murayama M., Mizoroki T., Yoshiike, Y., & Sahara, N. (2008). GSK-3beta is required for memory reconsolidation in adult brain. PLoS ONE, 3, e3540.

* Klein, K., & Boals, A. (2001). Expressive Writing Can Increase Working

Memory Capacity. Journal of Experimental Psychology General, 130, 520-533.

* Kornell, N., & Bjork, R. A. (2008). Learning concepts and categories: Is spacing the "enemy of induction"? Psychological Science, 19, 585-592.

* Kraft, T. L, & Pressman, S. D. (2012). Grin and bear it: the influence of manipulated facial expression on the stress response. Psychological Science, 23 (11), 1372-8.

* Kramer, A. D. I., Guillory, J. E., & Hancock, J. T. (2014). Experimental evidence of massivescale emotional contagion through social networks. Proceedings of the National Academy of Sciences, 111(24), 8788-8790.

* Kreutz, G., Bongard, S., Rohrmann, S., Hodapp, V., & Grebe, D. (2004). Effects of choir singing or listening on secretory immunoglobulin A, cortisol, and emotional state. Journal of behavioral medicine, 27(6), 623-635.

* 고고 도모코, 고고 지하루(1998),《만화를 통한 표현이 학습 내용의 이해와 유지에 미치는 효과》, 일본교육공학회 논문지, 22(2), 87-94.

* 가와카미 히로시, 히라오카 도시히로, 오키타 마키코, 한다 히사시, 다니구치 다다히로, 시오세 다카유키, 오카다 미치오, 이즈미 도모코, 나카타니 요시오, 니시모토 가즈시, 스토 히데쓰구, 시라카와 도모히로 (2017),《불편익 수고를 들이는 시스템 디자인》, 근대과학사.

* 가와나 요시히로 (1986),《대화 상황에서 듣는 사람의 맞장구가 대인 매력에 미치는 효과》, 실험사회심리학 연구, 26(1), 67-76.

* Labroo, A. A., Mukhopadhyay, A., & Dong, P. (2014). Not always the best medicine: Why frequent smiling can reduce wellbeing. Journal of Experimental Social Psychology, 53, 156-162.

* Leavitt, H. J. (1951). Some eects of certain communication patterns on group performance.

* Lee, D. H., Mirza, R., Flanagan, J. G., & Anderson, A. K. (2014). Optical origins of opposing facial expression actions. Psychological science, 25(3), 745-752.

* Lee, I. M., Shiroma, E. J., Lobelo, F., Puska, P., Blair, S. N., Katzmarzyk, P. T.,

& Lancet Physical Activity Series Working Group (2012). Effect of physical inactivity on major noncommunicable diseases worldwide: an analysis of burden of disease and life expectancy. Lancet, 380(9838), 219-229.

* Lee, S. W. S., & Schwarz, N. (2010). Washing away postdecisional dissonance. Science, 328(5979), 709.

* Liu, J., Yamashiro, K., & Ikegaya, Y. (2022). Glucose intake improves executive attention. International Journal of Learning and Teaching, 8(2), 136-139.

* Locke, E. A., Shaw, K. N., Saari, L. M., & Latham, G. P. (1981). Goal setting and task performance: 1969-1980. Psychological Bulletin, 90(1), 125-152.

* Lowe, C. J., Staines, W. R., Manocchio, F., & Hall, P. A. (2018). The neurocognitive mechanisms underlying food cravings and snack food consumption. A combined continuous theta burst stimulation (cTBS) and EEG study. NeuroImage, 177, 45-58.

* Mangen, A., Walgermo, B. R., & Bronnick, K. (2013). Reading linear texts on paper versus computer screen: Effects on reading comprehension, International Journal of Educational Research, 58, 61-68.

* Matz, S. C., Gladstone, J. J., & Farrokhnia, R. A. (2023). Leveraging psychological fit to encourage saving behavior. American Psychologist, 78(7), 901-917.

* McDaniel, B. T. & Coyne, S. M. (2016). "Technoference": The interference of technology in couple relationships and implications for women's personal and relational well-being. Psychology of Popular Media Culture, 5, 85-98.

* McGrath G. M. (2023). Using social norm nudges in supermarket shopping trolleys to increase fruit and vegetable purchases. Nutrition bulletin, 48(1), 115-123.

* McHugh, M. P., & Cosgrave, C. H. (2010). To stretch or not to stretch: the role of stretching in injury prevention and performance. Scandinavian journal of medicine & science in sports, 20(2), 169-181.

* Mehr, K., Geiser, A., Milkman, K., & Duckworth, A. (2020). Copy-Paste Prompts: A New Nudge to Promote Goal Achievement. Journal of the Association for Consumer Research, 5.10.1086/708880.

* Mehta, R., Zhu, R. J., & Cheema, A. (2012). Is noise always bad? Exploring the effects of ambient noise on creative cognition. Journal of Consumer Research, 39(4), 784-799.

* Misra, S., Cheng, L., Genevie, J., & Yuan, M. (2014). The iPhone Effect: The Quality of In-Person Social Interactions in the Presence of Mobile Devices. Environment and Behavior, 48, 275-298.

* Morewedge, C. K., Huh, Y. E., & Vosgerau, J. (2010). Thought for food: imagined consumption reduces actual consumption. Science, 330(6010), 1530-1533.

* Moser, J. S., Dougherty, A., Mattson, W. I., Katz, B., Moran, T. P., Guevarra, D., Shablack, H., Ayduk, O., Jonides, J., Berman, M. G. & Kross, E. (2017). Third-person self-talk facilitates emotion regulation without engaging cognitive control: Converging evidence from ERP and fMRI. Scientific Reports, 7(1), 1-9.

* Motomura, Y., Kitamura, S., Oba, K., Terasawa, Y., Enomoto, M., Katayose, Y., Hida, A., Moriguchi, Y., Higuchi, S., & Mishima, K. (2013). Sleep debt elicits negative emotional reaction through diminished amygdala-anterior cingulate functional connectivity. PloS one, 8(2), e56578.

* Mueller, P. A., & Oppenheimer, D. M. (2014). The pen is mightier than the keyboard:Advantages of longhand over laptop note taking. Psychological Science, 25(6), 1159-1168.

* Murphy, M. L. M., Janicki-Deverts, D., & Cohen, S. (2018). Receiving a hug is associated with the attenuation of negative mood that occurs on days with interpersonal conflict. PloS one, 13(10), e0203522.

* 마에다 겐이치, 엔다 하쓰미, 니이미 나오코 (2012), 〈좋아하는 과목과 싫어하는 과목의 학습방법과 자기효능감〉, 히로시마 대학 심리학 연구, 12, 45-59.

* 마에자와 데쓰지 (2012),《영화 감상이 고령자에게 주는 뇌 활성화 효과 연구》,

과학연구비 조성사업 '도전적 시작' 연구성과보고서.

* Nagasawa, M., Mitsui, S., En, S., Ohtani, N., Ohta, M., Sakuma, Y., Onaka, T., Mogi, K., & Kikusui, T. (2015). Oxytocin-gaze positive loop and the coevolution of human-dog bonds. Science, 348(6232), 333-336.

* Nair, S., Sagar, M., Sollers, J. 3rd, Consedine, N., & Broadbent, E. (2015). Do slumped and upright postures aect stress responses? A randomized trial. Health Psychology, 34(6), 632-41.

* Naska, A., Oikonomou, E., Trichopoulou, A., Psaltopoulou, T., & Trichopoulos, D. (2007). Siesta in healthy adults and coronary mortality in the general population. Archives of internal medicine, 167(3), 296-301.

* Nestojko, J. F., Bui, D. C., Kornell, N., & Bjork, E. L. (2014). Expecting to teach enhances learning and organization of knowledge in free recall of text passages. Memory & Cognition, 42(7), 1038-1048.

* Nguyen BT, Powell LM. The impact of restaurant consumption among US adults: effects on energy and nutrient intakes. Public Health Nutrition. 2014;17(11):2445-2452.

* Nittono, H., Fukushima, M., Yano, A., & Moriya, H. (2012). The power of kawaii: Viewing cute images promotes a careful behavior and narrows attentional focus. PLoS ONE, 7(9), e46362.

* Nomura, H. & Matsuki, N. (2008). Ethanol enhances reactivated fear memories. Neuropsychopharmacology, 33 (12), 2912-2921.

* Nook, E. C., Sasse, S. F., Lambert, H. K., McLaughlin, K. A., & Somerville, L. H. (2017). Increasing verbal knowledge mediates development of multidimensional emotion representations. Nature Human Behaviour, 1, 881-889.

* 니시무라 가즈오, 야기 다다시 (2018),《행복감과 자기결정: 일본에서의 실증 연구》, 독립행정법인 경제산업 연구소 Discussion Paper Series, 18-J-026.

* 나카무라 마사히코 (1986),《자기 공개가 대인매력에 미치는 효과(2)》, 실험사회 심리학 연구, 25(2), 107-114.

* Oaten, M., & Cheng, K. (2006). Longitudinal gains in self-regulation from regular physical exercise. British Journal of Health Psychological Society,

11, 717-733.

* Oswald, A. J., Proto, E. & Sgroi, D. (2015). Happiness and roductivity. Journal of Labor Economics, 33(4), 789-822.

* 오자키 이치로, 궈 웨이, 홋타 슈고, 리 양 (2019), 《헤이트스피치의 규제와 무효화: 언어행위론에서의 시사》, 대니얼 풋, 하마노 료, 오타 가쓰조(편), 《법의 경험적 사회과학의 확립을 향해서-무라야마 마사유키 선생 고희 기념》, 315-336, 신산사.

* Parker, A. , Parkin, A. , & Dagnall, N. (2013). Effects of saccadic bilateral eye movements on episodic and semantic autobiographical memory fluency. Frontiers in Human Neuroscience, 7, 1-10.

* Penckofer, S., Quinn, L., Byrn, M., Ferrans, C., Miller, M., & Strange, P. (2012). Does glycemic variability impact mood and quality of life? Diabetes Technology & Therapeutics, 14(4), 303-310.

* Pennebaker, J. W., Kiecolt-Glaser, J. K. & Glaser, R. (1988). Disclosure of traumas and immune function: health implications for psychotherapy. Journal of Consulting and Clinical Psychology, 56, 239-45.

* Peper, E. and Lin, I (2012) Increase or Decrease Depression: How Body Postures Inuence Your Energy Level. Biofeedback, 40 (3), 125-130.

* Petersson, M., Uvnäs-Moberg, K., Nilsson, A., Gustafson, L. L., Hydbring-Sandberg, E., & Handlin, L. (2017). Oxytocin and Cortisol Levels in Dog Owners and Their Dogs Are Associated with Behavioral Patterns: An Exploratory Study. Frontiers in psychology, 8, 1796.

* Porath, C. L., & Erez, A. (2007). Does rudeness really matter? The effects of rudeness on task performance and helpfulness. Academy of Management Journal, 50(5), 1181-1197.

* Propper, R. E., McGraw, S. E., Brunyé, T. T., & Weiss, M. (2013). Getting a Grip on Memory: Unilateral Hand Clenching Alters Episodic Recall. PLoS ONE, 8(4): e62474.

* Proverbio, A. M., De Benedetto, F., Ferrari, M. V., & Ferrarini, G. (2018). When listening to rain sounds boosts arithmetic ability. PloS one, 13(2),

e0192296.

* Pyko, A., Eriksson, C., Lind, T., Mitkovskaya, N., Wallas, A., Ögren, M., Östenson, C. G., & Pershagen, G. (2017). Long-Term Exposure to Transportation Noise in Relation to Development of Obesity-a Cohort Study. Environmental health perspectives, 125(11), 117005.

* Raichle, M. E., MacLeod, A. M., Snyder, A. Z., Powers, W. J., Gusnard, D. A., & Shulman, G. L. (2001). A default mode of brain function. Proceedings of the National Academy of Sciences of the United States of America, 16, 98(2), 676-82.

* Randolph, D. D., & O'Connor, P. J. (2017). Stair walking is more energizing than low dose caffeine in sleep deprived young women. Physiology & Behavior, 174, 128-135.

* Rauscher, F. H., Shaw, G. L., & Ky, K. N. (1993). Music and spatial task performance. Nature, 365, 611.

* Rein, G., Atkinson, M., & McCraty, R. (1995). The physiological and psychological effects of compassion and anger. Journal of Advancement in Medicine, 8(2), 87-105.

* Reyner, L. A., & Horne, J. A. (1997). Suppression of sleepiness in drivers: combination of caffeine with a short nap. Psychophysiology, 34(6), 721-725.

* Rieger, D., & Bente, G. (2018, June). Watching down cortisol levels? Effects of movie entertainment on psychophysiological recovery. Studies in Communication and Media, 7(2), 103-127.

* Riskind, J. H. & Gotay, C. C. (1982). Physical posture: Could it have regulatory or feedback effects on motivation and emotion?, Motivation and Emotion, 6 (3), 273-298.

* Rohrer, D., & Taylor, K. (2007). The shuffing of mathematics problems improves learning. Instructional Science, 35(6), 481-498.

* Rozental, A., & Carlbring, P. (2013). Internet-Based Cognitive Behavior Therapy for Procrastination: Study Protocol for a Randomized Controlled

Trial. JMIR Research Protocols, 2, e46.

* Ryu, Y., Maekawa, T., Yoshino, D., Sakitani, N., Takashima, A., Inoue, T., Suzurikawa, J., Toyohara, J., Tago, T., Makuuchi, M., Fujita, N., Sawada, K., Murase, S., Watanave, M., Hirai, H., Sakai, T., Yoshikawa, Y., Ogata, T., Shinohara, M., Nagao, M., & Sawada, Y. (2020). Mechanical Regulation Underlies Effects of Exercise on Serotonin-Induced Signaling in the Prefrontal Cortex Neurons. iScience, 23(2), 100874.

* Sakurada, K., Konta, T., Watanabe, M., Ishizawa, K., Ueno, Y., Yamashita, H., & Kayama, T. (2019). Associations of frequency of laughter with risk of all-cause mortality and cardiovascular disease incidence in a general population: findings from the Yamagata study. Journal of epidemiology, JE20180249.

* Salas, C., Minakata, K., & Kelemen, W. (2011). Walking before study enhances free recall but not judgement-of-learning magnitude. Journal of Cognitive Psychology, 23(4), 507-513.

* Schwartz, B. (2004). The paradox of choice: Why more is less. HarperCollins Publishers.

* Schwartz, B., Ward, A., Monterosso, J., Lyubomirsky, S., White, K., & Lehman, D. R. (2002). Maximizing versus satisficing: happiness is a matter of choice. Journal of personality and social psychology, 83(5), 1178-1197.

* Senay, I., Albarracin, D., & Noguchi, K. (2010). Motivating Goal-Directed Behavior Through Introspective Self-Talk: The Role of the Interrogative Form of Simple Future Tense. Psychological Science, 21(4), 499-504.

* Seo, H. S., Hirano, M., Shibato, J., Rakwal, R., Hwang, I. K., & Masuo, Y. (2003). Effects of coffee bean aroma on the rat brain stressed by sleep deprivation: a selected transcript- and 2D gel-based proteome analysis. Journal of Agricultural and Food Chemistry 25; 56(12): 4665-73.

* Shackell, E. M., & Standing, L. G. (2007). Mind over matter: Mental training increases physical strength. North American Journal of Psychology, 9(1), 189-200.

* Shafir, E., Simonson, I., & Tversky, A. (1993). Reason-based choice. Cognition, 49(1-2), 11-36.

* Shafir, T., Taylor, S. F., Atkinson, A. P., Langenecker, S. A., & Zubieta, J. K. (2013). Emotion regulation through execution, observation, and imagery of emotional movements. Brain and Cognition, 82, 219-227.

* Shaw, M. E. (1964). Communication networks. In L. Berkowitz, ed., Advances in Experimental Social Psychology, 1, 111-147, New York: Academic Press.

* Shevchuk, N. A. (2008). Adapted cold shower as a potential treatment for depression. Medical Hypotheses, 70(5), 995-1001.

* Shimizu K, Kobayashi Y, Nakatsuji E, Yamazaki M, Shimba S, Sakimura K, & Fukada Y. (2016). SCOP/PHLPP1β mediates circadian regulation of long-term recognition memory. Nature Communications, 7, 12926.

* Skorka-Brown, J., Andrade, J., Whalley, B., & May, J. (2015). Playing Tetris decreases drug and other cravings in real world settings. Addictive behaviors, 51, 165-170.

* Slepian, M. L. & Ambady, N. (2012). Fluid movement andcreativity. Journal of Experimental Psychology: General, 141, 625-629.

* Studte, S., Bridger, E., & Mecklinger, A. (2015). Nap sleep preserves associative but not item memory performance. Neurobiology of learning and memory, 120, 84-93. https://doi.org/10.1016/j.nlm.2015.02.012.

* Sumioka, H., Nakae, A., Kanai, R. & Ishiguro, H. (2013). Huggable communication medium decreases cortisol levels. Scientific Reports, 3, 3034. doi:10.1038/srep03034.

* Sundelin, T., Lekander, M., Sorjonen, K., & Axelsson, J. (2017). Negative effects of restricted sleep on facial appearance and social appeal. Royal Society Open Science, 4(1), 160918.

* 사사키 미쓰루, 시오타 마사토시 (2016), 《아침운동이 덧셈 작업 성적이나 기억 테스트 성적에 미치는 영향》, 야마구치 대학 교육학연구논총(제3부), 111-121.

* 사다치 히데토시, 무라카미 요시노리, 도모무라 마나부, 야다 유키히로, 시모야

마 이치로 (2010), 《양치 행동의 적극적 휴식 응용에 관하여》, 산업위생 학회지, 52(2), 67-73.

* 미토 고지 (2017), 〈풍부한 언어감각과 어휘를 익히는 지도의 궁리: 말 노트를 활용한 표현활동을 통해서〉, 2017년도 《연구교원 연구집록》, 오키나와 현 우루마 시 교육위원회, https://www.city.uruma.lg.jp/documents/2566/mitou.pdf.

* Tabak, B. A., McCullough, M. E., Luna, L. R., Bono, G., & Berry, J. W. (2012). Conciliatory gestures facilitate forgiveness and feelings of friendship by making transgressors appear more agreeable. Journal of personality, 80(2), 503-536.

* Tashiro A, Sakisaka K, Kinoshita Y, Sato K, Hamanaka S, Fukuda Y. Motivation for and Effect of Cooking Class Participation: A Cross-Sectional Study Following the 2011 Great East Japan Earthquake and Tsunami. International Journal of Environmental Research and Public Health. 2020; 17(21):7869.

* Tullett, A. M. & Inzlicht, M. (2010). The voice of self-control: Blocking the inner voice increases impulsive responding. Acta Psychologica, 135, 252-256.

* Tulving, E. & Thomson, D.M. (1973). Encoding specificity and retrieval processes Ðn episodic memory. Psychological Review, 80(5), 352-373.

* 다케바야시 마사키, 고토 레이, 〈왜 넛지로 행동을 뒷받침할 수 있는가? 경제학으로 본 넛지〉, 일본건강교육 학회지, 2023, 31권, 2호, pp. 68-74.

* 다도오카 요시카, 이노우에 유미, 이시이 구니오 (2016), 〈자기 타자 개념과 상하 운동 감각이 질투와 선망의 생기에 미치는 영향〉, 실험사회심리학 연구, 55(2), 139-149.

* 다나카 다쓰오 (2020), 《게임에 의한 학력 저하에 역치는 있는가: 상기에 의한 대규모 조사》, 국제대학 GLOCOM DISCUSSION PAPER, 15(20-001).

* Vaegter, H. B., Thinggaard, P., Madsen, C. H., Hasenbring, M., & Thorlund, J. B. (2020). Power of Words: Influence of Preexercise Information on Hypoalgesia after Exercise-Randomized Controlled Trial. Medicine and science in sports and exercise, 52(11), 2373-2379.

* van der Ploeg, H. P., Chey, T., Korda, R. J., Banks, E., & Bauman, A. (2012).

Sitting time and all-cause mortality risk in 222 497 Australian adults. Archives of Internal Medicine, 172(6), 494-500.

* Van Lent, M., & Souverijn, M. (2017). Goal setting and raising the bar: A field experiment. Tinbergen Institute Discussion Paper No. T1 2017-001/ VII.

* Vohs, K. D., Redden, J. P., & Rahinel, R. (2013). Physical order produces healthy choices, generosity, and conventionality, whereas disorder produces creativity. Psychological. Psychological Science. 24(9), 1860-1867.

* Wang, L., Kim, S., & Zhou, X. (2023). Money in a "safe" place: Money anthropomorphism increases saving behavior. International Journal of Research in Marketing, 40(1), 88-108.

* Wansink, B., & van Ittersum, K. (2013). Portion size me: plate-size induced consumption norms and win-win solutions for reducing food intake and waste. Journal of experimental psychology. Applied, 19(4), 320-332.

* Ward, A. F., Duke, K., Gneezy, A., & Bos, M. W. (2017). Brain Drain: The Mere Presence of One's Own Smartphone Reduces Available Cognitive Capacity. Journal of the Association for Consumer Research, 2(2), 140-154.

* Weil, R., Klebanov, S., Kovacs, B., & McClelland, A. (2014). Effects of simple distraction tasks on self-induced food cravings in men and women with grade 3 obesity. Poster presentation given at Obesity Week Conference, 2014.

* Weinstein, D., Launay, J., Pearce, E., Dunbar, R. I., & Stewart, L. (2016). Group music performance causes elevated pain thresholds and social bonding in small and large groups of singers. Evolution and human behavior : official journal of the Human Behavior and Evolution Society, 37(2), 152-158.

* Wilkes, C., Kydd, R., Sagar, M., & Broadbent, E. (2017). Upright posture improves affect and fatigue in people with depressive symptoms. Journal of Behavior Therapy and Experimental Psychiatry, 54, 143-149.

* Williams, L. E., & Bargh, J. A. (2008). Experiencing physical warmth pro-

motes interpersonal warmth. Science, 322(5901), 606-607.

* Wiseman, R. (2003). The luck factor. London, UK: Random House.

* Wood, A. M., Joseph, S., Lloyd, J., & Atkins, S. (2009). Gratitude influences sleep through the mechanism of pre-sleep cognitions. Journal of psychosomatic research, 66(1), 43-48.

* 와타나베 마사에, 모리야 기요시, 아기시 유코, 하시모토 게이코 (2003),《천연온천욕의 스트레스 감소 효과와 휴양 효과에 관한 실증연구》, 일본건강개발재단 연구연보, 24, 1-7.

* 요시카와 사키코 (1999),〈얼굴의 재인 기억에 관한 실증적 연구〉, 가자마 쇼보.

* 야마코시 다쓰야, 사카모토 료, 니시가키 쇼고, 다나카 소타, 후쿠다 다카후미, 가네도메 아야나, 스즈키 구니아쓰, 양홍일, 고야마 아쓰코, 아노 야스히사 (2021), 〈동영상 감상의 웃음에 따르는 스트레스 응답 억제와 인지기능 개선 효과〉, 스트레스 과학, 36(2), 115-115.

* 야마구치 하지메, 스즈키 마사오 (1996),《좌석 배치가 기분에 미치는 효과에 관한 실험적 연구》, 실험사회심리학 연구, 36, 219-229.

* 야노 리카, 이시모토 마사에, 시나지 도모코, 이노 지에코 (2009),《뇌혈관 장애 환자의 수욕 7개의 사례 검토를 통해》, 일본간호기술학회지, 8(3), 101-108.

* 요고 마사오, 하마 하루요, 쓰다 겐로쿠, 스즈키 유카리, 다가이 게이코 (1990), 《여성의 정신적 건강에 주는 화장의 효용》, 건강심리학 연구, 3, 28-32.

* Zeigarnik, B. (1927). Über das Behalten von erledigten und uneredigten Handlungen. Psychologische Forschung, 9, 1-85.

* Zhao, L., Heyman, G.D., Chen, L., & Lee, K. (2017). Praising Young Children for Being Smart Promotes Cheating. Psychological Science, 28, 1868-1870.

* Ambrus, G. G., Eick, C. M., Kaiser, D., & Kovács, G. (2021). Getting to Know You: Emerging Neural Representations during Face Familiarization. The Journal of Neuroscience, 41(26), 5687-5698.

* Chung A, Jou C, Grau-Perales A, Levy ERJ, Dvorak D, Hussain N, Fenton AA. Cognitive control persistently enhances hippocampal information processing. Nature. 2021 Dec;600(7889):484-488.

* Dutton D. G. & Aron A. P. (1974). Some evidence for heightened sexual at-

traction under conditions of high anxiety. Journal of Personality and Social Psychology, 30(4), 510-517.

* Journal of Abnormal Psychology, 46(1), 38-50.

* Kajimura, S., & Nomura, M. (2016). When we cannot speak: Eye contact disrupts resources available to cognitive control processes during verb generation. Cognition, 157, 352-357.

* Osaka, M., Yaoi, K., Minamoto, T., & Osaka, N. (2013). When do negative and positive emotions modulate working memory performance? Scientific Reports, 3, 1375.